DÉFENSE

DE L'UNIVERSITÉ.

PARIS. — IMPRIMERIE DE FAIN ET THUNOT,
RUE RACINE, 28, PRÈS DE L'ODÉON.

DÉFENSE
DE
L'UNIVERSITÉ
ET
DE LA PHILOSOPHIE.

DISCOURS
PRONONCÉS A LA CHAMBRE DES PAIRS

Dans les séances des 21 et 29 avril, des 2, 3 et 4 mai 1844,

PAR M. V. COUSIN.

TROISIÈME ÉDITION

augmentée des discours prononcés dans la suite de la discussion, avec un Appendice contenant diverses pièces relatives à l'enseignement de la philosophie et aux petits séminaires.

PARIS.
JOUBERT, LIBRAIRE DE LA COUR DE CASSATION,
RUE DES GRÈS, 14, PRÈS LA SORBONNE.

1844

SÉANCE DU 21 AVRIL 1844.

M. Cousin ouvre la discussion par le discours suivant.

MESSIEURS,

Dans cette première discussion, je ne viens point examiner en détail les divers articles du projet ministériel, ni ceux qu'y substitue le rapport de votre commission : je me propose une tâche plus générale. Je veux rechercher si, parmi les passions déchaînées autour de nous, au milieu de la déplorable polémique soulevée depuis trois années et dont la violence s'accroît chaque jour, il n'y a pas quelque principe ferme et assuré qui puisse nous être comme un mât dans la tempête ; je veux surtout, je ne le dissimule pas, venir au secours d'une grande institution nationale, objet de tant d'attaques, et pour laquelle le vaste et savant rapport de M. le duc de Broglie n'a pas même trouvé un mot d'encouragement dans la lutte où elle est engagée. Pour tout cela, Messieurs, quelques minutes ne peuvent suffire : j'ai besoin d'un peu de temps, et, sans savoir si j'aurai la force d'en faire usage, je le demande à l'équité de la chambre. Parmi les commissaires qu'elle a chargés de préparer le rapport sur l'instruction secondaire, elle n'a cru devoir admettre aucun membre de l'Université. Cette exclusion absolue, si peu conforme à vos usages, est précisément mon titre auprès de vous. Je me flatte qu'au moins vous ne voudrez pas mesurer trop sévèrement la parole à un de vos collègues qui autrefois a été votre rapporteur dans une loi semblable, mais qui, aujourd'hui surtout, se fait gloire d'être un serviteur fidèle de l'Université. C'est même en ce nom que je fais un loyal appel à votre impartialité, à votre patience, à votre indulgence.

Je renferme toute la discussion que soulève le projet de loi dans cette simple question : le droit d'enseigner est-il un droit naturel ou un pouvoir public?

Est-ce un droit naturel, comme la propriété, la liberté individuelle, la liberté de conscience et d'autres libertés de ce genre que la loi reconnaît, mais qu'elle ne fait pas? ou bien est-ce un pouvoir public que la loi seule peut conférer, comme le pouvoir de plaider pour un autre devant un tribunal, ou le pouvoir de rendre la justice? Le droit d'enseigner est-il un droit naturel dont le libre exercice donne naissance à une industrie légitimement exempte de toute condition préalable, et soumise aux seules conditions ordinaires de toute industrie, à savoir : la surveillance et la répression qu'elle peut provoquer? ou bien le droit d'enseigner étant un pouvoir, un pouvoir public que la loi confère, doit-il être mesuré et réglé par la loi, et assujetti par elle, non pas seulement à la répression et à la surveillance, mais aussi et surtout à des conditions préalables d'exercice?

Poser une pareille question, c'est la résoudre.

J'ai beau parcourir, Messieurs, toutes les déclarations des droits de l'homme et du citoyen, qui certes n'ont pas manqué depuis plus d'un demi-siècle, je ne rencontre dans aucune celui d'enseigner. C'est que ce prétendu droit est une chimère. Qu'est-ce en effet qu'un droit naturel? celui dont ne peut être dépouillé l'homme naturel, et cet homme développé et achevé qu'on appelle le citoyen, sans cesser d'être un citoyen et un homme. Or pour rester l'un et l'autre, faut-il avoir le droit d'enseigner le grec et le latin, la physique et les mathématiques ou toute autre science, sans avoir prouvé d'abord qu'on sait soi-même ce qu'on veut enseigner? Pour jouir de toute sa liberté légitime, faut-il avoir le droit, non pas d'exprimer hautement ses opinions, même au moyen de la presse, par-devant ses égaux et ses concitoyens, mais de les inculquer à des enfants dans l'ombre d'une école? Est-ce être opprimé que de n'avoir pas le droit de façonner à son gré ses semblables, et de ne pouvoir imprimer en de jeunes âmes ses propres mœurs et ses propres principes, sans avoir fait connaître quelles sont ces mœurs et quels sont ces principes?

Voilà pourtant sur quoi repose cette industrie de fraîche date qui se fait humble pour dominer, et essaye de passer modestement sous le manteau de toutes les autres industries !

Combien d'industries mille fois moins périlleuses sont soumises à des épreuves difficiles ! Et celle qui donne à un homme le pouvoir de décider peut-être des habitudes, du caractère et de la destinée d'un autre homme, celle qui spécule sur l'esprit et sur l'âme, cette industrie-là, puisqu'elle ne rougit pas de s'appeler de ce nom, serait exempte de toute épreuve !

Sans doute, pour empêcher l'homme de faillir, il ne faut pas détruire sa liberté : car le crime d'un être libre a plus de grandeur que l'innocence d'un esclave ; mais est-ce détruire la liberté d'un homme que de lui demander des garanties pour la liberté d'un autre ?

Ainsi, ce droit qu'on invoque au nom de la liberté est un attentat contre elle. L'industrie nouvelle qu'on voudrait autoriser de l'apparence d'une industrie privée est en réalité une entreprise sur autrui, une usurpation du domaine public.

La liberté d'enseignement sans garanties préalables est contraire, en principe, à la nature des choses ; et, comme tout ce qui est faux en soi, elle ne peut produire dans la pratique que des conséquences désastreuses. L'éducation, livrée ainsi à l'aventure, tourne contre sa fin. Qu'est-ce en effet que l'éducation ? L'apprentissage de la vie qui nous attend au sortir de l'école, soit dans les professions particulières auxquelles la famille nous destine, soit dans ces fonctions générales d'homme et de citoyen auxquelles Dieu et la patrie nous appellent. Que diriez-vous si l'on donnait à un futur marin l'éducation du soldat, ou à un soldat l'éducation du marin, à l'avocat celle du médecin et au médecin celle de l'avocat? Quoi de plus absurde, quoi de plus dangereux? Maintenant, à la place de l'éducation spéciale et professionnelle, mettez l'éducation générale et publique : elle doit préparer à la vie sociale, telle qu'elle est constituée dans un siècle et dans un pays, non par des pouvoirs éphémères, mais par ces grandes et permanentes institutions qui sont l'esprit et l'âme d'un pays et d'un siècle. Si l'éducation du jeune homme est l'apprentissage et comme l'image anticipée de sa vie future, à ce titre elle est vraie et elle est salutaire; elle prépare à la société un homme et un citoyen qui sera en harmonie avec elle, et qui, partageant ses instincts, ses préjugés même, la servira sans résistance dans toutes les carrières, utile aux autres, en paix avec lui-même. Imaginez, au contraire, un jeune homme nourri, pendant les longues années de l'enfance et de l'adolescence, dans des principes opposés à ceux du siècle et du pays où il doit vivre, et jetez-le, à dix-huit ans, dans un monde qui lui est comme étranger : il y sera déplacé et malheureux; il pourra même y devenir un danger public. Il languira, inutile aux autres et à lui-même, dans la solitude de son esprit et de son cœur; ou bien il s'agitera pour ramener de gré ou de force la société inattendue qu'il rencontre à l'idéal chimérique dont on a enivré sa jeune imagination. Il appartient donc à la société d'intervenir dans l'éducation et de la faire un peu à son image, pour que l'éducation lui rende ce que la société lui a donné ; autrement, c'est la société qui sème de ses propres mains l'inquiétude, le mécontentement, les révolutions.

A ce point de vue, qui est le vrai, le droit d'enseigner n'est ni un droit naturel de l'individu, ni une industrie privée; c'est un pouvoir public. Quoi ! ce n'est pas un pouvoir, et le plus grand de tous, que celui d'avoir entre ses mains et de posséder en quelque sorte pendant de longs jours et pendant de longues nuits, loin de l'œil de la famille et de la société, ce qu'il y a de plus faible et de plus sacré au monde, un enfant sans défense ! La capacité la mieux éprouvée doit trembler devant un pareil pouvoir, et l'État le remettrait les yeux fermés au premier venu, sans s'enquérir si celui qui se porte pour être ainsi le maître de la jeunesse, et ce mot doit être pris ici dans toute sa force, est capable d'exercer utilement un pouvoir aussi redoutable !

Adorateurs téméraires ou hypocrites d'une liberté sans garanties, savez-vous bien ce que vous faites en émancipant l'éducation? De l'instituteur vous faites un tyran, et non pas seulement un tyran de la jeunesse, mais celui de la société ; vous élevez un pouvoir plus grand que celui du gouvernement et des chambres. En voulez-vous la preuve? elle est fort simple. Que peuvent faire les deux chambres? elles ne peuvent faire que des lois; lui il fait les mœurs. De quel côté, je vous prie, est la plus grande puissance?

Mais, dira-t-on, vous oubliez les droits du père de famille. Non, Messieurs; mais je n'entends point leur sacrifier les droits des enfants, ni ceux de l'État.

Le droit du père de famille est bien grand, je le sais; mais, tout grand qu'il est, il n'est point absolu et illimité en lui-même, et je prétends d'ailleurs qu'il est incommunicable.

Le père de famille est chez lui instituteur, comme il est législateur, comme en certains cas il est prêtre. Il est tout cela, mais dans une certaine mesure. Il dispose à son gré de son enfant; mais s'il le maltraite, la société intervient. Qu'il le maltraite moralement en quelque sorte, qu'il lui donne ou lui fasse donner des leçons affreuses, la société indignée pourrait encore intervenir. Ainsi, même au foyer domestique, le droit paternel a ses limites. Mais que le père tire son enfant du sanctuaire de la maison paternelle, qu'il l'envoie au dehors sur une place publique ou dans une école, et que là il le mette entre les mains d'un autre, il ne confère pas à cet autre un pouvoir égal au sien, puisqu'il n'est pas de la même nature. Ce pouvoir naturel du père ne subsiste pas tout entier dans l'école où il place son enfant; car cette école est faite aussi pour d'autres, elle est faite pour tout le monde : ici finit le domaine privé et paternel, et commence le domaine public.

Oui, je le reconnais, la maison paternelle est une école où le père de famille a le droit d'élever ou même de faire élever son fils à sa guise, pour le présenter ensuite aux épreuves que la société a placées à l'entrée de toutes les carrières. Mais dès que le père de famille échange l'école domestique pour l'école commune, il ne retient dans celle-ci qu'une partie de ses droits ; il y rencontre la société à laquelle il appartient d'intervenir dans tout ce qui est du domaine public. Là l'État n'a pas, à proprement parler, devant lui le père de famille, mais l'instituteur étranger ; et celui-ci exerce, nous l'avons prouvé, un pouvoir, un office, une véritable fonction publique pour laquelle l'État a le droit et le devoir d'exiger des garanties.

Si ces principes sont incontestables à l'égard d'un individu qui prétend à la fonction d'instituteur de la jeunesse, ils ne le sont pas moins, ils le sont en quelque sorte davantage quand il s'agit, non plus d'un individu, mais de plusieurs, mais d'un grand nombre unis entre eux par le lien d'une association ; j'entends d'une association reconnue par les lois, car nulle autre n'a le droit d'exister. Le pouvoir d'enseigner devenant alors plus redoutable, l'intervention de l'État est d'autant plus nécessaire.

Maintenant, que cette association se présente au nom sacré de la science, ou au nom plus sacré encore de la religion, dans l'un et dans l'autre cas le droit de l'État reste le même, ou plutôt il s'accroît de toute la puissance de la religion ou de la science. Le génie lui-même ne confère aucun monopole. Plus son pouvoir est grand, plus il a besoin d'être sauvé de tout égarement. Il n'y a rien dans la société qui ne soit fait pour la société, rien par conséquent qui ne doive relever en une certaine mesure, et par quelque côté, de la puissance sociale, c'est-à-dire de l'État.

En résumé, ou tout ce qui précède n'est qu'une suite d'erreurs, ou il reste démontré que l'État n'a pas seulement le droit, mais qu'il a le devoir de soumettre quiconque veut fonder une école, particulièrement un pensionnat, à trois conditions essentielles : 1° des garanties préalables qui aient, pour parler clairement, un caractère préventif; 2° la surveillance; 3° une pénalité sérieuse en cas d'un délit commis et prouvé.

Tel est, Messieurs, le principe que je cherchais. Si je ne m'abuse, il est invincible. Il n'est emprunté à aucun système; il dérive de la nature même des choses. S'il est à l'épreuve de la raison la plus sévère, le sens commun l'accepte aisément. L'histoire entière le confirme et l'autorise; si on le cherche en vain, ou s'il disparaît dans l'enfance et dans la décadence des empires, il se montre dès que la société se forme, dès que l'idée majestueuse de l'État se lève, et il l'accompagne dans toutes ses vicissitudes.

Je ne jetterai qu'un coup d'œil rapide sur le monde ancien.

Les républiques de la Grèce nous offrent, en fait d'éducation, deux modèles contraires, également extrêmes, également vicieux. A Sparte, il n'y a point de père de famille : la société a remplacé l'humanité ; les individus ne sont rien, ils ne sont que ce que l'État les fait être. L'État n'intervient pas seulement dans l'éducation ; il la donne et la donne seul. Un moule de fer enserre toute la jeunesse de l'un et de l'autre sexe, et lui imprime un caractère uniforme. De là est sorti ce monstre sublime qu'on appelle la vertu Lacédémonienne. Détournons les yeux de cette héroïque folie. En voici une autre qui nous plaira davantage, parce qu'elle ressemble plus à la nôtre, à celle au moins qu'on veut introduire parmi nous. A Athènes, l'homme respire ; le citoyen est plus libre ; l'éducation est bien moins réglée, ou plutôt elle ne l'est pas du tout. Chaque père de famille élève ses enfants à sa manière. Lève école qui veut, à ses risques et périls ; des maîtres ambulants s'arrangent avec les villes pour y donner pendant un certain temps des leçons publiques sur tel ou tel sujet, pour un salaire convenu d'avance. L'État n'a pourvu qu'au développement de la force physique, au moyen d'exercices qui ont lieu dans les *gymnases*. Quant à la partie intellectuelle et morale, rien de prévu ni d'arrêté. L'art d'enseigner est alors, à la lettre, une industrie. Des gens habiles qui savent tout, les sophistes, enseignent tout ce qu'on veut à prix d'argent, grammaire, éloquence, logique, morale, économie privée ou politique, art militaire, etc. L'État les laisse enseigner comme ils l'entendent. Voilà, ce semble, le beau idéal de la liberté d'enseignement. Mais attendez un peu, je vous prie : il y a ici un terrible correctif. L'État s'était si peu dessaisi de son droit d'intervention dans l'éducation des citoyens, qu'après s'être endormi dans une incurie plus ou moins longue, il se réveillait tout à coup au bruit du premier scandale et d'un danger apparent ou réel, faisait fermer l'école, dispersait l'auditoire, chassait les maîtres, quand il voulait user d'indulgence, quelquefois leur faisait un procès capital, et distribuait au sophisme et souvent aussi au génie et à la vertu l'amende, l'exil, la prison, la ciguë. C'est ainsi que la démocratie entend la liberté d'enseignement, comme bien d'autres libertés. Nulle mesure préventive, nulle surveillance régulière, puis tout à coup de brusques retours et des répressions formidables qui épouvantent ou anéantissent la liberté.

A Rome, sous la république et dans les premiers temps de l'Empire, les choses se passèrent à peu près de la même facon. Les grandes familles avaient des instituteurs domestiques. Des affranchis ou des industriels, grecs ou romains, levaient de petites écoles de grammaire ou donnaient quelques leçons publiques d'éloquence et de dialectique. Le sénat laissait faire et laissait passer. Concevait-il quelques soupcons ? Un décret inattendu (1) tombait sur tous les maîtres et les chassait de

---

(1) Par exemple celui de 593. Voyez dans les mémoires de l'Académie des inscriptions, le savant mémoire de M. Naudet sur l'instruction publique chez les Romains.

Rome sans autre forme de procès. L'aristocratie romaine prenait un certain plaisir à entendre des sophistes grecs soutenir le pour et le contre sur les plus graves sujets ; puis, quand cette débauche d'esprit était passée, dans un moment d'humeur et à la voix du vieux Caton, elle frappait sans pitié ceux qui l'avaient un moment divertie. L'enseignement de la philosophie était, comme toujours, environné d'ombrages. Tibère n'aimait pas la philosophie. Néron et Domitien la proscrivirent (1) : Tacite s'est permis de les en blâmer, mais tout le monde aujourd'hui ne penserait pas comme Tacite.

Mais quand l'empire fut arrivé à cette unité de législation et à cette administration vigoureuse, qui le soutinrent si longtemps contre les vices de sa constitution politique, l'instruction publique reçut aussi une organisation régulière. Les Antonins créèrent à Rome et à Athènes, à titre public et gratuit, les deux premières universités qui aient été fondées dans le monde (2). Peu à peu

---

(1) Voyez Tacite et Suétone. Tacite, *Vie d'Agricola*, chap. 2 : Scilicet illo igne vocem populi Romani aboleri arbitrabantur, expulsis insuper sapientiæ professoribus, atque omni bona arte in exsilium acta, ne quid usquam honestum occurreret. — Suétone, *Domit.* cap. X.... philosophos omnes Urbe Italiaque submovit.

(2) Pour l'Athénée fondé à Rome par Adrien, voyez *Aurelius Victor*, Vie d'Adrien, chap. 14; voyez aussi *Xiphilin*, *Lampride*, *Capitolin*, etc. — Sur l'école d'Athènes, voyez *Dion Cassius*, liv. L, p. 814. Tous les détails du témoignage de cet historien, sont

l'ancienne anarchie et l'ancienne tyrannie firent place à un régime légal où l'autorité suprême de l'État est proclamée, le domaine privé nettement séparé du domaine public, l'enseignement privé réduit à l'enseignement purement domestique, l'enseignement public élevé à la dignité d'une magistrature et soumis à des conditions préalables. Ces principes se retrouvent dans les décrets des princes les meilleurs et les plus différents ; Théodose parle ici comme Julien ; et sans entrer dans des détails qui fatigueraient la chambre, je puis l'assurer que telle fut, dans la matière qui nous occupe, la législation constante (1), païenne et chrétienne, du peu-

---

dignes d'attention. Marc-Aurèle fonde à Athènes un enseignement public et gratuit. Aucune science n'est exceptée. Chacune est en possession d'une chaire et d'un revenu annuel.

(1) Voici les principales dispositions de la législation impériale.

1. L'enseignement n'est point une industrie privée, c'est un office public ; aussi quiconque veut enseigner ne le peut qu'en remplissant certaines conditions préalables de moralité et de capacité. La loi de Julien est formelle à cet égard. Elle se trouve dans le Code Théodosien, *de medicis et professoribus*, l. XIII, titre III, loi V^e, p. 35 du commentaire de Godefroy, édit. de Ritter : Quisque docere vult, non repente nec temere prosiliat in hoc munus..... Magistros studiorum doctores excellere oportet moribus primum, deinde facundia.

2. Les conditions préalables consistent en des examens passés devant la faculté à laquelle on veut appartenir (*Ibid...* judicio ordinis probatus); il faut de plus l'avis favorable des notables (*Ibid...* optimorum conspirante consensu); ce sont les Curiales qui nomment (*Ibid...* Decretum Curialium mereatur); mais la nomination n'est valable qu'après l'approbation de l'empereur (*Ibid...* hoc decretum ad me tractandum referatur).

3. **La puissance publique**; l'empereur réserve ses droits, même

ple le plus politique de l'antiquité aux plus beaux jours de son histoire, à l'époque où ses lois ont mérité d'être appelées la raison écrite.

Mais l'empire romain s'écroule; le temps fait un pas, l'univers change : les religions, les lois, les mœurs, toutes les institutions de l'ancien monde s'abîment dans cette barbarie féconde d'où sort la civilisation moderne. A mesure que celle-ci se forme, le principe de l'intervention de l'État dans l'éducation reparaît.

Dans le berceau de la société française, c'est la religion chrétienne qui, en prêchant la charité à des vainqueurs enivrés de carnage et la paix à des soldats turbulents, polit peu à peu les mœurs de nos rudes ancêtres; c'est l'Église, j'aime à le reconnaître, qui a été notre nourrice et notre première institutrice; c'est le clergé qui, au moyen âge, est à la tête de tous les établissements d'instruction publique. Oui, partout alors je rencontre le clergé; mais au-dessus de lui, je rencontre aussi une autre puissance, d'abord mal assurée et n'ayant pas elle-même la conscience de sa force, puis s'affer-

---

en les déléguant aux autorités municipales (*Ibid.* Quia singulis civitatibus ipse adesse non possum, jubeo....).

Théodose distingue l'enseignement public de l'enseignement privé, réduit le dernier à l'enseignement purement domestique (Code Théodosien, liv. III, *de studiis liberalibus*, etc... intra parietes domesticos), et pour le premier détermine les peines à infliger au professeur qui aurait abusé du droit que l'État lui a confié.

missant par degrés et grandissant avec le temps, toujours victorieuse parce qu'elle est toujours nécessaire, et finissant par faire ouvertement reconnaître à tous son autorité souveraine, je veux dire la puissance publique, qui s'appelle alors la royauté.

Quel est, à l'entrée du moyen âge, ce personnage extraordinaire, fils de Franc et lui-même presque sans culture, mais portant dans son sein tous les instincts qui font le grand homme, le génie de la guerre, le génie de la législation, le génie surtout de l'organisation, aussi passionné qu'Alexandre, aussi réfléchi que César, jeté par le sort au milieu des ruines de l'empire romain et parmi les flots de peuplades à demi sauvages, et là ne rêvant qu'ordre et discipline ; barbare qui soupire après la civilisation, conquérant dont toutes les victoires sont des conceptions politiques ! C'est Charlemagne qui a jeté en France les fondements durables de deux sortes d'enseignement : 1° un enseignement spécial pour le clergé, idée première des séminaires que plus tard le concile de Trente prescrira et que Richelieu organisera ; 2° un enseignement général et public pour tout le monde, et cet enseignement il le confia au clergé, parce qu'il n'y avait alors que le clergé qui fût capable de l'exercer. Ainsi c'est la puissance publique qui établit les écoles spéciales ecclésiastiques et pose même les principes qui les doivent diriger, et c'est elle encore, à bien plus forte raison, qui, au nom de sa propre sagesse et parce que cela lui paraît utile, fonde des écoles générales dont il lui plaît de remettre la direction au clergé. Ce sont presque là les termes de la fameuse circulaire d'où viennent les écoles carlovingiennes. Écoutez le grand empereur : « Nous, » avec nos fidèles, nous avons jugé qu'il était utile d'or- » donner que les évêchés et les monastères.... se fissent » un devoir d'enseigner (1). » Pesez chaque mot; il s'agit d'un devoir et non pas d'un droit : c'est une commission que Charles donne, ce n'est pas un pouvoir indépendant qu'il reconnaît. Et pourquoi donne-t-il au clergé cette commission? par un motif d'utilité publique. *Nous, avec nos fidèles*, comme qui dirait aujourd'hui : Moi, le roi, en conseil d'État. Toujours et partout le langage de la puissance publique.

---

(1) *Capitularia regum Francorum*, édition de Baluze, t. I, p. 301 : « Nos una cum fidelibus nostris consideravimus utile esse » ut episcopia et monasteria..... docendi studium debeant impen- » dere, etc. » Il s'agit dans ce passage de l'institution d'écoles générales. Le Capitulaire, p. 237, tant de fois cité, ne se rapporte qu'à l'institution d'écoles spéciales ecclésiastiques. C'est une injonction faite aux ecclésiastiques, d'établir des écoles pour les enfants qu'ils se doivent agréger, *aggregent, sibique socient*. L'empereur recommande de se servir de livres bien corrigés, *bene emendatos libros*, et bien d'autres détails dans lesquels la puissance publique n'oserait pas entrer aujourd'hui en matière de grands et même de petits séminaires. Le capitulaire de Louis le Pieux (*ibid.*, p. 634), et celui du même empereur, qui est mentionné p. 1137, se rapportent aussi à l'institution d'écoles pour former des ecclésiastiques. Les auteurs qui ont cité ces différents capitulaires, les ont quelquefois mal entendus et n'ont pas saisi toute la pensée de Charlemagne et de ses successeurs.

On a beaucoup disputé sur l'origine de l'Université de Paris, et sur la nature de l'autorité dont elle relevait. L'Université de Paris n'est pas autre chose que la réunion d'abord confuse, puis de plus en plus régulière des diverses écoles qui, aux termes mêmes des Capitulaires, avaient été établies auprès de l'église épiscopale, auprès de la grande abbaye de Sainte-Geneviève et de celle de Saint-Victor, et successivement auprès d'autres églises, monastères ou simples chapelles de Paris. Au douzième siècle (1) ces écoles, nombreuses et agitées, sentirent le besoin de se former en corporation, selon l'instinct et la coutume de ces temps. De là l'Université de Paris, la mère et le modèle de toutes les autres Universités de France et même de l'Europe. L'Université sort donc d'écoles tenues par des ecclésiastiques, mais instituées pour un usage général et public, en vertu d'une circulaire impériale. Elle relève à la fois de la royauté et de l'Église.

La royauté l'avait en quelque sorte suscitée, et lui conféra les priviléges sans lesquels elle ne pouvait être un corps, une compagnie reconnue par l'État. Ainsi

---

(1) L'Université existait déjà en fait, en 1195, d'après le témoignage de Matthieu Pâris, qui rapporte que Jean de la Selle, élu en 1195, abbé de Saint-Alban, avait fait ses études à Paris, et y avait été agrégé au corps des professeurs, *ad electorum consortium magistrorum* (Du Boulay ; *Hist. Universit. Paris.*, t. II, p. 367, et *Crevier*, t. I, p. 253). L'acte même de la fondation, s'il a jamais existé, a péri.

la pièce la plus ancienne et la plus authentique est le diplôme célèbre de Philippe-Auguste, en 1200 (1), qui investit l'Université de Paris d'une juridiction particulière. Ce diplôme est le fondement même de l'Université; les rois, successeurs de Philippe-Auguste, le renouvelèrent; saint Louis en 1228 (2), Philippe le Hardi en 1276 (3), etc. Mais en même temps la royauté avait confié la direction des écoles qu'elle décrétait à l'Église, à l'Église de Paris représentée par l'évêque et son chancelier, et au chef de toute l'Église, au pape, agissant directement ou par un cardinal-légat. Voilà pourquoi le pouvoir de conférer la *licence* d'enseigner était d'abord entre les mains du chancelier de l'Église de Paris, et pourquoi encore le pouvoir d'intervenir dans les études et même dans la discipline fut souvent exercé par la papauté et par ses représentants, comme il paraît par le règlement du cardinal Robert de Courson en 1215, par la bulle de Grégoire IX en 1231, et par d'autres actes du même genre tous postérieurs au diplôme de Philippe-Auguste. Placée entre ces deux puissances, l'une qui est l'autorité suprême et dernière, l'autre l'autorité immédiatement appliquée à sa direction, l'Université de Paris, d'abord incertaine et chancelante, va sans cesse de

---

(1) *Du Boulay*, t. III, p. 3.
(2) *Du Boulay*, t. III, p. 131.
(3) *Du Boulay*, t. III, p. 421.

l'une à l'autre (1), invoquant tour à tour l'Église ou le roi suivant les circonstances, jusqu'à ce qu'enfin, sous Philippe le Bel, le procès obscur entre l'Église et la royauté s'instruit au grand jour, et que l'autorité suprême dans l'éducation de la jeunesse, comme dans toutes les autres parties du domaine public, demeure clairement attribuée en France au souverain, à l'État, au roi. C'est en vertu de ce droit nettement défini et irrévocablement fixé, que le roi Philippe le Bel casse l'Université d'Orléans, sans aucune intervention au moins officielle du saint-siége, et pour marquer mieux encore tout son pouvoir, la recrée sur d'autres fondements, la remettant ensuite à l'autorité accoutumée, celle de l'Église d'Orléans. Ce fait nouveau (2) est le premier pas décisif dans la lente carrière de la sécularisation de l'instruction publique en France. Depuis, tout s'éclaircit, et à mesure que les temps d'Innocent III et de Boniface VIII s'éloignent, l'autorité royale émancipe avec elle l'Université de Paris et toutes les autres Universités du royaume, et en même temps impose à l'enseignement les conditions que prescrit l'intérêt de la société. Une juste part est faite à la religion comme à la science, sous les auspices de l'autorité civile que représentent désormais les parlements.

---

(1) L'Université le dit elle-même dans une lettre aux prélats, citée par *Du Boulay*, t. III, p. 255.
(2) *Du Boulay*, t. IV, p. 103; *Crevier*, t. II, p. 217.

C'est surtout (1) avec le seizième siècle que le parlement de Paris intervint hautement dans l'éducation. Ainsi l'arrêt du 7 février 1554 (2) exige que les maîtres d'écoles particulières, même dirigées par des ecclésiastiques, justifient de certains grades universitaires. Les arrêts du 15 août 1575 et du 20 septembre 1577 ont bien une autre portée : ils constituent une véritable réforme de l'Université de Paris. Autrefois il fallait des bulles du pape, des statuts de cardinal-légat ou de l'Église de Paris, pour toucher aux études et à la discipline de cette Université. Maintenant le pouvoir parlementaire suffit à en réformer non-seulement l'état économique, mais le système d'étude, toute la discipline et même la discipline religieuse. Les deux arrêts précités forment ce qu'on appellerait aujourd'hui une ordonnance royale portant règlement d'administration publique. L'édit de Blois, de 1579, est bien plus explicite encore :

---

(1) L'ordonnance de Charles VII, du 26 mars 1445, enregistrée le 2 mai 1446, au parlement, n'attribue pas, comme on l'a prétendu, juridiction au parlement en matière d'instruction ; elle dit seulement que la Cour connaîtra des *causes* et *actions* de l'Université de Paris, ce qui émancipait au moins l'Université de la juridiction plus étroite du prévôt (*Du Boulay*, t. V, p. 538, 539 ; *Recueil des Ordonnances*, t. XIII).

(2) *Du Boulay*, t. VI, p. 480. Par cet arrêt, la Cour « ordonne » que le Chantre de l'Église de Paris (personnage alors considé- » rable)... commettra aux petites escholes... des personnes qualifiées » de la qualité de maistres ès-arts pour le moins, mesmement ès- » petites escholes des grandes paroisses, comme Saint-Eustache, » Saint-Séverin et autres, etc. »

c'est une loi véritable ; car cet édit a été rendu après la tenue et comme sur l'avis des états généraux du royaume. Enfin la réforme de Henri IV, de 1598, est comme une charte donnée à l'Université de Paris, après les longs désordres de la Ligue, qui avaient troublé et dégradé l'enseignement. Sur cette réforme mémorable (1), qui gagna peu à peu toutes les autres Universités, ni Rome ni l'Église de Paris ne furent consultées, et ni l'une ni l'autre ne réclamèrent. Dès lors la révolution commencée par Philippe le Bel est accomplie; le pouvoir qui préside

---

(1) L'édit d'Henri IV est de 1598, sa promulgation de 1600. Il a été très-souvent imprimé. Il y en a une édition de 1667, sous ce ce titre : *Réformation de l'Université de Paris*, in-8°, à Paris, chez Thiboust, libraire de l'Université.
En voici les principes essentiels : I. L'ancienne condition du célibat est formellement abolie pour les professeurs de la Faculté de droit et de la Faculté de médecine, et elle n'est pas clairement maintenue pour la Faculté des Arts. En fait, elle était facultative et elle l'est devenue chaque jour davantage. D'ailleurs nul prêtre exerçant une fonction ecclésiastique, ne peut être ni principal ni préfet d'études. II. Nul ne peut être admis à l'enseignement qui ne présente, avec des garanties morales suffisantes, une garantie solide de capacité, par le grade de maître ès-arts et l'épreuve d'un certain temps d'exercice (*Ibid*... qui gradum magisterii adepti sint et suo munere recte fungi noverint). III. Nécessité d'études préalables d'humanités et de philosophie, pour être admis à prendre des grades dans toutes les autres facultés. IV. Pour obtenir la collation d'un grade, il faut prêter serment d'obéissance au Roi et aux lois du royaume. V. Défense est faite, sous des peines très-sévères, de soutenir des thèses contraires aux droits du Roi et aux lois du royaume. VI. Défense à tout maître privé d'élever chez lui des enfants au-dessus de l'âge de neuf ans, sans les envoyer au collège (*Ibid*... Nullus in privatis ædibus pueros qui nonum annum excesserint, instituat et doceat).

à l'éducation en France est remonté à son principe : il est revenu à la royauté, et il ne la quitte plus jusqu'à la révolution française.

Mais je ne l'ai point oublié, Messieurs, dans l'ancienne France il y avait d'autres écoles que celles des Universités. De nombreuses congrégations religieuses avaient peu à peu obtenu le droit d'enseigner. Un seul mot explique cette contradiction. La vieille France n'a connu l'unité dans aucun service public; elle y aspire sans cesse, mais elle n'y est parvenue qu'en 1789, à l'aide du temps et du génie persévérant de la royauté. L'instruction publique a eu le sort de l'Église, de l'administration civile et de la justice elle-même; elle a été remplie d'abord des éléments les plus contraires.

L'Église catholique était l'âme et la lumière du moyen âge, le bienfaisant contre-poids de la fortune et de la puissance, le refuge toujours et quelquefois le marchepied de la pauvreté fière et du mérite roturier. L'Église ne remplissait pas seulement le saint ministère auquel aujourd'hui le clergé peut à peine suffire; elle produisait et entretenait une foule d'institutions qui, directement ou indirectement, se rattachaient au grand office du salut des âmes. Cet arbre puissant, dans sa séve exubérante, s'épanchait en nombreux rameaux qui couvraient la société tout entière. C'est ainsi qu'au commencement du treizième siècle s'élancent du sein de l'Église deux ordres religieux qui s'établissent promptement en France, mais qui venaient d'Espagne et d'Italie, et dont presque tous les membres étaient étrangers. Ils avaient leur esprit propre et leurs statuts particuliers. Il pouvait donc y avoir du péril à leur conférer tout d'abord le droit de faire des leçons publiques à l'usage de tout le monde; il pouvait surtout y avoir du péril à attacher à ces leçons le droit de préparer aux examens et aux grades qui, alors comme aujourd'hui, étaient les portes de toutes les carrières, et singulièrement de la carrière ecclésiastique. L'Université de Paris résista à partager ses droits avec les nouveaux venus, et en cela elle ne faisait que représenter les intérêts et les alarmes de toute la société française. Plutôt que de fléchir, plutôt que de trahir, pour complaire à un monarque abusé, les droits du corps à la tête duquel il était placé, un homme qui devrait nous servir d'exemple, l'intrépide recteur de l'Université de Paris, Guillaume de Saint-Amour, brava le mécontentement du roi et les foudres du saint-siége; il se laissa dépouiller de ses emplois, chasser de Paris, bannir même de France, persécuté jusqu'à sa mort, mais jamais dompté. L'Université de Paris n'abandonna ni son recteur ni elle-même. Mais quel n'est pas l'ascendant de la vertu et du génie! Parmi les nouveaux venus étaient Albert le Grand et saint Thomas d'Aquin, Alexandre de Hales et saint Jean Bonaventure. Aucun d'eux n'était Français, mais tous étaient pour leur siècle des hommes éminents. Ils l'emportèrent; l'ordre de Saint-François et celui de Saint-Dominique furent admis, avec tous les autres ordres religieux, au partage du droit d'enseigner, et agrégés à l'Université de Paris. Mais en les admettant, après une longue résistance, l'Université demanda et elle obtint à la fin, contre l'esprit particulier des différents ordres, cette garantie longtemps refusée, qu'en entrant dans le corps chargé de l'enseignement public, chaque religieux prêterait serment d'en respecter les droits et d'en observer les règles (1). Les deux superbes congrégations durent se soumettre à cette condition, et l'Université s'enrichit d'une milice nouvelle, sans trop de péril pour le génie national, et sur le fondement même de l'inviolable principe, que l'État a le droit d'exiger de suffisantes garanties de quiconque, individu ou compagnie, aspire au pouvoir d'enseigner.

D'autres temps, d'autres besoins. Au seizième siècle, contre des dangers nouveaux il fallait des institutions nouvelles. L'ordre de Saint-Dominique et celui de Saint-François avaient fait leur temps : ils subsistaient, ils ne vivaient plus. L'Église, toujours inépuisable, tire de son sein, au milieu du seizième et au début du dix-septième siècle, deux ordres nouveaux qui, pendant deux cents ans, jouent un grand rôle dans l'histoire de l'instruction publique en France : l'un universel, sans

---

(1) Voyez le statut de 1253 (*Du Boulay*, t. III, p. 252), confirmé et renouvelé dans son principe général par le statut de 1318 (*Du Boulay*, t. IV, p. 181), statut conforme à la bulle du pape Jean XXII, de 1317 (*Ibid.*, p. 175).

autre patrie que l'Église, voué à sa défense et toujours prêt à marcher où elle l'envoie, à Paris ou à Pékin, dans les cours ou au désert, au confessionnal, dans la chaire ou au supplice ; l'autre exclusivement français, soumis à l'Église de France, et créé dans la fin particulière de former des maîtres pour l'enseignement des séminaires et des colléges que les évêques ou les villes voudront bien lui confier ; congrégations presque contemporaines, bientôt rivales et ennemies : celle-ci née pour la guerre, la soufflant partout pour y déployer les qualités qui la distinguent, l'ardeur, la constance et la ruse ; celle-là, venue après les grands orages du seizième siècle, pour concourir au rétablissement de l'ordre, zélée, mais modérée, et sans être incapable de paraître avec avantage et même avec éclat dans la chaire et dans le monde, chérissant par-dessus tout la retraite et l'étude ; la première condamnée par l'esprit même de son institution à une discipline de fer, à une obéissance immédiate et absolue, trop occupée du but pour être fort scrupuleuse sur les moyens, ennemie née de l'esprit d'examen, inclinant par nature et par habitude à une foi aveugle, et attachée aux plus étroites observances ; la seconde, au contraire, amie des lumières et d'une liberté tempérée, mêlant volontiers les lettres et la philosophie à une religion généreuse, libre compagnie d'hommes pieux, unie par le seul lien de la charité, sans aucuns vœux particuliers, et qui a été merveilleusement définie une société « où on obéit sans dépendre, où on gouverne sans com-

» mander (1). » Vous reconnaissez l'Oratoire et les jésuites.

Les jésuites, nés conquérants, commencent par des prodiges. Dès leurs premiers pas, ils se répandent d'un bout de l'Europe à l'autre et jusqu'aux extrémités du monde. Ils produisent de toutes parts des saints, des savants, des héros, des martyrs : voilà leur premier siècle, leur gloire immortelle. Puis du martyre ils marchent à la domination, remplissent les cours, disposent des puissances, écrasent leurs ennemis, passent la charrue sur Port-Royal, et sèment partout la terreur : voilà leur second âge, bienfaisant et malfaisant tout ensemble, où paraissent les doctrines les plus affreuses ou les plus relâchées avec les plus purs caractères ; l'humble et rigide Bourdaloue à côté de confesseurs de roi remuants et persécuteurs. Leurs derniers temps sont en vérité déplorables. De leurs grandes qualités ils n'avaient retenu qu'une persévérance opiniâtre sans autre objet que le maintien d'un pouvoir dont ils ne savaient plus faire aucun noble usage. Leur ardeur finit dans l'intrigue. Quand ils furent chassés de France, ils n'avaient plus un seul savant du premier ordre, un seul écrivain distingué. Ils avaient perdu jusqu'à ce talent de l'enseignement que l'on a si ridiculement exagéré. On fait sourire ou frémir ceux qui ont quelque connaissance de ces matières, lors-

---

(1) Bossuet, *Oraison funèbre du P. Bourgoing.*

qu'on parle du génie des jésuites pour l'éducation. Ce génie n'a jamais consisté que dans l'art de s'insinuer, par une bonhomie réelle ou affectée, dans les esprits et dans les âmes, et de discerner assez bien les vocations, surtout dans leurs novices. Leur système de discipline était radicalement vicieux ; car le premier principe d'une bonne discipline, j'entends de celle qui se propose d'élever et non de dégrader les caractères, c'est la loyauté la plus scrupuleuse dans tous les moyens employés, de telle sorte que toute application de la règle soit une leçon vivante de moralité. La discipline jésuitique appuyait la chaire au confessionnal, et étendait sur tout le collége le réseau d'une police mystérieuse dont les élèves eux-mêmes étaient souvent les instruments : triste apprentissage de la vie des peuples libres ! Les études n'y eurent jamais un caractère viril. On sacrifiait la solidité à l'agrément ; on épargnait à l'esprit les efforts même qui le cultivent ; on trompait les familles par des exercices brillants et futiles, par de petites expériences de physique, par de petites comédies latines et même françaises, et par toute cette littérature quintessenciée dont l'auteur de *Vert-Vert* est le représentant. Quel frivole bel esprit que le célèbre Porée ! Et qu'est-ce que Jouvency lui-même comparé à Rollin ?

Si l'Oratoire ne s'est jamais élevé aussi haut que la société de Jésus, jamais non plus il n'est tombé aussi bas. Au dix-septième siècle il a ses hommes de génie. On peut hésiter entre Massillon et Bourdaloue ; et que sont tous les philosophes de la société devant le seul Malebranche? Mais c'étaient surtout les capacités moyennes qui abondaient dans l'Oratoire. Les générations d'hommes instruits, d'une piété éclairée et du goût le meilleur, s'y succèdent sans interruption, et y maintiennent la tradition du véritable enseignement secondaire, celle d'un enseignement plus solide que brillant, sérieux sans pédanterie, et visant moins à étendre les connaissances qu'à nourrir et à fortifier l'esprit à l'aide de quelques études choisies et approfondies.

Au reste, quelque jugement que l'on porte sur le caractère de ces deux célèbres congrégations, et sur la bonté absolue et relative de leurs systèmes d'éducation, il est indubitable que ni l'une ni l'autre, ni à leur origine, ni à aucune époque de leur durée et de leurs plus grands succès, n'ont échappé à ce principe du droit public de l'ancienne monarchie, qu'il appartient à l'État d'autoriser d'abord, à des conditions dont il est juge, et toujours de surveiller tout établissement d'instruction publique.

Qui ne sait les fortunes diverses de la compagnie de Jésus, tour à tour accueillie, chassée, rappelée, chassée encore, et frappée, il y a bientôt un siècle, d'un coup qui paraissait être, mais qui n'était pas le dernier? C'est Henri IV qui, après avoir expulsé de France les jésuites, les rétablit lui-même en dépit de l'opiniâtre résistance du parlement. Pourquoi? Demandez-le à Sully (1). C'est de peur d'être *empoisonné et assassiné*. Ce sont les propres mots d'Henri IV. Sans cesse environné de complots, Henri crut y mettre un terme en rappelant et en comblant de bienfaits ceux qui avaient armé le bras de Barrière et de Jean Châtel ; et, quelques années après, il tombait sous le poignard mystérieux de Ravaillac ! Mais jamais Henri IV ne consentit à accorder aux jésuites le droit d'enseigner. C'est plus tard des mains débiles de la régente qu'ils arrachèrent ce que leur avait toujours refusé Henri, à savoir, des lettres patentes qui leur conféraient le droit de pleine et entière schola-

---

(1) Henri repoussa les remontrances de son parlement, sans jamais lui donner les raisons qui le décidoient ; mais il confia à Sully ses motifs secrets. Après avoir allégué quelques motifs généraux, Henri ouvre son cœur à son ami et lui dit : « Je ne doute pas que vous ne puissiez faire diverses répliques à cette première raison ; mais je n'estime pas que vous en voulussiez seulement chercher à cette seconde, qui est que par nécessité, il me faut faire à présent de deux choses l'une ; à savoir : d'admettre les jésuites purement et simplement, les décharger des opprobres desquels ils ont été flétris, et les mettre à l'épreuve de leurs tant beaux serments et promesses excellentes, ou bien de les rejeter plus absolument que jamais, et leur user de toutes les rigueurs et duretés dont on ne pourra aviser, afin qu'ils n'approchent jamais ni de moi ni de mes États ; auquel cas il n'y a point de doute que ce ne soit les jeter au dernier désespoir, et, par icelui, dans des desseins d'attenter à ma vie, ce qui me la rendroit si misérable et langoureuse, demeurant toujours ainsi dans la défiance d'être empoisonné ou bien assassiné ; car ces gens-là ont des intelligences et des correspondances partout, et grande dextérité à disposer les esprits ainsi qu'il leur plaît ; qu'il me faudroit mieux être déjà mort, étant en cela de l'opinion de César, que la plus douce mort est la moins prévue et attendue. » (*Mémoires de Sully*, collection de Michaud, t. Ier, p. 529.)

rité. Le parlement refusa de les enregistrer. Désespérant de vaincre ou de séduire le parlement, les jésuites s'adressent à la cour ; de là l'arrêt du 15 février 1618, qui met le fameux collége de Clermont sur le même pied que les autres colléges de l'Université. Celle-ci du moins sauva les grades académiques. (1). L'exposé des motifs du projet ministériel se trompe à cet égard : jamais, à Paris, les jésuites ne préparèrent aux grades, et l'arrêt de 1618 ne reçut en cela aucune exécution. En 1643, ils essayèrent en vain de l'appliquer, et ils furent forcés de le laisser dormir encore pendant un demi-siècle. Ils le réveillèrent en 1698, quand, sous la vieillesse du grand roi, ils crurent pouvoir tout entreprendre et tout emporter. Même alors, l'Université, secondée par le parlement, repoussa leur prétention. Depuis ils n'osèrent la reproduire. Et encore savez-vous, Messieurs, à quelle condition fut rendu l'arrêt de 1618 ? A la condition que les jésuites désavoueraient les doctrines morales et politiques de la société, et qu'ils reconnaîtraient celles de la Sorbonne et de l'Église gallicane sur la personne des rois et sur les droits de la souveraineté, enfin à la condition de se soumettre aux lois et usages de l'Université (2). Certes,

---

(1) L'Université décréta qu'elle ne les confèrerait point aux écoliers du collége de Clermont, et sa résistance, soutenue par l'opinion du parlement et par l'opinion publique, ne put être vaincue par un nouvel arrêt du conseil du mois d'avril de la même année, que les jésuites n'osèrent pas même lui faire signifier.

(2) Cette dernière clause fait partie de l'arrêt de 1618..... « Les-

il ne fut alors question pour eux d'exercer ni un droit naturel ni une industrie privée : le pouvoir d'enseigner leur fut concédé comme une faveur à la fois et comme une charge, sous certaines conditions bien ou mal observées, mais stipulées et consenties.

L'Oratoire fut établi au commencement du dix-septième siècle, de la même façon qu'avait été rétablie la Société de Jésus, et sous l'empire de la même autorité. Le cardinal de Bérulle demanda et obtint, en 1611, de la reine régente des lettres patentes qui l'autorisaient à ériger dans Paris la congrégation naissante; elle fut même déclarée, en 1612, de fondation royale (1). La main du pouvoir civil est là, je pense, assez manifeste. Enfin la surveillance exercée sur l'Oratoire fut toujours très-sévère; elle s'immisça plus d'une fois dans les détails de l'enseignement, proscrivant ou imposant des doctrines, et marquant son droit par l'abus même de ce droit (2).

Vous le voyez : à aucune époque de notre histoire et sous aucun prétexte, l'État n'abdique entre les mains d'aucun individu, quel qu'il soit, ni d'aucun corps, sécu-

---

quelles lectures (dans le collége de Clermont) Sadite Majesté entend demeurer dès à présent rétablies... à la charge d'observer les règles de l'édit du mois de septembre 1603, et de se soumettre aux lois et règlements de l'Université, ainsi qu'il a été ordonné par Sa Majesté. »

(1) Ces lettres patentes furent enregistrées au parlement, en 1613.

(2) Voyez la persécution de l'Oratoire à la fin du dix-septième siècle, *Fragm. philosophiques*, 3ᵉ édition, t. II, p. 197.

lier ou ecclésiastique. Il confie quelquefois son pouvoir, il ne l'aliène jamais. Il le prête à des conditions dont il demeure juge et qu'il règle sur le progrès des temps, de la raison et de la liberté publique. De Charlemagne à Philippe le Bel, de Philippe le Bel à Henri IV, de Henri IV jusqu'à la fin du dix-huitième siècle, le droit de l'État en matière d'enseignement public est permanent : les formes changent, le principe demeure. Il commence avec la vieille société française; a-t-il péri avec elle? Non, Messieurs, car il ne s'agit pas ici d'un préjugé temporaire, mais d'un principe immortel.

La révolution française est le dernier effort de la puissance publique pour rappeler à un centre commun toutes les forces du pays, éparses et captives sous mille pouvoirs particuliers et contraires. Depuis des siècles la royauté avait commencé et poursuivi ce grand travail de l'unité nationale : la révolution l'acheva. Administration, justice, finances, clergé, instruction publique, tout était divisé, tout était local; la lutte était partout, l'harmonie nulle part. Tous ces éléments opposés se fondirent dans la fournaise ardente de la révolution, et il en sortit la France nouvelle. Chose admirable! quand le travail fut terminé, il se trouva que la puissance nationale était centuplée, et qu'en même temps l'individu était émancipé. Dans la vieille société l'individu était embarrassé, comme l'État lui-même, dans les entraves les plus bizarres; au commencement du dix-neuvième siècle, tout homme né sur la terre de France était en possession de tous ses droits naturels, et l'État à la tête de toutes les forces de la nation. La plus puissante unité, et en même temps une liberté immense, tel est le principe, telle est la fin de la révolution française.

Les cahiers des états généraux demandaient presque tous une organisation nouvelle et complète de l'instruction publique. On commença par abolir tout ce qui était, et sur ces ruines l'assemblée constituante jeta le décret de 1791, préparé par le célèbre rapport de M. de Talleyrand. Ce rapport a pour caractère dominant de tout séculariser et de tout unir. Plus de congrégations enseignantes, plus d'universités particulières; mais un système général d'éducation publique auquel l'État appelle les membres des congrégations et des universités au seul titre de leur capacité personnelle. Trois degrés d'instruction sont institués, et ces trois degrés sont, sous d'autres termes, notre instruction primaire, notre instruction secondaire, notre instruction supérieure ou spéciale. Les autorités préposées à l'instruction publique sont les administrations ordinaires du pays. Au-dessus d'elles, au centre même, un pouvoir essentiellement civil et politique, sous le nom de *commission générale de l'instruction publique*. Cette commission, composée de six membres, embrassait tout l'empire. Sous ses ordres étaient placés six inspecteurs généraux, qui étaient en quelque sorte l'œil et le bras du conseil supérieur. Ces inspecteurs trouvaient dans chaque département un commissaire spécial chargé de surveiller l'instruction publique de tout le département. Enfin, à côté de la commission générale était un Institut national, formé de toutes les anciennes Académies, reconstruites sur un plan commun, et appelées à une représentation à la fois une et variée de toutes les sciences, de tous les arts, de l'esprit humain tout entier. Voilà les pensées immortelles qu'il faut recueillir de l'assemblée constituante, cette mère féconde de la société nouvelle. Ces pensées n'ont pas péri ; elles ne pouvaient pas périr. Elles vivent encore aujourd'hui dans les lois et les décrets qui nous gouvernent. Depuis l'assemblée constituante jusqu'au consulat, il n'y a plus que des rêves absurdes, violents, éphémères ; il n'y a plus de sérieux et de grand dans la révolution que la révolution elle-même. Les lois ne sont pas des lois, ce ne sont que des coups de parti, et, pour ainsi dire, des coups de hache sur les restes de l'ancien édifice. Tantôt on (1) propose une utopie lacédémonienne qui arrache aux familles *les enfants de la patrie*, pour former une race nouvelle ; tantôt à la place de cette tyrannie avouée on met une liberté hypocrite. Est-il possible que de nos jours on ose invoquer contre les droits sacrés de l'État le décret conventionnel du 19 décembre 1793 ? Il est vrai, l'article 1er de ce décret dit expressément : *L'enseignement est libre.* Quiconque veut ouvrir une école le peut en

---

(1) Rapport de Lepelletier à la convention.

faisant une simple déclaration à la municipalité, et en désignant l'espèce d'art ou de science qu'il se propose d'enseigner. Voilà le principe : il promet beaucoup ; mais ne vous y fiez pas ; l'intérieur de la loi renferme des dispositions qui le tempèrent singulièrement. Il faut produire un certificat, non-seulement de bonnes mœurs, mais encore de *civisme*, et ce certificat doit être signé par la moitié des membres du conseil général de la commune, ou de la section du lieu de la résidence, et par deux membres au moins du comité de surveillance de la section, car le droit de surveillance est réservé ; cette surveillance est confiée à la section, et l'on sait ce que c'était qu'une section à cette époque. La loi invoque même la surveillance de tous les citoyens, ce qui est un appel à tous les délateurs. Quiconque enseignera des maximes contraires aux lois et à la morale républicaine sera dénoncé par la surveillance. Enfin, pour qu'il n'y manque rien, une loi précédente du 28 octobre 1793 porte (art. 12) qu'aucun ci-devant noble, aucun ecclésiastique et ministre d'un culte quelconque ne peut être élu instituteur national. O la merveilleuse liberté d'enseignement!

Mais détournons les yeux de ces temps déplorables, et, au lieu de la révolution qui détruit, étudions la révolution qui édifie.

Dans les annales du monde, je ne connais pas d'époque plus grande et plus belle que le consulat. C'est là, Messieurs, le berceau héroïque du dix-neuvième siècle.

Un homme de génie, que des succès inouïs n'avaient pas encore égaré, discerne avec un coup d'œil admirable les vrais principes, la vraie fin de la révolution française, et s'applique à convertir ces principes en résultats indestructibles. La révolution avait remis entre ses mains une terre libre et forte; il y bâtit la société nouvelle sur le double fondement de la liberté de l'individu et de l'unité de l'État. Alors paraissent successivement ces merveilles d'organisation qu'on appelle le Code civil, le concordat, la Légion d'honneur, et toutes ces grandes lois et ces grandes institutions qui, en respectant la vraie liberté individuelle, assurent le service public dans toutes ses parties, religion, justice, administration, finances, depuis les extrémités jusqu'au centre, depuis la plus petite commune jusqu'au faîte du gouvernement.

Je ne suis pas, Messieurs, un adorateur superstitieux de Napoléon. Je ne me suis point fait un dieu de ce mortel extraordinaire. Je ne suis nullement à genoux devant les rêves enfantés par cette imagination puissante qui, dévorant le temps et l'espace, et s'élançant toujours dans l'infini, est tombée souvent dans l'impossible, remuant et éblouissant le monde dans sa course irrégulière, au lieu de déterminer une fois pour toutes, avec cette prudence sublime qu'on appelle le génie politique, l'objet qu'il devait poursuivre, le but auquel il devait s'arrêter. Mais si, dans les affaires générales du monde et même dans le gouvernement intérieur de la France, mon admiration pour Napoléon a ses bornes, elle n'en a point, je l'avoue, quand je le considère organisant l'administration francaise avec un admirable bon sens dans la conception, et une vigueur incomparable dans l'exécution. Ce grand esprit reconnut tout d'abord que l'éducation publique devait être la base de l'ordre nouveau. Nulle matière ne l'occupa davantage. Il consulta les hommes les plus différents ; il eut sous les yeux les projets les plus divers. Il répétait sans cesse cette phrase célèbre de Leibnitz : Donnez-moi l'instruction publique pendant un siècle, et je changerai le monde. Il ne s'agissait point de le changer, mais de l'affermir dans les principes de la révolution française, dans l'esprit qui l'avait faite, et qui seul la pouvait conserver. Ici le but était donné, le problème posé dans des termes inflexibles : la société nouvelle étant ce qu'elle est, trouver l'éducation qui lui convient. C'est ce problème que résout admirablement la grande loi consulaire de 1802, qui reçut sa perfection de la loi impériale de 1806.

La date de ces deux lois marque assez qu'elles appartiennent aux meilleurs temps de Napoléon, quand le génie de l'ordre n'avait pas fait divorce avec celui de la liberté, et quand l'esprit de la révolution se faisait encore entendre dans les conseils du gouvernement.

Permettez-moi de remettre sous vos yeux les principales dispositions, et surtout l'esprit de ces deux grands monuments de la sagesse consulaire et impériale.

La loi de 1802 emprunte à la nature même des choses et au rapport de M. de Talleyrand le cadre vaste et simple de l'instruction publique. Trois degrés : l'instruction primaire, l'instruction secondaire divisée en écoles secondaires privées et en écoles secondaires publiques, celles-ci subdivisées en écoles secondaires fondées par les communes, nos colléges communaux actuels, et en écoles secondaires instituées, entretenues et gouvernées par l'État, les lycées ou colléges royaux ; l'instruction supérieure confiée à des écoles spéciales, les anciennes et les nouvelles facultés, agrandies et mieux définies. L'Institut est en dehors de ce cadre, car il est destiné à faire avancer la science, bien plutôt qu'à la propager. L'instruction publique est toute séculière ; elle est gouvernée, sous l'autorité suprême du ministre de l'intérieur, par un conseiller d'État, directeur général, ayant sous lui des inspecteurs généraux, chargés de porter dans les départements la pensée du directeur, et rapportant à celui-ci, chaque année, les fruits de l'expérience acquise. Pour donner d'abord un grand élan aux nouveaux lycées, et en faire ce qu'ils doivent être, de véritables pépinières pour toutes les professions élevées et pour toutes les fonctions publiques, six mille bourses sont fondées et réservées aux fils de fonctionnaires honorables peu favorisés de la fortune, et aux enfants qui, dans les écoles publiques communales, donneraient quelque espérance de talent. Enfin des pensions de retraite sont ménagées aux professeurs, après un temps déterminé d'exercice.

En même temps que la loi érigeait ainsi et soutenait les écoles secondaires de l'État, les lycées, elle admettait le concours des écoles secondaires privées qui pouvaient s'accroître et se multiplier indéfiniment. Les entraves jalouses établies par la convention étaient abolies. Ecclésiastique ou laïque, tout citoyen, quelle que fût sa condition, pouvait diriger une école privée en satisfaisant aux conditions absolument indispensables pour que la liberté ne soit pas une anarchie à laquelle, sous peine de s'abandonner lui-même, l'État est contraint de remédier par la tyrannie. Ces conditions sont : l'inspection confiée à l'autorité publique représentée par les préfets, et d'abord l'autorisation préalable du gouvernement (1). La première de ces conditions n'est aujourd'hui contestée par personne; la nécessité de l'autorisation préalable du gouvernement ne le fut pas davantage en 1802.

Voilà, Messieurs, cette autorisation préalable que l'on peint aujourd'hui comme un monopole inventé par le génie du despotisme au profit d'une grande institution publique, que l'on s'efforce de rendre odieuse, la voilà légalement consacrée avant même que cette institution existe. Ce n'est donc pas elle qui a créé l'autorisation préalable, puisque cette prescription est l'ouvrage du gouvernement consulaire. Qu'il soit donc bien établi que c'est l'intérêt seul de la société qui a dicté l'article célèbre qui contient la nécessité d'une autorisation préalable du gouvernement pour les établissements particuliers

---

(1) Loi de 1802, tit. 3, art. 8.

d'instruction secondaire. Cet article d'ailleurs n'introduit rien de nouveau ; il ne fait autre chose que rappeler un droit inhérent à l'État, un droit que l'ancienne société avait toujours reconnu, et que la nouvelle ne pouvait abandonner sans remettre ses destinées entre les mains du hasard.

La loi de 1802 fut reçue comme un bienfait (1). Des arrêtés consulaires la mirent en action, et bientôt une grande impulsion fut donnée à toute l'instruction publique, et particulièrement à l'instruction secondaire. Mais si l'œuvre était bonne, elle était loin d'être sans défaut. Les progrès toujours croissants de l'ordre avaient changé la république en monarchie, le consulat en empire. C'était un progrès nécessaire et bienfaisant aux yeux de tout ami véritable de la révolution. Il fallait un progrès correspondant dans l'instruction publique. La loi de 1802 l'avait fondée, elle ne l'avait pas organisée, elle ne lui avait pas imprimé l'unité, la stabilité, les mœurs, que réclame cette importante partie du service public.

L'administration de chacun des services de l'État est relative à la nature même de ce service : on n'administre point l'armée comme la justice ou les cultes. L'instruction publique demande aussi un mode spécial d'ad-

---

(1) Elle fut adoptée au tribunat par une majorité de 80 voix contre 9, et au corps législatif, par une majorité de 251 voix contre 27.

ministration. On reconnut aisément qu'un directeur général avec des bureaux, même avec des inspecteurs, ne suffit point à la partie la plus essentielle de sa tâche, celle d'inculquer à tous ceux qui enseignent un certain esprit qui est à la fois la force et l'honneur de leur profession. Chacune a ses mœurs qui lui sont propres. Qui a élevé si haut l'ancienne magistrature française? Ce qu'aujourd'hui encore on appelle les mœurs du magistrat. L'enseignement aussi doit avoir son génie et ses mœurs. Que deviendraient tous ces esprits que l'étude et le talent même peuvent si aisément égarer dans des voies particulières, si une discipline sérieuse ne mettait entre eux une certaine harmonie, si une pensée commune ne les inspirait de bonne heure, si une autorité dont la compétence ne puisse être méconnue ne les dirigeait dans toute leur carrière? Or, cette discipline paternelle, mais vigilante, cette pensée qui ne change point, cette autorité qui possède à la fois les lumières et la force, vous ne pouvez les attendre de cette espèce d'administration générale qui suffit aux finances ou à tel autre service public ; elles ne peuvent venir que d'un corps.

Voilà ce que l'expérience démontra bientôt et ce que le génie de l'empereur comprit admirablement; il se proposa donc ce grand problème : faire un corps, car sans cela l'instruction publique n'a pas son gouvernement, mais un corps qui, en ayant la puissance inhérente à l'esprit de corps, n'en ait point les dangers, et ne puisse jamais être atteint des vices qui ont perdu les anciennes corporations. Il faut que ce corps ait un pouvoir purement civil, émané de l'État et en dépendant de toutes parts. Il doit avoir sa vie et son action propre, autrement ce n'est plus un corps ; mais il doit être en même temps sous le contrôle permanent du pouvoir supérieur qui surveille et retient dans leurs limites respectives tous les corps de l'État, c'est-à-dire le conseil d'État. Les membres de ce corps contracteront des obligations spéciales en ce sens qu'elles se rapportent au service particulier de l'instruction publique, mais qui demeureront toujours des obligations purement civiles et temporaires. Point de vœux ; le simple échange du service militaire contre l'engagement d'un service civil équivalent. A la fin de ce service décennal la faculté de quitter le corps ; et, pour y entrer, nulle autre condition que des grades et des concours publics.

Tel fut le corps que conçut l'empereur, et quel nom lui pouvait-il donner, sinon celui de ce grand corps qui, sorti du berceau même de la monarchie, l'avait accompagnée jusqu'à sa dernière heure et devait reparaître avec une monarchie nouvelle, renouvelé lui-même, agrandi et perfectionné ; ce corps dont le caractère séculier était depuis longtemps consacré, qui avait surpassé, par la force de ses études, toutes les autres congrégations enseignantes du moyen âge et des temps modernes, cher à la fois à la royauté et à la nation, pauvre, mais fier, soumis sans servilité, et qui embrassait déjà, sous l'ancien régime, une partie considérable de la France. Le grand nom de l'Université était là; il était connu, célèbre, presque populaire. L'empereur le prit, et des 21 ou 22 Universités anciennes, il composa une seule Université, comme des anciennes administrations isolées il avait tiré l'administration générale de l'empire, comme de toutes les chambres des comptes il avait formé la cour impériale des comptes, comme de toutes les justices particulières il avait fait une justice unique, distribuée en des tribunaux reliés entre eux par une cour suprême, la cour de cassation.

La loi de 1806 est courte, mais elle dit tout. Elle ne contient que deux articles, mais deux articles d'une vaste portée. Elle établit, sous le nom d'Université, un corps chargé de l'enseignement et de l'éducation publique dans tout l'empire, un corps dont tous les membres contractent des obligations civiles, spéciales et temporaires. L'exposé des motifs ne dissimule rien. Il explique clairement ce qu'on entend faire. Le caractère séculier de l'établissement nouveau est proclamé; toute son organisation future est indiquée. Il aura à sa tête un chef muni d'une autorité suffisante et de pouvoirs bien déterminés. Sous ce chef un conseil veillera sans cesse sur le sort et le succès des écoles. Les inspecteurs généraux les visiteront chaque année pour en reconnaître et en dénoncer les abus. L'Université aura juridiction sur tous ses membres; le conseil fera fonction de tribunal suprême de discipline. Des conditions de grades et d'épreuves seront imposées pour l'avancement dans les divers degrés de la hiérarchie universitaire. On ne parviendra à aucune fonction administrative sans avoir passé par les fonctions de l'enseignement, ou plutôt l'administration n'est plus que l'enseignement prolongé sous une autre forme. Pour entrer dans la carrière, il y aura à la fois une école de noviciat, la future école normale, et le concours de l'agrégation. On le voit : la loi de 1806 contenait le principe et déjà même elle annonçait les formes essentielles de l'institution nouvelle. Les pouvoirs publics de ce temps ne furent donc pas trompés ; ils savaient parfaitement ce qu'on leur demandait et ce qu'ils votaient ; et c'est ainsi expliquée que la loi de 1806 prit son rang parmi les lois constitutives de la France et de l'Empire.

En 1808 et en 1811 parurent les décrets célèbres qui réalisent la loi de 1806. Celle-ci promettait, il est vrai, que l'organisation de l'Université aurait lieu par une loi qui devait être présentée en 1810. Mais le principe de l'établissement nouveau ayant été accepté par les pouvoirs législatifs, on reconnut que l'exécution appartenait au gouvernement et qu'une loi nouvelle n'était pas nécessaire. L'organisation complète de l'Université fut confiée à ce même pouvoir auquel on doit le Code civil. C'est le conseil d'État, présidé par l'empereur, qui fit les deux grands décrets de 1808 et de 1811, où la même pensée se poursuit et s'achève jusque dans les moindres détails, sans jamais s'y perdre, décrets empreints d'une vigueur et d'une prévoyance incomparables, et que je ne crains pas de mettre à côté des plus beaux chefs-d'œuvre de la sagesse humaine. Ils ne sont entachés d'aucune illégalité, puisqu'ils se rapportent à des principes consacrés par une loi, et ne contiennent aucun principe nouveau. Ils sont si bien l'application directe de cette loi qu'ils s'y incorporent naturellement, et avec elle constituent la charte de l'instruction publique en France.

Mais un cri s'élève contre ces deux décrets : ils détruisent la liberté d'enseignement, et de simples décrets n'avaient pas ce droit. Accusation ridicule dont nous avons déjà fait justice. Comment ! les décrets de 1808 et de 1811 détruisent la liberté d'enseignement ! Mais cette liberté existait donc auparavant? Était-elle dans la loi de 1806 qui fonde l'Université? Non, certes. Était-elle dans la loi de 1802 qui constitue l'instruction publique? Il faut bien avouer que non, puisque la loi de 1802 établit précisément la condition de l'autorisation préalable du gouvernement pour toute école secondaire privée. Ce n'est donc point l'Université impériale qui a introduit parmi nous le principe de l'autorisation préalable, car ce principe est antérieur à l'Université. Elle n'a pas fait ce principe, elle l'a reçu ; elle l'a reçu des mains de la loi, d'une loi qui préexiste à l'Université et à l'empire, une loi de la république, qui ne fait autre chose que recueillir la tradition constante de l'ancienne monarchie et de l'expérience de toutes les sociétés civilisées.

L'Université n'a pas créé l'autorisation préalable, elle

l'a trouvée, c'est même elle qui en la réglant l'a tempérée.

En 1802, le gouvernement, investi du droit d'autoriser, avait, pour s'éclairer, imaginé des épreuves assez compliquées; il avait aussi inventé des jurys, comme le font le projet de loi qui vous est présenté et le rapport de votre commission; tout cela aboutissant à l'avis du préfet, d'après lequel le gouvernement prononçait définitivement. Voyons comment les choses se passent depuis 1806. Le gouvernement appliqué à l'instruction publique s'appelle l'Université. Le gouvernement possédait le droit d'autoriser; l'Université le possède au même titre; rien de moins, mais rien de plus. Le décret de 1808 dit donc (1) qu'aucune école, aucun établissement particulier d'instruction publique ne peut être formé sans l'autorisation du chef de l'Université. C'est l'ancienne autorisation transportée du ministre de l'intérieur au grand maître. Et en vérité ce nouveau fonctionnaire est-il donc moins éclairé en matière d'éducation? Dépend-il davantage du mouvement et des fluctuations de la politique du jour? Ou bien peut-il être tenté davantage, pour favoriser les écoles de l'Université, de n'accorder l'autorisation dont il dispose qu'avec une sévérité jalouse? Pas le moins du monde. En effet, dès qu'une école privée est autorisée, savez-vous ce qu'elle de-

---

(1) Tit. 1er, art. 2 et 5.

vient? Elle s'appelle une école de l'Université (1) ; elle accroît le domaine de l'Université, loin de le réduire. Le grand maître n'a donc aucun intérêt à refuser une autorisation qui tourne au profit du corps tout entier; car on est membre de ce corps dès qu'on enseigne, soit à titre public, soit à titre privé, puisque, dans l'un et l'autre cas, l'enseignement et l'éducation sont toujours à l'usage du public. Et sur quels renseignements l'autorisation sollicitée est-elle accordée ou refusée? Sur les renseignements que transmettent, avec leur avis motivé, non plus seulement les préfets, mais les recteurs, exclusivement occupés de l'instruction publique, et qui y ont voué toute leur vie. Je le demande : la garantie de fidèles et sérieuses informations est-elle affaiblie? Enfin le grand maître peut-il, comme le ministre de l'intérieur, accorder ou refuser l'autorisation d'une manière tout à fait arbitraire? Non, il la refuse ou l'accorde en conseil royal. Le conseil n'est pas une assemblée de chefs de bureaux ou de divisions; ce sont des membres du corps enseignant, qui ont dû y servir longtemps pour apprendre à y commander. Ils ont été (2) recteurs, inspecteurs généraux, professeurs ou doyens de facultés. Ils sont conseillers à vie (3) ; ils ont donc toute l'indépendance nécessaire. C'est en un tel conseil,

---

(1) Tit. Ier, art. 5.
(2) Tit. IX.
(3) Tit. IX, art 70.

sur les pièces envoyées par les recteurs, et sur leur avis, que se débat la question de l'autorisation à accorder ou à refuser. On y reçoit les réclamations des candidats refusés. L'autorisation une fois obtenue, le maître de pension ou le chef d'institution est déclaré membre de l'Université, et à ce titre il échappe à l'inspection des autorités ordinaires, inspection, il est vrai, souvent facile à éluder ou à tromper, mais quelquefois ombrageuse et tracassière. Les trente-huit mille maires de France ne sont pas tous, Messieurs, des maîtres commodes. Leur intervention en matière de police est de plein droit; mais la surveillance littéraire et morale des établissements autorisés appartient à des inspecteurs spéciaux qui ont tous passé par l'épreuve de l'enseignement, auxquels il n'est pas aisé de donner le change, et qui d'ailleurs ont appris dans un long exercice une équitable indulgence soit pour les méthodes, soit pour les détails où une entière liberté est de mise, excepté sur les points essentiels, la discipline et les mœurs. Les visites régulières de tels inspecteurs ne sont pas le signe de soupçons injurieux; elles honorent et elles vivifient. C'est encore le conseil qui arrête toutes les mesures réglementaires (1) qui peuvent atteindre les écoles privées. C'est ce conseil, et ce conseil seul (2), qui peut infliger la peine de la réforme ou celle de la radiation du tableau

---

(1) Titre XIII, art. 103.
(2) Titre XIII, art. 103; et décret de 1811, art. 57.

de l'Université. Dans certains cas, on peut se pourvoir contre la décision du conseil de l'Université par-devant le conseil d'État, juge dernier et suprême de tout abus d'autorité, de tout excès de pouvoir.

Sous ce régime, les établissements particuliers d'instruction publique se sont multipliés et ils ont prospéré, quoi qu'en dise le rapport de votre commission. Loin d'opprimer les maîtres de pension et les chefs d'institution, l'Université les a relevés dans l'estime publique et dans la leur propre. Membres du corps enseignant(1), aussi bien que les membres du conseil, fonctionnaires publics comme les principaux des colléges communaux ou les proviseurs des lycées, l'Université s'est plu à leur conférer ses modestes décorations, et sur la poitrine de plusieurs d'entre eux elle a placé les insignes de la Légion d'honneur. Aussi ne sont-ce pas les maîtres de pension ou les chefs d'institution qui l'accusent. Non, Messieurs, ce n'est pas la liberté qui se plaint, c'est l'esprit de domination qui murmure. C'est pour arriver à la domination par l'anarchie qu'on vous dénonce aujourd'hui l'autorisation préalable comme un monopole effronté conquis sur la liberté publique par une nouvelle corporation monastique désignée au mépris et à la haine de toute la nation, comme si l'Université avait créé et introduit parmi nous l'autorisation préalable, comme si elle ne

---

(1) Décret de 1808, art. 5 et 29.

l'avait pas reçue des mains d'une loi antérieure à sa propre existence, et comme si, en l'exerçant, elle ne l'avait pas adoucie! Jusqu'à nos jours, l'autorisation préalable n'avait pas même été contestée. L'empire n'a fait que l'emprunter à la monarchie; la restauration a pensé comme l'empire. Ici M. Royer-Collard s'accorde avec M. de Fontanes, M. l'évêque d'Hermopolis avec M. Cuvier. Citez-moi un seul de ces hommes, éminents à différents titres, qui ait considéré le pouvoir d'enseigner comme une industrie que l'État peut livrer impunément au premier venu. Tous ils ont pensé que le droit de l'État est d'exiger des garanties préalables, surtout des garanties morales dont l'État seul est le juge nécessaire, parce qu'il est responsable de tout ce qu'il laisse faire, comme de tout ce qu'il fait lui-même.

Telle est la pensée qui a présidé à la fondation et à l'organisation du corps enseignant. Mais qu'importe, Messieurs, que cette pensée soit aussi grande que profonde, si elle a été trahie? C'est par les effets qu'il faut juger toute chose. Qu'a fait l'Université du pouvoir qui lui a été remis par deux grandes lois et par le génie d'un grand homme? L'université, Messieurs, est prête à répondre à cette question. Elle demande elle-même à être jugée par ses œuvres; mais elle ne consent pas à les laisser travestir ou noircir par l'ignorance ou par la calomnie.

La tâche de l'Université était double : l'Université devait donner à la jeunesse française du dix-neuvième siècle l'instruction qui lui convient ; elle devait surtout lui donner une éducation appropriée aux besoins, à l'esprit et au caractère de notre temps et de notre nation. Interrogeons-la sur ces deux points essentiels. Commençons par l'instruction.

Tout système d'instruction repose sur deux fondements également nécessaires : un bon plan d'études et des maîtres capables de le pratiquer. Ces deux conditions accomplies, les résultats ne peuvent être qu'excellents, et l'instruction publique est ce qu'elle doit être.

Quel est donc le plan d'études qui, depuis 1802, a été suivi et l'est encore dans tous les établissements publics et privés d'instruction secondaire ? C'est le plan d'études que l'expérience universelle a consacré, celui qui a formé nos pères et qu'il eût été insensé de répudier en un jour, sur la foi de théories aventureuses. Le collége d'aujourd'hui est le collége de l'ancienne monarchie ; mais, sur les mêmes fondements et sur le même plan général, il a reçu tous les perfectionnements que le progrès des temps commandait. Nous admettons successivement toutes les améliorations, lorsqu'elles ont conquis le suffrage public et que de sérieux succès les signalent à notre attention ; mais notre rôle n'est pas de courir après les innovations.

L'instruction primaire est faite pour tous, l'instruction secondaire pour un petit nombre. Ce petit nombre est l'aristocratie légitime et sans cesse renouvelée de la société moderne. A cette aristocratie-là il faut avant tout des lumières générales ; il lui faut inculquer de bonne heure, non les habitudes prématurées de telle ou telle profession, quelle qu'elle puisse être, mais l'esprit qui fait l'homme et le citoyen. Il lui importe d'avoir été longtemps imbue de cet esprit généreux, pour ne pas le perdre trop aisément dans les carrières qui l'attendent, pour y transporter et pour y conserver le culte fidèle de l'humanité et celui de la patrie. L'instruction secondaire ne prépare donc spécialement à aucune profession savante ou industrielle ; son but est plus général : elle prépare des hommes et des citoyens.

Si ce principe est vrai, le fond de l'instruction secondaire, ce sont évidemment les humanités, c'est-à-dire l'étude des langues et des littératures de la Grèce et de Rome, couronnée par celle de la littérature nationale. Le collége met d'abord l'élève pendant quatre ou cinq années dans le commerce assidu des plus beaux génies. Quelle compagnie, Messieurs ! quel admirable apprentissage de tous les grands sentiments humains ! Depuis la Grèce jusqu'aux approches de la révolution française, les plus grands écrivains des plus grands siècles, à la fois divers et semblables, comparaissent devant la jeunesse de nos écoles et lui apportent ce qu'ils ont donné au monde. Elle n'a l'air d'apprendre que des langues, mais en réalité elle reçoit la plus riche culture. Elle reçoit surtout ce sentiment de la vraie beauté en tout genre, qui, entretenu avec soin et nourri avec amour loin du monde et dans la vie studieuse du collége, se transforme peu à peu en cet instinct sûr et prompt qu'on appelle le goût, puissance indéfinissable que rien ne remplace, qui pénètre l'âme aussi bien que l'esprit, et influe sur toutes les habitudes. Puis, quand les humanités, pendant plusieurs années, ont rempli l'imagination, le cœur, la raison, l'âme entière, du sentiment du beau à la fois et de celui du bien, l'homme ainsi ébauché, nous l'achevons par des études plus sévères. Nous ne voulons pas que l'élève quitte le collége sans que les mathématiques exercent son entendement aux conceptions abstraites, aux longues et difficiles déductions, sans que les sciences physiques et naturelles lui apprennent les lois les plus générales de ce monde et les principaux caractères des êtres qui le remplissent, sans que la philosophie enfin, résumant les humanités, lui enseigne ce que c'est véritablement que d'être homme, quelles lois gouvernent à son insu son esprit et son cœur, quelle est cette âme qu'il sent battre dans son sein, quelle est cette sainte loi du devoir que nous n'avons point faite et qui nous est imposée, cette liberté merveilleuse qui a été donnée à l'homme seul, cette raison qui, malgré ses imperfections et ses limites, est pourtant capable de concevoir ou de pressentir l'être infini, invisible aux yeux, présent dans l'âme, créateur et législateur, témoin de la vertu, juge du crime, père de l'homme, et suprême arbitre des sociétés.

Ce système d'études est fondé sur l'ordre et le développement des facultés humaines. Supprimez quelque partie de ce plan, et le résultat que vous voulez obtenir est manqué : l'homme que vous formez est incomplet. Bouleversez ce plan ; mettez, par exemple, la physique et les mathématiques avec la grammaire et les humanités : vous croyez étendre l'esprit, vous l'affaiblissez, car vous le condamnez à tout effleurer. On n'apprend tout à la fois qu'à la condition de ne rien apprendre solidement. Le jeune homme lui-même n'a qu'une certaine mesure d'attention ; s'il la disperse sur trop d'objets, il s'épuise en vain ; s'il la rassemble sur quelques objets bien choisis, il augmente ses forces par leur bon emploi. Entre les sciences et les lettres l'esprit incertain ne sait à quoi s'attacher. Mais suivez l'ordre de la nature : cultivez d'abord les facultés qui s'éveillent les premières ; et quand l'âge de la réflexion et des raisonnements abstraits sera venu, mettez le jeune homme aux mathématiques : il s'y appliquera sans incertitude, et y fera des progrès rapides. C'est d'ailleurs dégrader les mathématiques, que d'en faire une étude accessoire. Elles ont trop de prix en elles-mêmes, et elles sont à l'intelligence un exercice trop salutaire, pour les imposer à qui n'en est pas capable. Pour leur donner toute leur importance, il faut les mettre à leur vraie place, après la grammaire et les humanités et avec la philosophie.

Tel est le système de nos études ; tout autre est un chaos stérile ou une mutilation sacrilége de la nature humaine. C'était là le système suivi dans tous les anciens colléges des Universités et des congrégations enseignantes ; c'est celui qui a été rappelé et prescrit de nouveau en

1840 (1), et je le tiens comme d'un effet si certain sur l'accroissement de l'attention et des forces de l'esprit, c'est-à-dire sur l'avenir intellectuel de la France, que le suivre inviolablement est à mes yeux le premier devoir de tout homme d'État placé à la tête de l'instruction publique.

Mais pour exécuter dignement un tel plan il faut des maîtres d'une capacité assurée ; car ce principe est infaillible : autant valent les maîtres, autant vaut le collége. Il importe donc de savoir d'où viennent les professeurs de l'Université, à quelles conditions l'État les accepte ou comment il les prépare à bien remplir les fonctions qu'il leur confie.

Le même décret de 1808 qui organise l'Université pourvoit à sa durée et à son recrutement à l'aide de deux institutions différentes qui se soutiennent l'une l'autre, l'école normale et l'agrégation.

L'école normale est l'image de l'Université, comme l'Université est l'image de la France. Nulle barrière religieuse, nul engagement étroit en contradiction avec l'esprit de nos mœurs et de nos institutions. On arrive de tous côtés à l'école normale, mais on n'y arrive que par un concours ouvert dans toutes les parties de la France. La condition pour se présenter à ce concours est d'être bachelier ès lettres ou ès sciences, c'est-à-dire d'avoir reçu une instruction secondaire entière et complète. Voilà

---

(1) Voyez le *règlement général des études dans les colléges*, du 25 août 1840, ainsi que la circulaire ministérielle du 27 août.

des jeunes gens qui seraient presque en état, puisqu'ils sont les plus distingués des bacheliers, de donner eux-mêmes l'enseignement secondaire. Au lieu d'enseigner, ils redeviennent élèves à l'école normale. Ils y restent rois ans sous une discipline dont le règlement, libéral et sévère tout ensemble, est publié. Le règlement d'études l'est aussi (1). Rien de mystérieux, tout à la lumière du jour. Après un tel noviciat, vous croyez qu'on va leur confier une chaire et les nommer professeurs? Nullement; ils sont admis à prendre part aux divers concours publics de l'agrégation avec tous les autres candidats qui justifient des mêmes grades et de services équivalents accomplis dans un établissement autorisé.

Les hommes qui ont traversé tant d'épreuves si bien coordonnées entre elles peuvent-ils ne pas être dignes de la confiance du gouvernement? Eh bien, même alors, elle ne leur est point accordée tout entière. Les agrégés nommés au concours ne sont d'abord employés qu'à titre provisoire. Il leur faut au moins trois années d'exercice pour obtenir le titre définitif de professeur. Jusque-là, si, dans la pratique, tout agrégés qu'ils sont, ils ne répondent pas à l'espérance qu'on avait mise en eux, leur situation provisoire peut être prolongée, ou même toute fonction peut leur être retirée : car l'agrégation n'est qu'une aptitude nécessaire, elle ne confère point un droit absolu. Lorsqu'enfin ils ont été trouvés irréprochables

---

(1) Voyez l'ouvrage intitulé : *École normale*.

sous tous les rapports, alors, mais seulement alors, on les institue définitivement ; ils acquièrent le titre de professeur qu'ils ont gagné à la sueur de leur front, au prix de tant d'études, de tant d'épreuves enchaînées les unes aux autres, après six années au moins et quelquefois huit ou dix années de service, comme élèves de l'école normale et comme agrégés. Certes, ils méritent bien alors ce titre honorable ; il est donc bien juste qu'ils ne le puissent perdre par un caprice ministériel, à la suite de quelque accusation ténébreuse. Grâce à Dieu, comme on ne devient professeur qu'après avoir donné à l'État de sérieuses garanties, dès qu'on l'est, on a droit soi-même à des garanties sérieuses. Les professeurs les trouvent dans l'autorité du conseil, sans lequel nulle atteinte légale ne peut être portée à la condition d'aucun membre de l'Université. Le conseil exerce alors les mêmes fonctions que la cour de cassation, quand il s'agit de juger les membres de l'ordre judiciaire : tribunal nécessaire, incorruptible, équitable, juridiction éminente placée à la tête du corps enseignant pour le contenir à la fois et le protéger, éclairer le ministre et le corps tout entier ; discipline paternelle sous laquelle se continue et s'achève en quelque sorte la perpétuelle éducation du professeur. En général, l'enseignement dure au moins vingt années, vingt années d'efforts non interrompus.

C'est à l'aide d'une génération de maîtres ainsi formée et renouvelée aux mêmes sources, l'école normale et l'agrégation, que nous avons pu réaliser le plan d'études précédemment exposé. Nous avons reçu en 1802 l'instruction secondaire morte et comme anéantie, et nous vous la présentons aujourd'hui pleine de vie. Les diverses parties de notre système d'études ont été successivement, les unes ranimées, les autres presque créées, toutes perfectionnées.

Qu'était-ce, avant 1789, que l'enseignement des sciences dans les colléges de toutes les congrégations et même dans ceux de l'Université de Paris? Je reconnais qu'il était à sa place, c'est-à-dire à la fin des études classiques, et à côté de l'enseignement de la philosophie; mais cette place si bien marquée était presque vide, et l'enseignement scientifique en lui-même n'était rien ou très-peu de chose. L'Université, en lui rendant sa place légitime, lui a donné toute la portée convenable et en même temps ses justes limites. D'une part, nos colléges royaux préparent directement, par une culture particulière, sans être exclusive, aux plus hautes écoles spéciales, par exemple à l'école polytechnique. Et, d'un autre côté, il n'y a pas de collége communal de plein exercice qui ne prépare au baccalauréat ès lettres, où sont exigées, dans une sage mesure, les connaissances scientifiques sans lesquelles il n'y a pas d'homme bien élevé. Sans doute, les immenses progrès que les sciences ont faits depuis cinquante ans, l'éclat qu'elles ont jeté sur notre pays, la juste autorité dont elles sont entourées, imposaient à l'Université le devoir de faire à leur étude une juste part dans son système d'instruction. Elle n'a fait en cela que suivre son siècle, mais elle l'a suivi : c'est là son honneur.

Je l'ai déjà dit : le fond même, l'objet propre, l'esprit et l'âme de l'instruction secondaire, ce sont les études classiques. Le latin est la première et la plus nécessaire de ces études. Disons toute la vérité : sans la connaissance de la langue et de la littérature latines, tout homme est comme un étranger dans la famille humaine; il ignore ce que signifient ces grands noms, Virgile et Horace, Cicéron, Tite-Live, Tacite. Vainement un cri de barbares s'élève contre les lettres latines; nous les avons défendues, et nous les défendrons obstinément. Nous croirions mal servir la patrie, que de lui former des générations armées de quelques connaissances scientifiques et dépourvues de cette culture noble et polie qui seule inculque à l'âme le sentiment de l'humanité.

Non-seulement nous avons relevé et soutenu les lettres latines, mais nous avons porté l'étude de la langue et de la littérature grecques bien au delà de ce qu'elle était avant la révolution française, même dans les meilleurs colléges de l'Université de Paris. C'est peu de chose, Messieurs, pour ceux qui ne verraient là que la connaissance d'une langue de plus; mais, à ce point de vue même, le grec seul enseigne bien le latin, et tous deux réunis enseignent excellemment le français. Mais le grec n'est pas seulement une langue, c'est une littérature, c'est tout un monde pénétré du sentiment de la beauté, le réfléchissant et le répandant de toutes parts avec une force et un charme incomparables. La beauté latine est mélangée; la beauté grecque est pure et accomplie. Qui peut vivre quelques années avec Homère et Sophocle, avec Platon, Démosthène, Polybe, sans prendre le goût de cette grandeur simple qui est en quelque sorte la santé de l'esprit et de l'âme? Avoir ranimé et presque fondé l'étude des lettres grecques est un service public et social dont l'Université peut s'honorer.

On peut dire avec plus de raison encore qu'elle a fondé l'enseignement de l'histoire. Bossuet ne voulait pas que son auguste élève ignorât le genre humain. L'Université a voulu que les jeunes Français n'ignorassent ni le genre humain ni la France. Lié à toutes les études classiques et s'y rapportant sans cesse, l'enseignement de l'histoire a pris dans les colléges un développement considérable, et désormais, je ne crains pas de le dire, il y a plutôt à le resserrer qu'à l'étendre. On s'arrête devant la révolution française dont l'histoire est partout, dans les livres contemporains, dans les souvenirs des familles et comme dans l'air que nous respirons. Le passé accompli et terminé est seul du domaine de l'enseignement historique. Le professeur d'histoire a plus d'un écueil à traverser ; il doit être toujours modéré et plein de mesure, mais aussi sans lâche condescendance : car c'est dans le collége surtout que l'histoire est un enseignement moral et civil, une leçon de l'expérience, une leçon de Dieu même, que nul n'a le droit de corrompre. C'est pour n'avoir pas trahi sa mission que l'enseignement historique de l'Université est exposé à tant de calomnies. Il continuera de les mériter.

J'arrive à l'enseignement de la philosophie. C'est l'endroit par lequel on attaque surtout l'Université, avec quelle violence, vous le savez; et pourtant c'est par là peut-être qu'elle a les meilleurs titres à l'estime publique et à la confiance de la société.

Je ne l'ignore pas, Messieurs : je suis ici le principal accusé, et avec raison ; car il faut bien que je le reconnaisse, si la direction de l'enseignement philosophique est une direction fausse en principe, malfaisante et dangereuse dans ses conséquences, je suis non pas le seul, mais le plus grand coupable. C'est moi en effet qui, depuis 1830, comme conseiller ou comme ministre, ai rédigé et proposé au conseil les deux grands arrêtés sur lesquels roule tout l'enseignement de la philosophie : 1° le programme des matières qui doivent être enseignées, avec des solutions discrètement indiquées de manière à ne point étouffer toute liberté d'enseignement et à ne pas laisser aller au hasard un enseignement d'une telle importance ; 2° la liste des ouvrages qui seuls peuvent être désignés aux élèves comme ouvrages classiques et faisant autorité. Je dénonce moi-même ces deux actes décisifs à toute la sévérité de la commission et aux lumières de son savant rapporteur.

Vous le voyez, je ne décline point la responsabilité qui m'appartient, et en vérité il m'est aisé de la porter.

Daignez vous rappeler la déclaration que je fis, il y a

un an, à cette tribune ; elle était formelle et catégorique ; elle posait nettement le principe qui doit présider à l'enseignement de la philosophie dans les écoles de l'État, à savoir, celui du respect le plus scrupuleux pour toutes les croyances et pour tous les cultes reconnus par l'État, et singulièrement pour cette grande religion catholique qui est celle de la majorité des Français. Ce respect scrupuleux a été prescrit devant vous comme une règle inflexible et absolue. C'était un engagement sacré, et mes collègues me connaissent assez pour être bien convaincus que si un tel engagement n'eût pas été dans mon cœur, si je n'eusse pas été bien décidé à le tenir moi-même et à le faire observer aux autres, je n'étais pas homme à le contracter à cette tribune, devant l'Université et devant la France. Cette déclaration avait paru suffisante à la chambre ; elle avait, je puis le dire, obtenu son assentiment. Elle a été loyalement pratiquée par tous mes confrères les professeurs de philosophie des colléges communaux, des colléges royaux et des facultés; car je n'accepte pas pour les facultés le privilége d'une liberté sans règle, comme si elles ne composaient pas un service public, comme si leur enseignement ne s'adressait pas à la jeunesse! Depuis l'année dernière, j'ai redoublé de vigilance ; j'ai voulu connaître les cahiers des professeurs suspects et tous les ouvrages publiés. Je les ai lus et examinés avec toute l'attention dont je suis capable, et avec un zèle animé par le sentiment de ma responsabilité. Eh bien, je le déclare encore une fois, la main sur la conscience, ni dans les cahiers qui ont été sous mes yeux, ni dans les écrits publiés, je n'ai trouvé une ligne qui de près ou de loin portât la moindre atteinte à la religion. J'ai fait plus : j'ai voulu présider moi-même plusieurs grands concours publics, en présence d'un vaste auditoire, sous l'œil d'adversaires attentifs épiant toutes nos démarches, tous nos actes, toutes nos paroles : là j'ai renouvelé, j'ai appliqué hautement les maximes que vous avez entendues. Une telle conduite a-t-elle désarmé les ennemis de l'Université? Non, les outrages et les calomnies se sont accrus, et jamais l'enseignement philosophique de l'Université n'a été attaqué avec plus de violence.

Il faut donc que je le défende encore et me défende moi-même : je le ferai, Messieurs, avec la modération qu'inspire le sentiment d'une bonne cause et d'une bonne conscience.

Puisque la déclaration qui a été faite ici l'année dernière ne suffit pas, que demande-t-on donc à la philosophie? si ce n'est pas assez qu'elle professe le plus profond respect pour tous les cultes reconnus par l'État, et particulièrement pour celui de la majorité, qu'y a-t-il au delà, je vous prie, sinon qu'oubliant deux de ces cultes, elle n'en reconnaisse qu'un seul et se mette au service de celui-là ; qu'enfin, non-seulement elle s'incline comme elle le fait, et bien volontiers, devant les dogmes révélés de l'Église catholique, mais qu'elle prenne ces dogmes comme son point de départ, sa règle et sa fin ? En deux mots, il est clair qu'on veut ou détruire l'enseignement philosophique, ou s'en emparer au profit d'un seul culte. Ces prétentions expliquent le bruit qui se fait. Vous concevez que si l'enseignement de la philosophie était avoué innocent, il serait absurde d'en demander la destruction ou le monopole. Toute cette tempête déchaînée autour de nous, et qui émeut les esprits les plus fermes, est donc factice en grande partie, et la passion est ici au service de l'intérêt.

Pour nous, aux deux prétentions de nos adversaires nous opposons ces deux assertions que nous mettons avec confiance sous la protection de l'expérience universelle, et en particulier des besoins impérieux et de l'esprit insurmontable de notre pays et de notre temps. Selon nous, il faut qu'il y ait dans l'instruction secondaire bien constituée un enseignement philosophique ; il faut de plus que cet enseignement, profondément respectueux pour toutes les croyances religieuses reconnues par l'État, ne soit le monopole d'aucune d'elles, pour pouvoir être à l'usage commun des jeunes gens qui appartiennent aux différents cultes.

La démonstration de ces deux vérités est bien facile.

Il faut un enseignement philosophique dans toutes les grandes écoles. Laissons-là l'Europe, sur laquelle nous pourrions bien nous tromper, restons en France. Depuis le treizième siècle jusqu'à la révolution française, connaissez-vous un établissement, je ne dis pas d'instruction supérieure, mais d'instruction secondaire, un collége un peu considérable, soit à Paris, soit même en province, dans les congrégations enseignantes ou dans les Universités, dans l'Oratoire ou même dans la société de Jésus, où il n'y ait pas eu un enseignement régulier de la philosophie, j'entends un enseignement complet dont les matières n'aient pas été précisément celles sur lesquelles roule aujourd'hui la philosophie de nos colléges, et même un enseignement bien plus étendu et plus relevé que le nôtre? Je défie qui que ce soit de trouver à cela une seule exception ; il n'y en a point et il ne peut y en avoir. C'est que l'enseignement philosophique possède deux qualités qui le rendent indispensable : il est, pour l'esprit, la meilleure gymnastique connue, et seul il peut pénétrer les intelligences et surtout les âmes de ces grandes vérités naturelles, placées bien au-dessus de tous les systèmes, qui n'appartiennent à aucune école, mais au sens commun, et qui composent en quelque sorte le patrimoine de la raison humaine; vérités sans lesquelles il n'y a aucune religion révélée possible, ni aucune société, quelle qu'elle soit, monarchique ou républicaine, parce que, sans elles, il ne peut y avoir de véritable morale ni publique ni privée.

On se fait l'idée la plus fausse de l'enseignement de la philosophie. On s'imagine que l'Université fait enseigner dans ses écoles tantôt tel système, tantôt tel autre, selon la mode du jour : ici Platon, là Aristote, Descartes ou Locke, Reid ou Kant, M. La Romiguière ou M. Royer-Collard, et, bien entendu, M. Cousin, quand c'est

M. Cousin qui est au conseil. Messieurs, l'Université a d'autres pensées. Elle n'impose, comme elle n'interdit aucun système parmi ceux que la raison peut avouer, par ce motif fort simple qu'elle envisage moins la philosophie en elle-même que dans son rapport avec la société. Autre chose en effet est la philosophie considérée comme science, dans la solitude du cabinet ou dans une Académie de l'Institut, et autre chose la philosophie comme matière d'un enseignement public donné à la jeunesse au nom de l'État. Ne perdez point de vue cette distinction : elle est la clef de toutes les difficultés. La science de la philosophie, par sa sublimité même, est à la fois la gloire et l'écueil de l'esprit humain. Elle a ses lumières, et elle a ses ombres; elle est pleine de vérités éternelles et d'opinions particulières. Ces opinions sont les différents systèmes, les différentes écoles que les siècles produisent, renouvellent, perfectionnent. L'histoire de ces systèmes et de ces écoles contient des leçons du plus haut prix qui peuvent avoir leur place dans un enseignement supérieur. Mais dans un collége, il n'y a point d'étude de luxe; tout est dirigé vers l'utilité, vers l'utilité pratique. Là, on néglige les côtés hasardeux et changeants de la science, pour s'attacher à ses parties les plus fermes et les plus sûres, et c'est sur celles-là qu'est assis l'enseignement. Le grand but qu'on se propose est de former des esprits sains et vigoureux et des âmes honnêtes. On commence donc par instruire l'intelligence à se connaître elle-même, à se rendre compte de ses principales facultés, de leurs fonctions et de leurs plus grands effets. Après ces préliminaires renfermés en une juste mesure, on entre dans le domaine de ce qui est éternel, la logique dont les règles sont absolues, infaillibles, au-dessus de toute controverse ; on expose ces règles avec l'étendue suffisante, on exerce à les pratiquer, on institue cette escrime savante, cette gymnastique dont je parlais tout à l'heure, qui donne à l'esprit de viriles habitudes, assouplit et fortifie ses ressorts et en fait un instrument plus puissant et plus sûr pour tous les travaux de la pensée. Ici rien d'arbitraire, tout est nécessaire et marqué au coin de la vérité éternelle. Viennent ensuite ces autres vérités tout aussi nécessaires, qui, grâce à Dieu, n'ont manqué à aucun homme, à aucune société, puisque sans elles l'homme n'est pas un homme et la société n'est qu'un chaos : la spiritualité de l'âme, la liberté de l'homme., la loi du devoir, la distinction de la vertu et du vice, du mérite et du démérite, la divine providence, et ses promesses immortelles inscrites dans nos besoins les plus intimes, dans sa justice et dans sa bonté. Ces grandes vérités, plus nombreuses et plus lumineuses qu'on ne le croit, trouvent un consentement naturel, et leur ensemble compose une admirable doctrine qu'aucun philosophe ne peut revendiquer comme sa propriété particulière, et qu'il importe de déposer, dès la jeunesse, dans l'intelligence et dans l'âme de tous les hommes et de tous les citoyens.

Voilà, Messieurs, l'enseignement philosophique de

l'Université ; en voilà du moins le fond ; le reste n'est qu'accessoire : nous n'y attachons qu'un intérêt secondaire. Plus sévères que tous nos devanciers, sous la restauration elle-même, plus sévères que M. Royer-Collard et que M. l'évêque d'Hermopolis, nous veillons, et depuis longtemps, à ce que l'enseignement soit dirigé sur ces points essentiels, sur les choses à la fois incontestables et incontestées. Nous voulons apprendre à nos élèves ce qu'ils n'auront point à désapprendre un jour, ce qui importe également à tous les cultes, à tous les rangs, à toutes les professions, ce qui fait les bonnes croyances et les saintes espérances, ce qui soutient et dans la vie et dans la mort.

Ainsi, ou l'on prétend que l'État n'est pas intéressé à former des esprits solides et des âmes pénétrées de maximes vertueuses, ou il faut accorder que l'État a le devoir de procurer à la jeunesse un enseignement philosophique, tel que celui dont je viens de donner à la chambre une bien faible idée.

L'enseignement de la philosophie est donc un enseignement nécessaire. Mais, pour qu'il remplisse sa grande et salutaire mission, précisément pour qu'il serve et la religion et la société, il faut qu'il ne repose point sur les dogmes particuliers d'aucun des cultes reconnus ; car autrement il ne les sert pas tous, il n'en sert qu'un seul ; il ne s'applique qu'à une certaine partie de la jeunesse, il n'est plus fait pour la société tout entière. Il ne peut donc plus être donné au nom de l'État, mais au nom seul de la religion catholique ; il ne peut être institué que par elle, et il ne peut être surveillé que par elle, à tous ses degrés. Il faut alors, pour être conséquent, remettre au clergé la direction du concours d'agrégation, en ce qui concerne la philosophie ; il faut lui remettre l'enseignement philosophique de l'école normale qui y prépare, et encore le droit d'interroger au baccalauréat ès lettres sur la partie philosophique de l'examen ; car il est absurde que des laïques soient juges des résultats d'un enseignement que le clergé donne ou autorise ; il faut aller jusque-là dans la pratique, ou le clergé n'est sûr de rien ; c'est-à-dire qu'il faut bouleverser de fond en comble l'Université.

Pourquoi pas? dira-t-on. Eh bien, à la bonne heure. Mais voici une autre conséquence un peu plus embarrassante, car elle n'atteint plus seulement l'Université, mais la société tout entière, telle que nous l'ont transmise la révolution et l'empire. Encore une fois, qu'a voulu la révolution et qu'a fait l'empire? Une société où tous les citoyens de la même patrie, quel que soit leur culte, servent dans la même armée, portent les mêmes charges, sont également admissibles à tous les emplois, doivent être imbus du même esprit civil, et par conséquent doivent recevoir à peu près la même éducation.

Tel est le fondement sur lequel est établie l'Université. Tous les cultes, comme tous les rangs, sont admis dans ses colléges. L'unité de nos écoles exprime et confirme l'unité de la patrie. Mais s'il y a un enseignement, et peut-être le plus important de tous, qui repose sur les principes exclusifs d'un culte particulier, tous les enfants des autres cultes sont exclus de cet enseignement; le collége n'est plus l'image de la société commune; il faut le diviser, ou plutôt, et c'est ce que j'entends demander avec une indignation profonde, il faut des colléges différents pour les différents cultes, des colléges catholiques et des colléges protestants, des colléges luthériens et des colléges calvinistes, des colléges juifs et bientôt des colléges musulmans. Dès l'enfance, nous apprendrons à nous fuir les uns les autres, à nous renfermer comme dans des camps différents, des prêtres à notre tête; merveilleux apprentissage de cette charité civile qu'on appelle le patriotisme ! Et ce pays qui du moins, dans ses malheurs, avait conservé une ressource immense, la puissance de son unité, la perdra; il descendra des hauteurs de la révolution et de l'empire, pour revenir...., à quoi, je vous prie? Non pas à l'ancien régime, avec ses grandes institutions, à jamais anéanties. A quoi donc? A un je ne sais quoi, indéfinissable et sans nom, que le monde étonné n'oserait pas appeler la France !

Voilà l'abîme où nous conduit pas à pas l'insolente folie des adversaires de l'Université. Ils ont cru, et de faibles esprits ont pu croire un moment avec eux, que l'Université était un caprice impérial, une institution d'hier qui pouvait n'être plus demain, sans racines dans le pays, sans lien avec les autres parties de l'édifice national. Non, l'Université est assise sur les fondements mêmes de la société française. La France est une ; toutes ses grandes institutions sont sœurs : vous ne pouvez en frapper une sans les frapper toutes et sans blesser au cœur la France tout entière. L'Université est une aussi ; tous ses enseignements se tiennent et forment un tout indivisible. L'enseignement de la philosophie semblait, au premier coup d'œil, une chose d'une assez médiocre importance, qu'il était aisé de supprimer ou d'altérer dans son caractère; et voilà que changer ce seul enseignement, de respectueux qu'il est et doit être envers toutes les communions, le rendre exclusif, l'appuyer sur les dogmes d'une communion particulière, il se trouve, à la pratique, que c'est dénaturer l'enseignement général du collége, bouleverser toute l'Université, et avec elle la société française. Pour maintenir donc l'esprit de notre société, il faut maintenir celui de l'Université et le caractère séculier de l'enseignement de la philosophie. Notre système d'instruction secondaire, dont les humanités sont la base, que les sciences agrandissent et que la philosophie couronne, n'est point un système arbitraire qu'une main téméraire puisse impunément mutiler. Il est incorporé au système entier de l'Université, dont le génie n'est pas autre chose que le génie même de notre temps et de notre pays appliqué à l'instruction publique.

Vous connaissez maintenant, Messieurs, le système d'études de l'Université. Je crois avoir démontré que le système est excellent en lui-même, et qu'entre les mains de maîtres éprouvés, sous une autorité forte et toujours la même, il a dû produire et a produit en effet une instruction secondaire florissante dont le caractère s'identifie avec celui de notre société. Il me reste à vous parler de l'éducation dans l'Université. Ici je rencontre les mêmes adversaires, le même genre d'attaques ; je me flatte que mes réponses ne seront pas moins décisives.

On s'en va répétant avec un air de triomphe : « Nous admettons que l'instruction est bonne dans vos colléges ; mais qu'est-ce que l'instruction ? Bien peu de chose : l'éducation est tout. Or, l'éducation, en fait, vous ne la donnez pas ; en principe, vous ne pouvez pas la donner ; car l'éducation est essentiellement religieuse. »

Autant d'assertions, autant d'erreurs.

Et moi aussi, je reconnais que la grande affaire est ici l'éducation. Je prétends même que c'est en vue de l'éducation surtout qu'a été fondée l'Université, et si elle ne donne point l'éducation, je veux dire l'éducation convenable, elle ne remplit pas sa mission. Mais en même temps, je regarde comme le lieu commun le plus frivole, le plus contraire à toute expérience et à la nature des choses, cette séparation, si fort à la mode aujourd'hui dans un certain monde, de l'instruction et de l'éducation, et je soutiens, avec tout ce qu'il y a jamais eu d'hommes d'État, de moralistes et d'hommes d'école consommés, que partout où il y a une instruction véritablement saine et forte, il y a déjà un grand fonds d'éducation.

Quelle idée se fait-on, Messieurs, des sciences et des lettres, et particulièrement des études appelées, à si juste titre, humanités, si on suppose qu'elles se bornent à déposer dans la mémoire et à la surface de l'entendement quelques connaissances plus ou moins précieuses, sans exercer aucune influence sur toutes les autres facultés et sur l'âme tout entière? Quoi! on n'apprend que des langues différentes à un jeune homme, lorsque pendant sept ou huit années on le nourrit de la lecture assidue des chefs-d'œuvre de l'antiquité et de la littérature nationale! Quoi! tous ces divins génies, hôtes assidus de nos colléges, guides et compagnons fidèles de nos élèves, ne leur enseignent que des mots! On rougit en vérité d'avoir à réfuter de pareilles extravagances. Non, Messieurs, ce commerce intime avec ce qu'il y a eu de meilleur et de plus grand sur la terre est la plus bienfaisante éducation. Tout l'art de l'éducation consiste, en effet, à créer autour de la jeunesse une atmosphère morale d'autant plus efficace, qu'elle est ou semble plus naturelle. Nous la créons sans effort, en laissant sortir des monuments consacrés des grandes littératures ce parfum insensible et pénétrant d'idées justes et de sentiments honnêtes qu'ils exhalent sans cesse, qu'ils répandent et entretiennent dans l'humanité. Dites-moi quelle est l'idée vraie, quel est le sentiment généreux qui ne soit pas dans ces pages immortelles? La justice et la bonté, l'héroïsme et la mansuétude, le dévouement à la patrie et les tendresses domestiques, l'amour de Dieu et l'amour des hommes, tout ce qui épure, élève, agrandit l'âme, le génie l'a trouvé et l'enseigne depuis deux mille ans. Cet enseignement vertueux remplit nos écoles. Et on accuse l'Université de ne pas donner l'éducation, précisément parce qu'elle la donne sous sa forme la plus vraie, celle d'une leçon vivante qui n'a pas lieu à tel jour et à telle heure, mais toujours et partout, à l'aide de toutes les études, depuis la plus humble jusqu'à la plus haute, se rapportant toutes, par leur vertu propre et par leur harmonie, à cette fin grande et excellente !

S'imaginerait-on, par hasard, que l'éducation exige des formules abstraites et générales, un enseignement spécial et didactique? Mais c'est là le contraire de ce que recommandent les grands moralistes, les maîtres en fait d'éducation. Tous recommandent de s'adresser à l'imagination et au cœur, aussi bien qu'à l'entendement, et de faire passer en quelque sorte les principes, par la voie du sentiment, dans l'âme tout entière ; car ce ne sont pas les idées, ce sont les sentiments surtout qui font les habitudes, déterminent les actions et président à la vie. L'éducation vient de partout, ou elle n'est nulle part ; elle doit venir de l'air même que l'on respire dans les colléges ; elle découle incessamment, pure et abondante, de notre système d'instruction.

Elle ne résulte pas moins de notre système de discipline.

Les études classiques forment l'homme à leur manière ; la discipline confirme et achève l'œuvre des humanités. Elle commence un enseignement continu et de la plus puissante influence. Elle enseigne à tous ce qu'il y a de meilleur et de plus nécessaire, l'ordre, Messieurs, un ordre sagement établi, maintenu fermement. Études et récréations, récompenses et punitions, exercices d'esprit ou de corps, leçons littéraires ou pratiques pieuses, tout est soumis à une règle connue d'avance. Faibles et forts, prompts et tardifs, fils de prince et même de roi, ou enfants du plus simple citoyen, cette règle est au-dessus de tout le monde, image admirable et anticipée de l'ordre public et de notre grande égalité civile.

Nos récompenses sont quelques mots d'éloge, quelques livres, les rangs plus ou moins élevés que mérite le talent soutenu par le travail. Travailler, toujours travailler, est le seul moyen d'obtenir l'estime et un rang mobile auquel n'est attaché aucun privilége. Nous tenons en réserve, au service de l'ordre, les punitions nécessaires. Mais nous nous adressons et nous nous fions à la raison naturelle des élèves qui, après tout, sont des hommes aussi. Le gouvernement de nos écoles, soumis lui-même à la règle, lui emprunte cette force admirable de la justice, la seule qui soit efficace aujourd'hui et qui ne peut régner dans la société tout entière sans se trouver d'abord au sein du collége.

S'il n'y a pas là, Messieurs, tout un système d'éducation morale et sociale, j'ignore ce qu'il faut entendre par ce mot. Nous donnons l'éducation telle que notre temps et notre pays la demandent; il ne nous manque que l'éducation incompatible avec le génie de notre pays et de notre temps.

Mais j'entends ce cri répété par tous les échos de l'esprit de parti : l'éducation est essentiellement religieuse ; l'Université ne donne pas, et elle ne peut pas donner une telle éducation. On ne tire pas la conséquence, mais la conséquence se tire d'elle-même : c'est que le clergé seul étant capable de l'éducation religieuse, est seul capable de l'éducation véritable, et qu'il faut lui livrer l'instruction publique, ou du moins lui faire dans l'Université une plus grande place.

Oui, l'éducation est essentiellement religieuse, si par là on veut dire que la religion doit intervenir sérieusement dans l'éducation. Il n'y a pas un législateur, il n'y a pas un seul père de famille, qui n'accepte ce principe; et, pour ma part, je ne le désavouerai point aujourd'hui après l'avoir tant de fois proclamé moi-même. Mais autre chose, Messieurs, est l'intervention sérieuse et efficace de la religion dans l'éducation, autre chose est la domination du clergé dans l'instruction publique. Si c'est au fond cette domination que l'on veut, toute explication est superflue; l'intérêt est sourd, la passion aveugle. Mais je m'adresse à des hommes qui, comme pères de famille ou comme hommes d'État, ne peuvent vouloir que la juste intervention de la religion dans l'éducation de la jeunesse. Or, pour ceux-là, mais pour ceux-là seuls, je déclare qu'ici l'exacte mesure a été posée par l'empire, qu'elle a été maintenue par la restauration, et qu'elle ne serait pas dépassée sans provoquer une réaction fatale, sous la loi inexorable de la justice éternelle qui punit tout excès par un excès contraire.

D'abord concevez-vous, je vous prie, que l'auteur du concordat, celui qui parmi nous a relevé les autels, et qui voulut que la religion concourût avec la patrie pour consacrer aux yeux des peuples son avénement à l'empire, fondant un grand système d'éducation nationale, eût oublié la religion? Cela ne se peut supposer. Dans le conseil de l'Université impériale siégeaient de savants et vertueux ecclésiastiques, et parmi eux le digne supérieur de Saint-Sulpice, M. l'abbé Emery. C'est lui qui a inspiré les articles de nos règlements d'études et de discipline qui sont relatifs soit aux exercices, soit à l'enseignement religieux. Pensez-vous que M. l'abbé Emery ait manqué de zèle ou de lumières? La restauration a porté à la tête de l'instruction publique M. l'évêque d'Hermopolis. Pouvez-vous supposer, de grâce, qu'un tel personnage, devenu et resté si longtemps grand maître de l'Université, n'ait pas regardé comme son premier devoir d'y établir la légitime influence de la religion? Eh bien, qu'a-t-il fait, Messieurs? Rien de ce qu'on demande aujourd'hui. Il s'est contenté de maintenir, en les développant, les sages prescriptions de l'abbé Emery. Et nous, les avons-nous abolies ou affaiblies? Non, nous les avons plutôt fortifiées.

Et pourtant il était survenu un événement immense, une révolution. La charte de 1830 a détruit l'article 14 de l'ancienne charte, ce dernier asile ou plutôt ce dernier écueil du droit divin de la monarchie absolue. Elle a fait plus, elle a aboli toute religion d'État; elle n'a reconnu la religion catholique que comme celle de la majorité des Français. Au fond, ce sont là les deux grands changements introduits par la révolution de juillet ; mais ces deux changements, mûrement considérés dans leurs principes et dans leurs conséquences, élèvent ce qui s'est fait en 1830 à la hauteur d'une révolution. Grâce à l'admirable constitution de l'Université, dépositaire des grands principes de l'égalité civile et religieuse, jamais il n'y avait eu dans nos colléges d'oppression religieuse, même aux plus mauvais jours de la restauration. Depuis 1830, l'idée même de l'oppression d'un culte par un autre devenait impossible. Une liberté plus grande encore a donc été laissée aux différents cultes ; le vœu des parents a été plus que jamais consulté en matière de religion. Mais plus la religion catholique perdait en apparence, plus l'Université s'est fait un devoir de relever son autorité dans la mesure permise par la charte. Écoutez la vérité : il n'y a pas un collége, soit royal, soit communal, où il n'y ait un aumônier, et quelquefois plusieurs, chargés de toutes les fonctions religieuses prescrites par les règlements de la restauration et de l'empire. Je le demande hautement : quelle est la partie de ces règlements qui a été supprimée ou qui n'est plus exécutée depuis 1830 ? Nul changement n'est intervenu.

Que dis-je ? Messieurs, je me trompe. Nous avons, pour complaire aux évêques, abaissé la rigueur tutélaire des plus sages prescriptions. Aux termes des règlements (1), tout aumônier doit être licencié en théologie, et par conséquent bachelier ès lettres. On a rejeté cette condition si raisonnable ; et ne pouvant éclairer ni vaincre cet aveuglement superbe qui croit s'élever en foulant aux pieds toutes les prescriptions du pouvoir civil, nous avons dû laisser tomber celle-là en désuétude ! Et cet aumônier, tel que nous avons consenti à le recevoir, sans aucune garantie de capacité littéraire, lui avons-nous fait une situation moins élevée ? Non ; il apportait moins, et il a trouvé les mêmes avantages et le rang que lui assuraient ces règlements qu'il n'observe point (2). Il a aujourd'hui la même autorité dont il jouissait sous l'empire et sous la restauration. Partout où nous avons pu obtenir des évêques des aumôniers éclairés et instruits, même sans être bacheliers ès lettres ni licenciés en théologie, outre les exercices religieux qui tous ont été maintenus, nous avons institué, surtout pour les classes supérieures, des conférences où le dogme catholique et la morale chrétienne sont la matière d'un enseignement régulier. Quelquefois même nous avons voulu que cet

---

(1) Règlement du conseil du 19 septembre 1809, sur la police des lycées.
(2) D'après le règlement déjà cité, l'aumônier est assimilé aux professeurs de 1re classe. Dans un règlement du même jour, sur l'administration économique des lycées, l'article 43 dit que l'aumônier, qui déjà est logé au lycée, sera nourri gratuitement, avantage qu'il ne partage avec aucun professeur ni même avec le censeur et le proviseur.

enseignement (passez-moi ces détails, ils ont leur importance) devînt le sujet de travaux et de compositions comme tous les autres enseignements, et à ces travaux nous avons attaché des prix, pour les relever et pour y attirer. Qu'on nous montre ces mesures dans les règlements de la restauration (1). Oui, nous avons provoqué, encouragé, récompensé l'enseignement religieux ; mais nous ne donnons pas ce beau nom aux déclamations qu'on voudrait mettre à sa place. Serait-ce faire l'office d'un aumônier que de venir dans un collége souffler la discorde, attaquer les autres cultes, se complaire dans l'apologie de faits ou coupables ou bizarres empruntés au moyen âge, opposer le pouvoir temporel et le pouvoir religieux, décrier l'instruction qu'on ne peut donner au profit de l'éducation qu'on ne donne pas, représenter la raison comme naturellement hostile à la foi, quand on devrait s'appliquer à faire voir et à procurer leur légitime harmonie, et, en face de nos chaires légales de philosophie, poser comme un principe incontestable et consacré par l'Église, que toute philosophie est impie et conduit nécessairement au matérialisme et à l'athéisme? J'en conviens, l'Université ne prescrit ni ne tolère un pareil enseignement; car il ne peut s'établir que sur les ruines de l'Université. Mais elle prétend que c'est là un instrument de combat, une machine de guerre entre les

---

(1) J'ai le premier, en 1831, réclamé ces mesures dans mon rapport sur l'instruction publique en Prusse, 3ᵉ édit., t. Iᵉʳ, p. 143 *et passim.*

mains de l'esprit de parti, et non l'enseignement religieux institué par l'Église et consacré par toute la tradition. La vraie religion est amie des lumières : elle est trop sûre des vérités qui lui ont été confiées pour redouter le progrès de la raison : loin de là, elle s'unit naturellement à la vraie philosophie; elle est en paix avec l'esprit de notre société et de notre siècle, parce qu'elle est de tous les siècles, et qu'elle sait bien que toute société, si avancée qu'elle puisse se croire, renferme dans son sein d'inévitables misères que la religion seule peut au moins consoler, et qu'après nos longues discordes, où tant d'espérances ont fait naufrage, il n'y a personne qui ne lève les yeux au ciel comme vers l'asile qui ne trompe point. Voilà la religion que nous voudrions de tout notre cœur et de toute notre âme répandre et affermir dans les écoles nationales. La religion y sied bien, entre la science et la patrie. Veut-on nous indiquer quelques moyens ignorés de nos devanciers, et qui aient échappé à M. l'abbé Emery, à M. le cardinal de Bausset, à M. l'évêque d'Hermopolis, pour arriver plus sûrement à ce résultat si désiré ? Nous les examinerons ; nous invoquons un concours éclairé et charitable; nous ne repoussons qu'une domination inconnue à nos pères, et que nos fils ne supporteraient pas.

J'ai prouvé, je l'espère, pour tout homme impartial, que la religion a dans nos écoles l'autorité qui lui appartient, que les règlements existants sont ceux de l'empire et de la restauration, qu'ils sont pratiqués d'une manière sérieuse ; qu'ainsi l'éducation que donne l'Université est une éducation religieuse, dans la mesure déterminée par les ecclésiastiques les plus éclairés de notre temps ; que cette éducation sagement religieuse se lie de toutes parts à l'éducation morale qui sort de notre système d'études et de discipline ; qu'enfin, sous ces deux grands rapports de l'instruction et de l'éducation, l'Université répond dignement à la grande pensée qui l'a fondée.

Si donc l'Université avait à comparaître devant son immortel fondateur, après quarante années d'une durée laborieuse, traversée par trois révolutions, toujours en butte à de formidables inimitiés quelquefois coalisées, elle ne serait point embarrassée du compte qui lui serait demandé. L'empereur avait voulu qu'elle fût un corps : elle l'est ; elle a conservé sa forte hiérarchie, ses mœurs, son esprit ; et dans ce moment où elle est si puissamment attaquée, elle peut se confier dans la fidélité de tous ses membres, dans l'obscur dévouement du plus grand nombre, dans la fermeté à toute épreuve de ceux qui, grâce à elle, ayant un nom, une plume ou une tribune, sauront la défendre avec persévérance, et braver très-volontiers, pour son service, les calomnies des uns, le mécontentement des autres. L'empereur avait voulu que l'Université fût un corps, mais un corps national, pénétré de l'esprit même de son pays et de son siècle ; pour prouver qu'elle n'a point cessé de l'être, l'Université n'a qu'à montrer ses ennemis. L'empereur surtout avait enjoint à l'Université d'être

« la conservatrice de l'unité francaise et de toutes les idées libérales proclamées par les constitutions. » Paroles sublimes ! Le moderne Charlemagne n'en a pas prononcé de plus grandes : on y retrouve le fils et l'héritier de la révolution française. L'Université n'a-t-elle pas fidèlement accompli sa patriotique mission ? Qu'est-ce, je vous prie, que tout ce système d'instruction et d'éducation que je vous ai si longuement développé, sinon un rappel énergique et continu à l'unité de la patrie ? Que sont tous ces colléges que je vous ai peints ouverts à tous les citoyens, à toutes les conditions, à tous les cultes, gouvernés par une loi commune, animés par l'esprit de l'égalité, maintenus par une discipline ferme et loyale, et où l'ordre s'appuie toujours sur la justice ; que sont-ils, sinon des foyers permanents de toutes les idées élevées, de tous les sentiments généreux dont se doit nourrir la jeunesse d'un peuple libre ? Ah ! si l'Université n'enseignait que du latin, du grec, des mathématiques, et même de la philosophie, on l'eût épargnée peut-être. Mais c'est parce qu'elle enseigne quelque autre chose encore, c'est parce qu'elle est avant tout une grande institution morale et politique, qui imprime à tous ses établissements un esprit commun et les dirige vers une fin commune, le service et l'amour de la patrie, telle que nos pères nous l'ont faite ; c'est à ce titre qu'à toutes les époques de réaction elle a été si violemment attaquée, d'abord en 1815, puis en 1821, enfin aujourd'hui.

Grâce à Dieu, elle est encore debout. Vous la connais

sez maintenant ; vous connaissez les principes qui ont été commis à sa garde. Elle n'est point un corps distinct de l'État ; elle est l'État lui-même appliqué à l'éducation de la jeunesse, en la forme que réclame cette partie du service public. Ses titres sont ceux de la société tout entière. Jamais ses écoles, ni sous l'empire, ni sous la restauration, n'ont été aussi nombreuses ni aussi fréquentées. Ici les chiffres sont des arguments péremptoires, et ces chiffres ont été mis sous vos yeux (1). L'Université a la confiance de la France, parce que la France sent bien que l'Université, c'est elle-même.

Voilà, Messieurs, l'institution qui est à votre barre, et sur laquelle vous allez prononcer. Tant d'attaques, tant de calomnies l'ont ébranlée ; vous pouvez l'affermir, et vous pouvez la précipiter. La conserver n'est rien, si vous lui ôtez sa force morale et l'autorité dont elle a besoin. Elle a été fondue d'un seul jet par un incomparable ouvrier ; n'y touchez pas légèrement. Sans doute elle est loin d'être parfaite ; on peut, on doit s'efforcer de l'améliorer sans cesse, mais dans le sens même de son principe, celui de l'intervention tutélaire de l'État dans l'éducation de la jeunesse. L'Université est assise sur des fondements assez fermes pour admettre et porter tous les perfectionnements. Depuis 1808 et 1811, combien n'en a-t-elle pas reçus, combien n'en peut-elle pas recevoir

---

(1) Voyez le rapport au Roi sur l'instruction secondaire.

encore ! Loin de repousser, elle sollicite tous les conseils, et n'en dédaigne aucun, de quelque côté qu'il lui vienne. Fille du dix-neuvième siècle, mais héritière aussi des anciennes traditions, a-t-elle conservé quelque usage peu en harmonie avec notre temps? Qu'on nous signale cet usage ; nous ne sommes point des barbares ; nous l'examinerons à la lumière de la raison comme à celle de l'expérience, et nous serons heureux de toutes les réformes, grandes ou petites, que nous pourrons introduire dans nos règlements d'études ou de discipline, d'instruction ou d'éducation. Il y a plus : le génie impérial a-t-il déposé dans nos constitutions quelque mesure devenue incompatible avec le progrès des libertés publiques? Nous sommes les premiers à demander que cette mesure soit ôtée.

Il y a dans le décret de 1811 une prescription dont je n'ai point parlé, parce qu'elle n'est point essentielle; elle l'est si peu que le décret de 1808 ne la contient point, et qu'elle ne se trouve pas même en germe dans la loi de 1802, premier fondement de tous les décrets impériaux ; je veux parler, Messieurs, des divers articles du décret de 1811 qui enjoignent à toute pension et à toute institution d'envoyer leurs élèves dans les collèges des villes ou de l'État auprès desquels elles sont placées, pour y puiser le droit de se présenter, après l'entier achèvement de leur cours d'étude, au baccalauréat ès lettres, condition de toutes les carrières civiles. Cette prescription est loin de mériter les attaques violentes dont elle est l'objet. Ce n'est point, comme on le répète, une invention de l'empire ; c'est la pratique constante de l'ancienne monarchie depuis Henri IV. Mais enfin, si elle favorise l'unité nationale, on ne peut nier qu'elle ne soit dure à la liberté. L'Université existait, et elle florissait avant cette contrainte imposée aux établissements privés. Presque partout elle attirait à elle les pensions et les institutions par la force de son enseignement et la renommée de ses maîtres. Dans les dernières années de l'empire, la redoutable prescription, impitoyablement exécutée contre la volonté bien connue de l'Université, mais par des ordres supérieurs, fit naître des réclamations d'abord étouffées, mais qui éclatèrent en 1815 et s'accrurent sans cesse jusqu'en 1830. La charte les accueillit : de là l'article célèbre qui promet la liberté de l'enseignement, bien entendu avec les garanties nécessaires. L'enseignement n'est pas libre en effet quand tout établissement privé doit envoyer ses élèves au collége ; et la contrainte exercée sur les institutions et les pensions retombe de tout son poids sur les familles. C'est cet état de choses que la charte a promis de faire cesser. Les vœux de l'Université avaient précédé la charte. Loin donc d'apporter aucun obstacle à l'accomplissement de cette promesse solennelle, nous l'invoquons nous-mêmes. Sur trois ministres sortis des rangs de l'Université, il ne s'en est pas trouvé un seul qui n'ait inscrit, dans les projets de loi présentés ou préparés, la liberté pour les pensions et les institutions d'envoyer ou de n'envoyer pas leurs élèves dans les colléges communaux ou royaux. Ajoutez qu'aucun de nous n'a jamais défendu le principe de l'impôt, si improprement appelé la rétribution universitaire. Supprimez cet impôt, si l'état des finances le permet ; supprimez les articles coercitifs du décret de 1811 : ainsi peut et doit se réaliser le vœu de la charte, et s'accroître le domaine des libertés publiques. Mais hors de là et au delà, tout est illusion, tout est péril.

Il est absurde d'appliquer l'article de la charte à l'autorisation préalable; car, en fait, l'autorisation préalable n'avait excité presque aucune réclamation. Il serait trop extraordinaire que la charte eût inventé à plaisir un prétendu droit d'enseigner qui n'avait été revendiqué par personne, tandis qu'évidemment elle devait répondre aux réclamations toujours croissantes qui s'élevaient contre la dure nécessité imposée aux familles d'envoyer leurs enfants aux écoles de l'État. Je tiens cela, Messieurs, comme un point incontestable. Otez donc la contrainte apportée par le décret de 1811 ; mais gardez-vous d'envelopper dans le même sacrifice l'autorisation préalable ; car celle-ci n'est point une mesure exceptionnelle et abusive, sortie d'un décret impérial ; c'est le principe même de toute la législation française dans les matières du domaine public, principe qui préexiste à l'Université, qui est déjà dans la loi de 1802, qui était dans le droit public de l'ancienne monarchie, et qu'au nom de la raison, comme au nom de l'histoire, je crois avoir placé au-dessus de toute controverse. Pour l'État, abdiquer l'autorisation préalable, c'est un suicide. Maintenez-la donc, non pour favoriser un corps particulier, car un tel corps n'existe que dans l'imagination des faibles ou dans des calomnies intéressées, mais pour sauver la société de la confusion et de l'anarchie. Ne donnez pas à l'Europe civilisée le triste spectacle du gouvernement de juillet mettant moins de prix à l'éducation de la jeunesse que tous les gouvernements qui l'ont précédé, et la livrant aveuglément, et sans exiger de préalables garanties, au premier venu qui voudra s'en emparer. Tout le problème est de savoir en quoi doivent consister ces garanties, ou, en d'autres termes, quelle doit être la forme de l'autorisation préalable du gouvernement. La laisserez-vous, suivant la pratique actuelle, l'esprit général de nos lois et de la centralisation moderne, entre les mains de l'État représenté par un ministre responsable et par un conseil de magistrats indépendants? Ou bien l'éparpillerez-vous, en quelque sorte, entre une foule de jurys locaux, les uns qui jugeront de la capacité littéraire et scientifique, les autres qui jugeront de l'aptitude morale? Dans l'un et l'autre cas, vous aurez maintenu ce qui constitue l'autorisation préalable, c'est-à-dire son caractère préventif, et par là vous aurez bien mérité de l'instruction publique et de la société.

Mais, quoi que vous décidiez à cet égard, quelles que soient les garanties préalables que vous imposiez à quiconque aspire à l'enseignement public, je m'assure qu'une fois ces garanties établies pour tous, vous n'en exempterez personne. Tout a été dit, dès le premier jour, sur l'article 17 du projet ministériel. L'instinct national l'a accueilli avec un étonnement douloureux. Il inaugure un principe nouveau, inconnu à l'ancienne monarchie et à la nouvelle, celui d'établissements qui seraient exempts des conditions communes imposées à tous les autres, par cela seul qu'ils sont des établissements ecclésiastiques. Je laisse là les difficultés d'exécution sous lesquelles a succombé le second et incroyable paragraphe de l'article 17 : c'est au principe même de cet article, tel qu'il est contenu dans le paragraphe 1er, que je m'adresse; car ici le principe est tout, et malheureusement votre commission le maintient. Ainsi donc il y aura des établissements qui pourront préparer au baccalauréat ès lettres, c'est-à-dire à toutes les carrières civiles, comme les colléges de l'État et des villes, et toutes les institutions privées qui auront fourni les garanties exigées; et ces établissements auront le privilége de ne satisfaire à aucune de ces garanties! Je dis aucune, car nulle part vous n'avez considéré de simples grades comme de véritables garanties. Les trois gradués exigés des petits séminaires pour avoir le plein exercice ne signifient donc rien à vos propres yeux. Ils n'eussent suffi à aucun établissement privé, et ils suffiront aux petits séminaires!

1° Les directeurs et les professeurs des petits séminaires n'auront pas besoin du brevet de capacité, tel que votre commission a pris soin de l'établir.

2° Les petits séminaires ne seront point surveillés,

c'est-à-dire qu'on y pourra enseigner tout ce qu'on voudra, dans des ténèbres où l'œil de l'État ne pénétrera point.

3° N'étant pas surveillés, l'État ne pouvant pas en connaître les abus, ne pourra les dénoncer devant aucun tribunal; de sorte que ces abus, quels qu'ils soient, échapperont à toute répression légale.

Et encore je ne parle point ici de l'exemption des charges financières assez lourdes qui pèsent sur les autres institutions. Les élèves qui fréquenteront ces établissements seront au nombre de vingt mille, c'est-à-dire excéderont celui des collèges royaux.

Ces priviléges énormes surpassent ceux que posséda jamais sous l'ancien régime aucune congrégation religieuse enseignante. Car ces congrégations étaient toutes, et à toutes les époques, autorisées, surveillées, réprimées; enfin, je l'ai prouvé, elles ne préparaient point aux grades académiques. Ou les mots ont perdu leur signification, ou c'est là un monopole tel qu'il n'y en eut jamais. Et quel est son titre? Il n'en a pas d'autre que celui-ci : les établissements en question sont dirigés par des ecclésiastiques. Langage inouï dans notre pays, et qui ne peut pas être accepté! Le dilemme est invincible, du moins à mon humble dialectique : ou les petits séminaires sont des écoles ecclésiastiques spéciales comme les grands séminaires, ou ce sont des écoles publiques et générales. Dans le premier cas, elles peuvent, elles doivent être exemptes des charges communes, puisqu'elles ne jouissent pas des avantages communs; dans le second cas, si elles veulent jouir des avantages communs, il faut qu'elles portent les charges communes. Il n'y a pour les petits séminaires que deux régimes raisonnables : ou le droit commun, ou la spécialité, c'est-à-dire le régime de l'empire ou celui de la restauration. M. Guizot, dans le projet de loi de 1836, avait sagement laissé les petits séminaires à leur régime actuel, c'est-à-dire à leur régime spécial. En 1840, j'avais annoncé aux deux chambres le droit commun. M. le ministre actuel le présenta en 1841. Ici l'une et l'autre conduite peuvent se tenir, j'en conviens, selon les temps et les circonstances. Mais quant au régime nouveau de l'article 17, qui confère aux petits séminaires à la fois les avantages de la spécialité et ceux du droit commun, je le tiens comme l'invention la plus malheureuse. Il renverse d'un seul coup deux grands principes: 1° le principe sur lequel est assise l'Université, à savoir, la sécularisation de l'instruction publique, l'intervention de l'État, sous une forme ou sous une autre, dans l'établissement, dans la surveillance et dans la répression de toute école secondaire d'un caractère public et général, et préparant au baccalauréat ès lettres; 2° le principe de notre droit civil qui n'admet aucune inégalité devant la loi. On accusait l'Université de monopole, comme si l'Université avait introduit l'autorisation préalable, et comme si le droit d'autoriser n'était pas un principe aussi légitime et aussi sacré que le droit de défense personnelle; et voilà que, pour satisfaire à ces déclamations, pendant que l'Université propose elle-même de rendre à tous les établissements privés, autorisés ou brevetés, le droit de préparer au baccalauréat ès lettres, pendant qu'elle rejette ainsi jusqu'à la dernière apparence de privilége, on confère à d'autres, à ceux-là même qui revendiquent contre elle une liberté indéfinie, le privilége le plus extraordinaire, le monopole le plus insupportable, et cela parce qu'ils s'appellent des ecclésiastiques !

Non, ce droit nouveau ne s'établira point en France. Ce n'est plus ici comme membre de l'Université que j'élève la voix, c'est comme citoyen, c'est comme Français, c'est surtout comme ancien conseiller et toujours serviteur dévoué de la couronne. Je supplie le ministère de ne point engager la dynastie nouvelle dans une entreprise aussi contraire à la grande mission qu'elle a reçue du vœu national, aussi contraire à tous ses intérêts identifiés avec les principes de la révolution française ; une entreprise qui dément son origine et qui, je n'hésite pas à le dire, la compromettrait sérieusement dans l'avenir inconnu ouvert devant elle. Pendant de longues années encore elle est condamnée à une lutte redoutable qu'elle ne doit jamais perdre de vue, et pour laquelle il lui importe d'amasser les trésors d'une légitime popularité. C'est en remontant ou en s'attachant à son principe, sans l'exagérer follement, que toute institution reprend ou maintient sa force. Le principe de la dynastie nouvelle, ce sont les grandes maximes de la première et de la seconde révolution française, telles qu'elles sont consacrées dans les monuments du droit national. Or, je le demande, y a-t-il une maxime qui sorte plus manifestement de notre droit national que l'égalité de tous devant la loi, et que cette autre maxime encore, que la direction suprême de l'éducation publique appartient au pouvoir civil ; que par conséquent les ecclésiastiques, comme tous les autres citoyens, peuvent participer à l'enseignement public, mais à titre personnel et en se conformant aux règles communes ; qu'ainsi nul établissement ecclésiastique, comme tel, ne peut posséder aucun privilége, aucun monopole d'enseignement public et général ; de sorte que l'article 17, qui confère ce privilége, ce monopole aux petits séminaires, contient, à vrai dire et sans aucune exagération, toute une contre-révolution dans l'instruction publique ?

Et pourquoi, Messieurs, ce subit renversement de tous les principes jusqu'ici reconnus et utilement pratiqués ? quels appuis nouveaux se veut-on ménager aux dépens de ses appuis naturels et éprouvés ? quelle est cette étrange politique au milieu des difficultés qui nous attendent et qui commencent à paraître, de décourager des amis certains dans l'espoir d'acquérir des amis douteux, toujours prêts à devenir des ennemis inexorables ? Écoutez ce qu'ils demandent, et voyez ce qu'ils osent. On réclame l'abrogation des articles organiques du concordat. On refait des conciles par voie de correspondance. On soutient qu'une société fameuse, abolie par tant de lois, n'a pas même besoin d'une loi nouvelle pour reparaître à la face du jour et de nos institutions, sous le rempart d'une liberté indéfinie. Nul aujourd'hui n'oserait prendre le nom d'une association politique, même innocente, qui n'aurait pas été légalement reconnue, et il se trouve des hommes pour prendre ouvertement l'habit et le nom de congrégations religieuses qui semblaient à jamais éteintes ! Je me demande où est le respect dû à la loi, ce qu'est devenu l'œil et le bras de l'État, et si le gouvernement est aveugle et sourd devant de pareilles prétentions et de pareils actes ? Et encore, Messieurs, le gouvernement, tiré de son sommeil par des voix courageuses, s'arrête-t-il ou paraît-il s'arrêter un moment sur la pente de complaisances inexplicables ! Savez-vous le langage qu'on lui tient et qui retentit de tous côtés, dans les chaires évangéliques, dans les circulaires pastorales et dans des pamphlets que leurs auteurs bien connus ne désavouent point ? Aux timides remontrances d'un gouvernement incertain, on répond par la menace d'une rupture ouverte, ou même par l'insolent exemple de l'insurrection d'un peuple voisin.

Ce n'est point ainsi, Messieurs, que se présente l'Université. Vous savez quels sont ses droits, quels ont été ses services. Ses droits sont ceux de l'État lui-même : elle les tient de deux grandes lois. Pendant quarante années, elle a employé le pouvoir que la société lui avait remis, dans l'intérêt manifeste de cette société. Elle a partagé les bons et mauvais jours de la patrie ; elle a souffert et elle a espéré avec elle. L'empire, qui l'a fondée, l'avait couverte de sa gloire. La restauration, sans l'aimer, la respecta. Elle a salué avec joie la révolution de juillet. Elle lui tenait en réserve une noble race de jeunes princes instruits par elle à aimer la patrie et à tout braver pour la servir. C'est elle qui l'avait nourri dans son sein et pénétré du libre esprit de notre temps, ce prince infortuné et magnanime dont la perte nous a été un deuil particulier dans la douleur universelle. Vivant, il aurait défendu l'Université contre des attaques qui remontent jusqu'à lui : aujourd'hui elle se réfugie sous la protection de sa mémoire. Menacée dans son honneur et dans ses droits, elle se confie en l'esprit conservateur et modérateur de cette chambre. Mais si son espérance était trompée, si, quand elle dépose avec joie tout privilége, vous éleviez au-dessus d'elle le privilége le plus extraordinaire qui fut jamais, elle en sera consternée, mais elle demeurera fidèle et soumise ; sa profonde douleur n'ôtera rien à sa loyauté, elle ne cessera d'employer le peu d'autorité qui lui aura été laissée, à prêcher dans ses écoles diminuées et affaiblies le respect de cette même religion au nom de laquelle on lui a prodigué tant d'outrages, le respect de l'ordre établi et l'attachement à une famille qu'elle a tant servie, même avant que la divine Providence l'eût portée sur un trône. Oui, quand la loi aura prononcé, nous nous inclinerons devant elle ; mais tant que ce grand débat ne sera point terminé, nous défendrons l'Université avec une fermeté qui, je l'espère, ne vous sera point suspecte. Ce n'est point ici une question ministérielle, c'est une grande question sociale et politique. Les principes de la révolution française sont profondément engagés dans la cause de l'Université ; et c'était un devoir sacré pour moi de venir au secours de cette grande institution où je suis entré librement dès les premiers jours de son existence, qui m'a fait le peu que je suis, et à la tête de laquelle je ne serais pas digne d'avoir été, même un seul jour, si je n'étais bien décidé à la défendre dans sa mauvaise fortune jusqu'à la dernière extrémité.

Si l'article 17 disparaît entièrement de la loi pour faire place soit au droit commun établi par l'empire, soit au régime spécial établi par la restauration, malgré plus d'un scrupule, je voterai pour la loi ainsi corrigée. Mais s'il subsiste la moindre trace du privilége et du monopole déposé dans l'article 17, je voterai contre toute la loi.

SÉANCE DU 29 AVRIL 1844.

(Extrait du *Moniteur*.)

Après les attaques dirigées contre lui par M. le vicomte de Ségur-Lamoignon, M. Cousin a la parole pour un fait personnel :

Messieurs,

« Je n'entends point interrompre l'ordre de la discussion et empêcher M. le ministre de l'instruction publique de prendre la parole, selon son droit, pour combattre l'amendement proposé ; mais la Chambre comprendra qu'il m'est impossible de ne pas repousser vivement et avec indignation les attaques inouïes qui viennent d'être portées contre la direction que je donne à l'enseignement de la philosophie, contre mes ouvrages, contre mes intentions même. Je les repousse, Messieurs ; mais croyez bien que, accoutumé à la calomnie, j'y suis bien moins sensible qu'aux témoignages d'estime et de bienveillance que la Chambre vient de me donner, en accueillant par des murmures unanimes une accusation aussi étrange, aussi inqualifiable.

Je ne veux pas occuper la Chambre de moi et de mes écrits; mais comment a-t-on osé dire que leur pensée dominante était de représenter la religion chrétienne comme une superstition qui a fait son temps, et dont la philosophie délivrerait bientôt le monde !

Messieurs, à une époque déjà éloignée, quand la religion n'était pas encore à la mode, quand elle ne jouissait pas encore de cette faveur subite qu'elle a obtenue, qu'elle gardera, je l'espère, malgré les abus qu'on en fait déjà et les violences qu'on se permet en son nom, à la Sorbonne, dans la chaire de haut enseignement qui m'était confiée, j'ai souvent rappelé à une jeunesse ardente et nombreuse combien toutes les attaques, toutes les plaisanteries lancées contre le christianisme étaient peu philosophiques et destituées de fondement. Oui, j'ai dit qu'attaquer le christianisme, c'était attaquer le peuple dans ce qu'il a de plus cher, sa foi et ses saintes espérances. Oui, j'ai dit que le christianisme était la philosophie du peuple. Quelle impiété, Messieurs !

J'ai distingué entre la théologie et la philosophie, l'une qui repose sur les saints mystères, l'autre sur des vérités naturelles et démontrables. Mais cette distinction n'est-elle pas partout, dans tous les docteurs de l'Église, dans Bossuet et dans Fénelon? J'ai dit que je m'inclinais devant l'une, mais que j'étais l'interprète de l'autre, c'est-à-dire que j'étais professeur de philosophie et non de théologie. Et c'est là qu'on a voulu voir un signe d'inimitié et tout un plan contre le christianisme! C'est là-dessus qu'on est venu dresser contre moi un acte d'accusation !

M. de Lamoignon a traité avec une bien grande sévérité les vivacités de M. de Montalembert. Je lui dirai qu'au lieu de censurer M. de Montalembert avec tant d'amertume, il aurait mieux fait de ne pas l'imiter. (*Marques unanimes d'approbation.*) Pour moi, je n'imiterai ni l'un ni l'autre.

Quand mon tour d'inscription m'appellera à cette tribune, je discuterai l'amendement proposé, comme si ce triste incident n'avait pas eu lieu, avec calme, avec force, si je le puis, mais avec le plus grand respect pour les opinions qui diffèrent des miennes. (*Très-bien!*) J'honore tous mes collègues, je crois à leurs bonnes intentions, je crois même à celles de celui qui a eu le malheur de se permettre à mon égard une accusation aussi violente. (*Très-bien!*)

J'espère que la Chambre voudra bien m'entendre avant de frapper un enseignement qui a cinq cents ans d'existence, dont les matières sont aujourd'hui plus resserrées qu'elles ne le furent jamais, qui a été rétabli par l'empire, consolidé par la restauration, réglé par les hommes les plus éclairés, par M. Royer-Collard et par

M. l'évêque d'Hermopolis. Nous, Messieurs, nous l'avons plutôt réduit que nous ne l'avons accru.

Je n'en dirai pas davantage, et je remercie encore une fois la Chambre de m'avoir permis de lui adresser ce peu de paroles, et de les avoir accueillies avec tant de bienveillance. (*Marques générales d'approbation.*)

SÉANCE DU 2 MAI 1844.

Messieurs,

Je serais ingrat envers la patience si bienveillante que la chambre a prêtée à ma faiblesse il y a quelques jours, si je venais la mettre à une épreuve nouvelle. Je m'efforcerai donc cette fois d'être plus court. Mais que la chambre aussi veuille bien se mettre à ma place. Sans parler des attaques personnelles dont j'ai été l'objet et que je veux écarter de ce débat, évidemment la philosophie est menacée. Mon devoir est donc de m'attacher à cette tribune comme à un poste d'honneur, où une conviction profonde suppléera peut-être à la force qui me manque.

Dans la discussion générale, j'ai présenté les considérations sociales et politiques qui commandent au gouvernement de maintenir dans nos colléges l'enseignement de la philosophie tel qu'il y est établi depuis des siècles, et avec le caractère laïque qui lui appartient. Je crois avoir prouvé qu'un gouvernement ou une assemblée politique qui, trouvant un tel enseignement consacré par une aussi longue durée, s'aviserait tout à coup de le supprimer ou de le dénaturer, en lui ôtant quelqu'une de ses parties vitales, trahirait les intérêts moraux de la société et donnerait au monde le plus triste spectacle. J'avais espéré que les principes exposés devant vous, leur modération à la fois et leur loyauté, les sévères limites dans lesquelles j'avais pris soin moi-même de circonscrire l'enseignement qui excite tant d'ombrage ; qu'enfin l'engagement formel d'un redoublement de vigilance suffirait à la chambre, la rassurerait et préviendrait une discussion pénible. Vaine espérance! Vous avez entendu avant-hier M. de Lamoignon ; vous venez d'entendre M. d'Harcourt; vous entendrez, à ce qu'il paraît, d'autres orateurs tout aussi ardents, tout aussi passionnés. Il faut donc rentrer dans l'arène et défendre de nouveau les études dont la direction m'est confiée, bien entendu sous l'autorité du conseil et du ministre.

Faut-il qu'il y ait dans les colléges des cours de philosophie, et quelles doivent être l'étendue et les bornes de ces cours?

Oui, certes, il faut qu'il y ait dans les colléges un enseignement qui, se liant à tous les autres et les résumant, achève dans le jeune homme l'instruction qu'il a reçue, et lui donne en quelque sorte le secret de tout ce qu'il a appris sous une autre forme : la connaissance des diverses facultés dont jusque-là il avait fait usage sans s'en rendre compte, les règles secrètes du raisonnement que tous les esprits bien faits suivent à leur insu, les lois éternelles de la morale qu'exprimaient déjà toutes les grandes littératures, enfin les solides fondements sur lesquels repose la foi universelle du genre humain en une âme spirituelle et libre, responsable de ses actes, et en un Dieu, père et juge de l'humanité.

Voilà qui est clair, simple, incontestable. Jusque-là, qui peut éprouver le plus léger scrupule? Maintenant, puisqu'on nous en a donné l'exemple, mettons ce qui vient d'être dit dans les termes particuliers usités en ces sortes de matières, et ne vous laissez pas, de grâce, épouvanter par ces termes dont je n'abuserai pas.

La connaissance régulière des méthodes qui président à la conduite de l'esprit dans la recherche et surtout dans la démonstration de la vérité, est la *logique*.

L'exposition des principes éternels des mœurs est tout simplement la *morale*.

L'étude de nos facultés et des lois qui y sont attachées est appelée la *psychologie*.

La démonstration de la liberté humaine, celle d'une âme spirituelle, appelée par conséquent à d'autres destinées que la matière, celle encore de la divine Providence et de ses grands attributs, cela s'appelle, depuis près de deux mille ans, d'un nom que je n'ai pas inventé et dont on fait peur aujourd'hui aux enfants et aux femmes : ce mot terrible est la *métaphysique*. Il ne signifie rien autre chose, sinon la connaissance d'êtres qui, pour ne pas tomber sous les sens, n'en existent pas moins, à savoir l'âme et Dieu.

Il faut enseigner toutes ces vérités aux élèves de nos colléges. Il faut leur bien mettre dans l'esprit qu'elles sont indubitables et aussi certaines que toutes les vérités qu'enseignent les lettres et les sciences. Il importe aussi de faire voir qu'excepté un très-petit nombre de génies infortunés qui se sont égarés dans leurs propres pensées, en voulant s'écarter de la foi universelle de leurs semblables, tous les hommes ont toujours possédé ces vérités, et que les génies les plus sublimes dont la race humaine s'honore les ont enseignées dans des ouvrages immortels ; de sorte que l'autorité se joint à la raison pour persuader à l'intelligence et à l'âme ces vérités incontestables et à peu près incontestées : cela se nomme une histoire sommaire des opinions des plus grands philosophes.

Ces diverses sciences, liées entre elles, s'appellent la philosophie.

Je m'adresse au bon sens de la Chambre : toutes ces vérités, que j'ai si brièvement rappelées, sont-elles devenues tout à coup moins évidentes et moins nécessaires depuis que je les ai rapportées aux sciences qui les contiennent, et que j'ai donné à ces sciences le nom qui leur appartient? Laissez-là les mots, regardez les choses, et vous demeurerez convaincus qu'à moins d'être ennemi de lui-même, tout État doit faire enseigner dans les colléges la philosophie avec ses parties essentielles et les vérités qui en dépendent, et qu'il ne doit pas souffrir que nul jeune homme passe dans les écoles spéciales de droit ou de médecine, sans avoir reçu un tel enseignement et sans avoir prouvé au baccalauréat ès lettres qu'il en a sérieusement profité.

Imaginez, par exemple, des jeunes gens s'appliquant à l'étude de la jurisprudence sans avoir été préalablement imbus de toutes les notions fondamentales qui s'y rencontrent à chaque pas, sans bien savoir en quoi consistent le bien et le mal, le devoir et le droit, la récompense et la peine, l'obligation et la simple convenance, sans connaître la distinction des devoirs et des droits de convention d'avec les droits et les devoirs qui dérivent de la nature des choses. Représentez-vous de futurs jurisconsultes ignorant ce qui constitue la personne et ce qui la distingue de la simple chose, ce que c'est que la liberté et son contraire, et quel est ce Dieu auquel en appellent toutes les lois humaines, comme à leur dernière et suprême sanction, comme au témoin invisible et toujours présent, au juge incorruptible de la foi donnée et reçue! Toutes ces connaissances ne sont pas seulement utiles, elles sont nécessaires pour l'étude du droit. On ne peut pas les apprendre dans les facultés de droit : il faut donc qu'on les possède en une certaine mesure avant d'y arriver; il faut donc qu'elles soient exigées au baccalauréat ès lettres, et, par conséquent, qu'on les enseigne au collége.

Et l'élève en médecine, que deviendra-t-il, je vous

prie, au milieu de toutes ces études qui le plongent au foyer même de la vie matérielle, si, avant d'aborder ces périlleuses et profondes études, il n'est pas convaincu qu'il est des êtres qui peuvent exister très-réellement alors même qu'ils ne tombent ni sous le microscope ni sous le scalpel? Que deviendra-t-il, s'il n'admet d'autre mode de connaître que celui que proclament à juste titre les sciences physiques et médicales? Que deviendra-t-il? peut-être un praticien habile, peut-être même un savant illustre, mais qui, faute d'avoir reçu de bonne heure un enseignement philosophique pur et solide, se laissera aisément séduire au scepticisme ou même entraîner dans cet abîme du matérialisme où de nos jours se sont perdues de si nobles intelligences.

En un mot, toutes les études des écoles spéciales doivent être précédées des études générales du collége, et de cette étude excellente de la philosophie qui a la vertu de préparer à tout et de fournir à l'esprit sur toutes choses des clartés et des directions utiles.

Maintenant quelle doit être la portée et la limite d'un cours de philosophie au collége? Je n'hésite point à le dire ou plutôt à le répéter hautement : l'enseignement philosophique du collége est d'autant meilleur qu'il est plus dégagé de questions purement scientifiques réservées à l'enseignement supérieur ou aux recherches académiques. Solide et borné, méthodique et substantiel, ferme et sévère sur les principes, sobre en développements, avare de toute curiosité, tel doit être le caractère d'un bon cours de philosophie de collége. Il doit renfermer toutes les parties que j'ai énumérées ; mais dans quelles proportions? C'est là le problème, et ce problème, permettez-moi de vous le dire, vous vous devez à vous-mêmes de ne pas l'agiter dans cette enceinte. Vous êtes des hommes d'État, vous n'êtes point des philosophes ; restez dans le rôle élevé qui est le vôtre. Dites, avec l'autorité qui vous appartient, qu'il ne faut pas mettre dans les colléges des cours de philosophie ambitieux et téméraires. Vous portez par là un jugement politique digne de vous. Quant aux détails d'exécution, ils regardent les hommes du métier, éclairés et guidés par votre avis. Voilà le vrai : tout le reste n'est qu'une discussion superflue et dangereuse.

Si je ne me trompe, telles ont été les intentions de votre commission, et c'est ainsi que je comprends les observations de son savant rapporteur. J'espère que la partie de mon discours prononcé dans la discussion générale, qui se rapporte à l'enseignement philosophique, a rencontré son assentiment. Au fond, nous ne sommes donc point divisés. Cet accord m'est précieux à tous égards, et loin de le rompre, je me flatte que toutes mes paroles le fortifieront. Et pourtant, vous l'avez entendu, c'est à la commission qu'on demande des armes contre la philosophie. On recherche, on recueille dans le rapport de M. le duc de Broglie, des objections présentées avec une impartialité qui paraît avoir tourné contre elle-même. On oublie les réponses que M. le duc de Broglie a faites lui-même aux objections qu'il exposait. On oublie ses conclusions circonspectes, et on les convertit en un amendement irréfléchi et intempestif. Puis donc que ce sont les objections exposées, quoique réfutées par le savant rapporteur qui, malgré ses intentions connues, ont soulevé cet orage, il me faut de toute nécessité regarder en face à mon tour ces objections qui semblent si redoutables, pour détruire dans leur principe les conséquences qu'on en veut tirer. Je demande à M. le duc de Broglie la permission de combattre à côté de lui, et d'accroître la solidité et la puissance des réponses qu'il a lui-même opposées à des arguments sans aucune force en eux-mêmes, et tellement dépourvus d'à-propos, qu'ils viennent manifestement ou d'une inimitié que rien ne peut désarmer, ou de l'ignorance la plus entière des faits.

J'examinerai successivement et en détail ces arguments, dans l'ordre même où ils ont été mis, et j'espère qu'aux yeux de tout homme impartial pas un seul ne restera debout.

Indépendamment des raisons péremptoires tirées de la nature même des choses, qui démontrent la nécessité d'un cours de philosophie dans les colléges, il en est une qui résume toutes les autres, et leur donne une valeur immense, souveraine, au-dessus de toute controverse. Cette raison décisive, c'est la pratique constante de la France depuis cinq cents ans. Quel argument, Messieurs! Pour l'affaiblir, on est allé chercher, à la lumière d'une érudition douteuse, un argument du même genre en sens opposé. On a invoqué contre l'exemple de la France celui de plusieurs peuples de l'Europe. On vous a dit : l'Angleterre, la Hollande, la Saxe et d'autres pays d'Allemagne n'ont pas d'enseignement philosophique dans les établissements qui correspondent à nos colléges royaux. Dans les gymnases mêmes de la Prusse, cet enseignement est récent, et il est très-peu de chose.

Mais, avec M. le duc de Broglie, je demanderai quelle force peuvent avoir tous ces exemples étrangers devant la tradition séculaire de la France. C'est pour la France que nous faisons une loi. C'est donc la France dont nous devons consulter les besoins permanents attestés dans ses usages permanents. Or, j'ai défié qui que ce soit de trouver un établissement un peu considérable d'instruction secondaire en France, depuis le treizième siècle jusqu'à nos jours, où il n'y ait pas eu un cours régulier de philosophie. Pendant cinq siècles, que de changements dans les lois et dans les mœurs, et pas un sur ce point! Le fait est unique peut-être, il est merveilleux, mais il est certain, et il est décisif pour quiconque a le sentiment de la nationalité. Ainsi à toutes les époques de notre histoire, sous les gouvernements les plus passionnés pour la force du pouvoir, comme sous la monarchie tempérée, la philosophie a été enseignée dans les colléges, non-seulement dans les colléges séculiers, mais dans les colléges de tous les ordres religieux : franciscains et dominicains, bénédictins, jésuites, oratoriens ;

et sous le gouvernement de Juillet, une sagesse nouvelle, inconnue à nos pères et à nos ancêtres, viendrait bannir la philosophie de ces colléges de la France libre, où tous les enseignements ont été agrandis et développés ! Dans ce progrès toujours croissant, la philosophie seule déclinerait ; que dis-je, elle devrait périr, parce que des colléges étrangers ne contiennent point un enseignement philosophique !

Mais que direz-vous quand vous apprendrez que tous ces exemples dont on s'autorise contre l'unanime et constante pratique de notre pays, ne sont que des erreurs manifestes, des illusions produites par une étude superficielle des systèmes d'instruction publique de l'Angleterre, de la Hollande et de l'Allemagne ? Commençons par l'Angleterre.

Il n'y a aucune analogie entre nos établissements d'éducation et ceux de l'Angleterre. Tout diffère essentiellement, et à ce point que les mêmes mots n'ont point la même signification. Qu'est-ce qu'un collége français ? un établissement qui prépare au baccalauréat ès lettres et ès sciences. En Angleterre les colléges d'Harrow ou d'Eton préparent seulement aux Universités et nullement à un grade ou à un examen qui réponde le moins du monde à notre baccalauréat. Dans ces colléges il n'y a pas de cours de philosophie, cela est vrai, mais il n'y a pas non plus de cours sérieux de mathématiques et de physique. Est-ce à dire qu'il ne faille point de mathématiques ni de physique dans nos colléges ? Je prends pour exemple le fameux collége d'Eton. On y enseigne à merveille le grec et le latin, mais rien de plus. Supposez un de nos colléges qui n'ait pas le plein exercice, qui ne prépare point au baccalauréat ès lettres, qui par conséquent n'ait point d'enseignement de mathématiques, ni de physique, ni de philosophie, mais qui en même temps serait en possession d'un enseignement d'humanités borné, mais très-solide, avec des maîtres nombreux, des dotations considérables, et cinq ou six cents élèves : voilà Eton. C'est un excellent collége anglais, et je ne conseille point à l'Angleterre de dénaturer légèrement ces vieilles, ces bizarres, mais fortes institutions. Mais quel rapport peut avoir le collége d'Eton avec les colléges royaux de la France qui préparent directement au grade de bachelier ès lettres et ès sciences ? Les établissements anglais qu'il faut comparer à nos colléges royaux, ce sont précisément les universités. L'Université d'Oxford et celle de Cambridge ne sont autre chose en réalité qu'un ensemble de colléges comme étaient ceux de l'Université de Paris avant 1789. La question est donc de savoir si les colléges d'Oxford et de Cambridge, qui répondent véritablement aux nôtres, contiennent un enseignement philosophique. N'est-il pas évident que si ces colléges ont des cours de philosophie, l'exemple de l'Angleterre est pour nous, au lieu d'être contre nous ? Ouvrez donc l'Almanach d'Oxford et de Cambridge. A Oxford, on n'enseigne pas seulement la logique, mais il y a une chaire spéciale de philosophie morale. A Cambridge, pour être *bachelor of arts*, même quand on se destine à la théologie, il faut soutenir un examen sur la logique de Duncan, sur la philosophie morale de Paley, et sur toute la métaphysique de Locke : entendez-vous, Messieurs? toute la métaphysique de Locke. Est-ce là ce néant de l'enseignement philosophique dans les colléges de l'Angleterre dont on voudrait s'autoriser pour anéantir aussi dans les nôtres nos cours séculaires de philosophie? On le voit : il faut renoncer à l'exemple de l'Angleterre.

Sera-t-on plus heureux en Hollande? pas davantage.

Il n'y a point en Hollande de colléges comme les nôtres ; il y a des écoles latines : ce nom dit tout. Le latin et le grec y sont fort bien enseignés, comme à Eton et à Harrow ; très-peu de mathématiques, pas du tout de physique ni de philosophie. Quelle est la conséquence de cet état de choses? La même qu'en Angleterre. Les écoles latines de Hollande préparent aussi aux universités, mais non point au baccalauréat. L'examen pour l'immatriculation dans les universités est nul. Le premier grade sérieux est celui de la *candidature*; il ne se peut obtenir qu'après des études académiques. Or, pour la candidature ès lettres, il faut répondre sur la *logique* et sur la *métaphysique*. De plus, il existe en Hollande des établissements appelés Athénées qui sont au-dessous des universités et au-dessus des écoles latines. Dans chacun de ces établissements il y a un professeur de philosophie (1).

L'exemple de la Hollande est donc pour nous aussi bien que celui de l'Angleterre, puisque partout où il y a, en Hollande ou en Angleterre, des établissements véritablement analogues à nos colléges et préparant comme eux à un grade plus ou moins semblable à notre baccalauréat ès lettres, là il y a un enseignement régulier de la philosophie.

Màis ce qui a paru décisif dans la question, c'est l'exemple de l'Allemagne. La philosophie est florissante en Allemagne, et pourtant il n'y a point de cours de philosophie dans les établissements d'instruction secondaire. Il n'y aurait donc pas grand danger pour la science philosophique à supprimer en France les cours de philosophie dans nos colléges. Je contesterais la conséquence, quand même le principe serait vrai, à savoir qu'il n'y a point en Allemagne de cours de philosophie dans les établissements d'instruction publique, qui correspondent réellement à nos colléges français ; mais je suis dispensé de tous frais de dialectique, car le principe est faux.

Je ne puis passer ici en revue tous les pays allemands ; je me borne à deux que l'on a cités et que je crois connaître assez bien, la Saxe et la Prusse.

Les gymnases de la Saxe ne sont pas autre chose que

---

(1) Voyez mon ouvrage : *De l'Instruction publique en Hollande*, Paris, 1837.

les écoles latines de la Hollande. L'enseignement des mathématiques, et surtout celui de la physique, y sont à peu près nuls. Naturellement la philosophie a suivi le sort des sciences. Dans les gymnases de Weymar et de Leipsick, on n'enseigne pas la philosophie, pas même la logique, mais, par une contradiction singulière, on y traite fort souvent les points les plus délicats et les moins utiles de la philosophie ancienne. Est-ce là le modèle sur lequel on voudrait réformer les colléges de la France?

Le remède à cet état de choses est dans les cours de philosophie de l'Université. Mais il ne faut pas confondre ces cours avec ceux de nos facultés, ils ne sont pas libres comme les nôtres, ils sont obligatoires, et même pendant trois années consécutives. Par exemple, pour les juristes, la psychologie, la logique, la métaphysique et l'histoire de la philosophie sont des cours indispensables (1). Chez nous, au contraire, une fois le grade de bachelier ès lettres obtenu, la philosophie n'est exigée nulle part.

La Prusse est une monarchie puissante dont les établissements d'instruction publique ont grandi successivement avec la fortune de la nation. Les gymnases de la Prusse avaient été longtemps ce que sont encore aujourd'hui les écoles latines de la Hollande et de la Saxe; mais peu à peu l'esprit libéral de l'administration prussienne les a

---

(1) Voyez mon ouvrage *sur l'Instruction publique dans quelques pays de l'Allemagne*, 3ᵉ édition, tome 1ᵉʳ, p. 112.

faits tels que je les ai vus en 1831. Je ne puis faire un plus grand éloge des gymnases de Berlin, que j'ai examinés en détail, qu'en déclarant loyalement qu'ils soutiennent la comparaison avec nos colléges royaux de Paris. Mais tandis qu'en France l'enseignement de la philosophie est depuis longtemps dans les colléges ce qu'il y doit être, en Prusse, où tout est nouveau, où tout est d'hier en quelque sorte, il n'est pas étonnant que cet enseignement délicat et difficile ne soit peut-être pas encore définitivement constitué. D'abord il avait été purement accessoire; puis il est devenu, comme chez nous, un cours spécial; enfin il a été incorporé et distribué dans les deux dernières années du gymnase, et il ne faut pas croire qu'il soit aujourd'hui très-limité. Veut-on une preuve décisive du contraire? Je puis communiquer le manuel qui, dans presque tous les gymnases royaux de la Prusse, sert de base aux cours de philosophie, le *Manuel de Philosophie* de M. A. Matthiæ, savant helléniste, principal du gymnase d'Altenbourg (1). Je me borne à en indiquer les divisions : psychologie, logique, métaphysique, morale, avec une esquisse rapide de l'histoire de la philosophie. Et voulez-vous savoir ce qu'on exige des professeurs chargés de cet enseignement? Le voici, Messieurs : « ... Les candidats pour les classes supérieures, » outre une connaissance exacte de l'importance et de la

---

(1) Voyez la traduction qu'en a donnée M. Poret, Paris, 1837.

» nécessité de la science pédagogique, feront preuve d'une
» intelligence scientifique de la psychologie, de la mé-
» taphysique et de la logique, enfin d'une connaissance
» générale de l'histoire et de la philosophie et des carac-
» tères essentiels des systèmes philosophiques. Il faudra
» encore que le candidat connaisse les différentes phases
» que la philosophie allemande a traversées depuis
» Kant (1). »

Ainsi il faut renoncer à invoquer l'exemple de la Prusse à l'appui d'un système qui tend à détruire ou à abaisser l'enseignement philosophique de nos colléges. En Prusse, sous un gouvernement absolu, mais par la force d'une administration libérale, tout marche, tout avance, au moins dans l'instruction publique, tandis qu'ici, sous le gouvernement de juillet, une réaction pusillanime s'efforce de nous rejeter vers cette époque de ténèbres où les écoles carlovingiennes ne connaissaient d'autre philosophie que la logique péripatéticienne. Ah! de grâce, Messieurs, permettez à nos colléges d'enseigner encore ce qu'ils enseignent depuis cinq cents ans, ce qu'ils enseignaient du temps de Gerson et du temps de Rollin, ce qu'on enseigne aujourd'hui à Oxford et à Berlin, ce qu'on enseigne d'un bout de l'Europe à l'autre.

Oui, l'Europe entière est ici d'accord avec la France.

---

(1) *Règlement concernant les examens des candidats à l'enseignement*, § 20. Voyez mon ouvrage sur l'*Instruction publique en Allemagne*.

Je l'ai prouvé pour les pays qu'on avait cités ; mais j'aurais pu citer à mon tour un pays qui ne sera suspect à personne, qui n'est point un pays protestant comme l'Angleterre, la Hollande, la Saxe et la Prusse, mais un pays éminemment catholique. Là, Messieurs, l'autorité religieuse est bien puissante. Elle veille toujours sur l'enseignement, quelquefois elle le dirige, souvent elle le donne elle-même. Qu'on me cite en Italie un établissement d'instruction publique correspondant à nos colléges, où il n'y ait pas un cours de philosophie. Sous le gouvernement de l'Autriche, à Milan, le *lycée de la Porte-Neuve* possède un tel enseignement. En Sicile, à Palerme, il y a deux grands établissements d'instruction secondaire : l'un est le grand séminaire de cette ville, l'autre un collége confié à la société célèbre dont M. le comte Beugnot désirerait que nous eussions moins peur. Dans ce collége des jésuites, la philosophie est enseignée avec toutes ses parties. A côté, au séminaire archiépiscopal, il y a aussi un cours complet de philosophie. Ce cours est imprimé, il est entre mes mains. C'est exactement le cours de philosophie qui se fait aujourd'hui dans les colléges de Paris : mêmes matières, mêmes divisions, je pourrais presque dire même esprit, même direction, et ce manuel a pour auteur un digne et vertueux prêtre (1).

---

(1) *Elementi di filosofia, per uso del seminario arcivescovile di Palermo*, del Salv. Mancino, professore di tale facoltà nel detto

Mais je puis présenter à la chambre, au gouvernement du roi et au clergé de mon pays, une autorité devant laquelle s'inclinera M. de Montalembert lui-même. A Rome, par les ordres du Saint-Père, M. le cardinal Lambruschini a rassemblé dernièrement la collection des lois et des ordonnances relatives à l'instruction publique dans les États du Saint-Siége. Vous lirai-je la partie de ces lois et de ces ordonnances qui concerne la philosophie? Ces citations feraient un douloureux contraste avec les objections frivoles auxquelles a répondu M. le duc de Broglie. Je me bornerai à une seule, mais elle sera décisive.

A Rome, comme en France, pour être immatriculé dans une faculté de droit, de médecine ou de théologie, et y prendre aucun grade, il faut subir un examen semblable à celui de notre baccalauréat ès lettres. Cet examen, qui résume toutes les études antérieures, est la condition des études académiques, lesquelles sont à leur tour la condition de toutes les carrières civiles et ecclésiastiques. Or, dans cet examen, sont exigées, avec des connaissances littéraires et scientifiques, des connaissances philosophiques; et savez-vous lesquelles? précisément celles que nous demandons au baccalauréat et que nous enseignons dans les colléges. Écoutez le pape Léon XII, vous qui tremblez pour la foi au seul nom

---

seminario, 2 vol. Palermo, 1836. Il y en a eu une seconde édition en 1838.

de philosophie : « On ne sera point admis à suivre les
» cours de théologie, de jurisprudence et de médecine,
» à moins d'avoir subi un examen où l'on prouve qu'on
» a étudié la logique, la morale et la métaphysique (1). »
Vous l'entendez, Messieurs ; non-seulement la logique
et la morale, mais la métaphysique, dit le Saint-Père,
et avec une haute raison ; car c'est dans la métaphysique seule qu'on apprend aux élèves qu'ils ont une âme
spirituelle, qui est la seule cause véritable et responsable
de tous ses actes, à l'encontre de ces êtres matériels
doués de mouvements qui ne leur appartiennent pas.
C'est dans la métaphysique qu'on apprend aux élèves
que ce monde a un auteur, que l'humanité a un père,
source première, suprême idéal, asile inviolable de la
vérité, de la raison, de la justice et de l'amour.

En résumé, Messieurs, la pratique de l'Europe est
celle de la France. Quelle est donc cette sagesse singulière qui se met en opposition avec la sagesse universelle ?
Quels sont ces nouveaux docteurs qui viennent faire la
leçon à la France et à l'Europe ? Je leur dirai avec M. de
Talleyrand : Il y a quelqu'un qui a plus d'esprit que
personne ; c'est tout le monde. Est-ce donc avec des idées
arbitraires qu'on n'avait pas hier, que peut-être on n'aura

---

(1) *Collectio legum et ordinationum de rectâ studiorum ratione*, etc. Romæ, 1841-1842, tome I, p. 305. « Ad studia theologicarum, legalium, medicarum disciplinarum non recipiantur nisi qui in eo examine probaverint studiis logicæ, metaphysicæ, ethicæ..... operam dedisse. »

plus demain, qu'il est permis de porter le ravage dans une institution de plusieurs siècles? Il est des hommes légers qui, ne sachant pas même ce que c'est que la philosophie, ne voient pas quel danger il peut y avoir à la bannir de nos colléges. Mais vous, dirai-je aux membres éminents de la commission, vous qui faites profession d'honorer et d'aimer la philosophie, joignez-vous à moi, je vous en conjure, pour que ses enseignements, développés à la fois et contenus dans de justes limites, établissent dans l'entendement et dans l'âme des jeunes gens, quand leur réflexion s'éveille, suivant la coutume immémoriale de nos pères, les vérités sur lesquelles reposent toutes les autres vérités.

Je lis le passage suivant dans le rapport de votre commission : « Quelle est la philosophie qu'on enseigne en » France et qu'on y doit enseigner, non-seulement parce » qu'elle est d'origine française, mais parce qu'elle est » effectivement la vraie, la saine philosophie? C'est la » philosophie de Descartes. » Ainsi parle M. le duc de Broglie. Si la philosophie enseignée dans les écoles de l'Université est celle qu'on y doit enseigner en effet, si c'est la saine, la vraie philosophie, tout est au mieux, ce me semble. Comment donc une telle philosophie composerait-elle un enseignement dangereux? C'est, dit-on, que la philosophie cartésienne part du doute, bien entendu du doute provisoire, et recherche avant tout le fondement de la certitude; c'est qu'aussi elle proclame la distinction et l'indépendance réciproque de la philosophie et de la théologie. *Ces principes sont excellents*, dit M. le rapporteur. S'ils sont excellents, ils sont donc à la fois vrais et utiles; il est donc bon de les enseigner.

Remarquez que ce n'est pas moi qui ai amené dans un débat parlementaire la valeur des principes de la philosophie cartésienne. Je ne voudrais pas convertir cette assemblée en une académie philosophique. Il m'est pourtant impossible, en lisant le passage que je viens de rappeler et dont on a tant abusé, de ne pas y faire une courte réponse que je soumets aux lumières et à l'équité de M. le duc de Broglie.

Le doute, même provisoire, n'est pas le principe véritable du cartésianisme. Le dessein avoué de Descartes est de détruire dans sa racine le scepticisme, et d'établir inébranlablement l'existence de l'âme et celle de Dieu. Il a devant lui des sceptiques, et il leur fait cet argument péremptoire : Vous doutez de l'âme et de Dieu ; vous doutez de tout. Mais du moins vous ne doutez pas que vous doutez. Cela me suffit : je vous impose la certitude au nom même de votre doute, et votre scepticisme est détruit dès le premier pas. Vous doutez, vous pensez donc, et vous êtes certain que vous pensez. Et de ce point de départ inébranlable, Descartes tire d'une manière triomphante l'existence d'un être pensant, spirituel comme la pensée elle-même ; et de là encore, par une suite de conséquences invincibles, l'existence de Dieu. Quoi, Messieurs, cette grande philosophie qui a été faite contre le scepticisme, y conduit, parce que, pour le réfuter, elle en parle! Elle fait douter, parce qu'au doute même elle arrache la vérité, et le force de reconnaître l'autorité souveraine de la conscience et de la pensée! Mais il est dangereux d'agiter de telles questions. Est-ce donc les agiter témérairement et ambitieusement, que de les résoudre d'abord d'une manière simple, immédiate, irrésistible? Y a-t-il d'ailleurs quelque moyen de ne pas traiter la question de la certitude, même dans le cours de logique le plus vulgaire et le plus borné? Pour moi, je n'en connais pas. Je viens de parcourir de nouveau toutes les logiques employées dans les petits et les grands séminaires. Je n'en ai pas trouvé une seule où ne se rencontre, sous une forme ou sous une autre, la question de la certitude.

Les principes de la philosophie cartésienne sont ceux de Fénélon dans le *Traité de l'existence de Dieu*; ils sont ceux de Bossuet dans le *Traité de la connaissance de Dieu et de soi-même*. Ce dernier ouvrage a été composé pour un auditeur qui n'avait pas quinze ans, et dont Bossuet ne voulait pas faire un philosophe, mais un homme, pour en faire ensuite un roi. Il avait aussi enseigné la logique au dauphin, et nous possédons aujourd'hui ses cahiers qui contiennent bien des choses dont s'effaroucherait notre timidité. S'est-il contenté de cet enseignement? Non, il a voulu enseigner à son auguste mais très-jeune élève, non pas cette psychologie élémentaire que veut bien nous laisser l'amendement, mais cette métaphysique saine et forte qui s'appuie sur la raison et sur l'âme pour s'élever jusqu'à Dieu.

Mais, dira-t-on, la métaphysique à des auditeurs de quinze à seize ans! Je réponds : oui certainement, l'âme et Dieu à quinze ou seize ans. D'ailleurs il plaît de donner quinze ou seize ans aux philosophes de nos colléges. Sans être un élève arriéré, j'ai fait mon cours de philosophie à dix-neuf ans ; j'ai enseigné dans un collége la philosophie, et nul de mes auditeurs n'avait moins de dix-huit ans. Vous croyez qu'à dix-huit et à dix-neuf ans, quand on a entièrement terminé ses humanités et sa rhétorique, quand on étudie la physique et les mathématiques, on ne peut pas comprendre les preuves si simples et si solides qui se peuvent donner des grandes vérités naturelles! Plus les vérités sont nécessaires à la vie morale de l'homme, plus Dieu a voulu qu'elles fussent accessibles à sa raison. Il les a gravées dans l'intelligence et dans l'âme en caractères lumineux qu'un maître habile s'attache à faire paraître, au lieu de les obscurcir sous les hiéroglyphes d'une science ambitieuse.

Mais vos professeurs de philosophie sont bien jeunes? Ils sont en général plus âgés que ceux qui, dans les anciennes congrégations, enseignaient la philosophie. Ceux-ci, au sortir du noviciat, étaient immédiatement appliqués à l'enseignement, qui n'était pour eux qu'un degré pour arriver à d'autres emplois. Chez nous, rappelez-vous les grades et les épreuves exigés pour arriver au professorat. Nul élève de l'École Normale ne peut se présenter à l'agrégation qu'après trois années d'études philosophiques, et avec le double brevet de licencié ès lettres et de bachelier ès sciences. Il est presque toujours âgé de vingt-quatre ans lorsqu'enfin il est reçu agrégé ; il n'est guère nommé professeur à titre définitif avant trente ans. Aujourd'hui l'âge moyen des professeurs de philosophie est de trente à trente-cinq ans.

Parmi les diverses parties de l'enseignement philosophique, il en est une qui semble avoir surtout alarmé quelques esprits, c'est l'histoire de la philosophie. On s'imagine que c'est tout récemment, et par moi, qu'elle a été introduite dans les colléges ; pas du tout, Messieurs, c'est un honneur que je dois renvoyer au conseil impérial de l'Université, dans le grand règlement de 1809, lequel porte, article 17 : « Dans l'année de phi-
» losophie, les élèves seront instruits, soit en latin, soit
» en français, sur les principes de la logique, de la mo-
» rale, de la métaphysique, et sur l'histoire des opinions
» des philosophes. » Ce règlement fut arrêté par le conseil, sur la proposition de la section du perfectionnement des études, dont le président était M. Cuvier. La restauration révisa le règlement impérial de 1809, mais elle garda et elle reproduisit la disposition relative à l'enseignement de la philosophie. Règlement du 28 septembre 1814, art. 145 : « Dans la classe de philosophie, le
» professeur traitera de la logique, de la métaphysique,
» de la morale, et terminera son cours par un abrégé de
» l'histoire de la philosophie. » M. Royer-Collard main-

tint et fit exécuter cette prescription. M. Guizot la renouvela en 1832 ; et si c'était ici le lieu, je ne serais point embarrassé pour la défendre, en m'appuyant sur les autorités les plus respectables. Et savez-vous, Messieurs, quelle est la place qui a été faite à cette histoire abrégée des opinions des philosophes ? Elle occupe tout au plus les deux ou trois dernières semaines du cours, et elle se compose de dates illustres qu'il n'est pas permis d'ignorer, des titres des grands monuments consacrés par l'admiration universelle, et particulièrement de citations sobres et choisies des meilleures opinions des philosophes les plus illustres, comme une sorte de démonstration vivante de cette vérité consolante, que toutes les bonnes croyances qui composent le patrimoine du sens commun, et qui servent au salut de l'âme, sont de tous les pays et de tous les temps.

Au reste, ceux qui veulent supprimer ou mutiler la philosophie de nos colléges, ne s'en déclarent pas les ennemis ; loin de là, ils veulent la servir. Ils assurent « qu'après tout, si l'on retranchait la philosophie des » colléges, elle n'y perdrait pas ; elle gagnerait, au con- » traire, à n'être enseignée que dans les Facultés. » Il est difficile de s'éloigner davantage de la vérité en principe et en fait. En principe, toute la force de l'enseignement supérieur repose sur celle de l'enseignement secondaire ; autant valent les colléges, autant valent ensuite les Facultés. Quand les élèves arrivent aux Facultés mal préparés, médiocrement instruits, et sans avoir reçu cette éducation qui inculque profondément à l'esprit les éléments des connaissances humaines, les cours des Facultés sont placés entre deux écueils également dangereux, ou de s'abaisser, de revenir à l'enseignement élémentaire que les colléges auraient dû donner, ou bien, laissant là l'utilité réelle des auditeurs, de s'élever jusqu'aux régions les plus hautes de la science sans y être suivis par personne. Et puis, les cours des Facultés des lettres ne sont point obligatoires; celui de philosophie ne conduisant directement à rien, et n'étant exigé pour aucun examen et pour aucun grade, n'attire des auditeurs que par le talent du professeur. Mais au collége, le cours de philosophie est suivi avec zèle par tous les élèves, parce qu'il a pour tous une utilité immédiate, et qu'il prépare au baccalauréat ès lettres. C'est un cours sérieux et qui porte des fruits solides; supprimez-le, et couvrez la France de Facultés des lettres, elles ne combleront jamais la lacune qui aura été faite. Oui, je n'hésite point à le dire : s'il me fallait choisir entre la suppression des cours de philosophie des colléges et celle des cours de philosophie des Facultés, je préférerais de beaucoup ce dernier malheur, par cette raison décisive que celui-ci serait réparable, tandis que l'autre ne le serait pas. On nous promettra sans doute une organisation des Facultés des lettres qui rendrait leurs cours plus pratiques et plus utiles. J'appelle de tous mes vœux cette constitution nouvelle; mais l'œuvre n'est point aisée. En attendant un bien douteux et un peu imaginaire, n'allons pas faire un grand mal immédiat et certain. Sous le prétexte de servir un jour la philosophie, ne commençons pas par la frapper à sa racine.

Par là, je le sais, on se propose un grand objet : on espère rétablir la paix entre l'Université et ses ennemis. On se flatte qu'en supprimant la philosophie des colléges, « on imposera silence aux dénonciations, aux déclama- » tions dont retentit une certaine partie de la presse; car » c'est apparemment contre l'enseignement des colléges » que ces incriminations s'élèvent : on ne proteste pas » contre les cours de Faculté. » Illusion qui repose sur une erreur manifeste! Quels sont les professeurs dont les noms et les leçons occupent la presse, ceux que le clergé dénonce? Précisément les professeurs de Faculté. Dans la réaction de 1824, si semblable à celle-ci, deux enseignements eurent le privilége de réunir contre eux tous les courroux de la presse ecclésiastique de cette époque, comme des enseignements malfaisants pour la religion et pour l'État. Les deux professeurs furent suspendus, et pendant sept années exilés de leurs chaires : c'étaient M. le ministre des affaires étrangères et moi. Nous n'étions pas des professeurs de collége, mais des professeurs de Faculté. Plus tard quand, sous le ministère réparateur de M. de Martignac, nos chaires nous furent rendues, quand nous revînmes à la Sorbonne retrouver M. le ministre actuel de l'instruction publique dont on avait bien voulu absoudre la parole ingénieuse et brillante, tous les trois, pendant plus d'une année, nous avons été en butte à toutes les accusations, à tous les outrages, de la part de ce même parti qui, un moment abattu par la Révolution de juillet, se relève plus ardent et plus audacieux que jamais. Si nous eussions enseigné, dans un collége la littérature, l'histoire et même la philosophie, il est douteux qu'on fût venu nous chercher dans l'ombre de ces modestes fonctions. Et même aujourd'hui, qu'un plan assez habilement concerté me réserve tant de calomnies, qui accuse-t-on en moi? Est-ce le conseiller ou le ministre, auteur bien connu de tant d'arrêtés relatifs à la philosophie, et particulièrement de celui qui en règle l'enseignement? ou bien est-ce l'écrivain qui, depuis quinze années, a composé de trop nombreux ouvrages? Non ; c'est l'ancien professeur de Faculté qu'on accuse encore et ses leçons de 1828. En dépit de toutes les explications, c'est sur ces leçons que roule incessamment une polémique de la violence la plus monotone et la plus fastidieuse. C'est donc toujours l'enseignement des Facultés qu'on attaque. Parcourez ces longues listes d'accusations où figurent les noms de tous ceux qu'on veut désigner au mépris et à la haine. Il ne s'y trouve que des professeurs de Faculté, et jusqu'ici du moins, on n'y rencontre pas un seul de nos professeurs de philosophie de collége. En général, renfermés dans leurs fonctions laborieuses, sous une surveillance éclairée, guidés par un programme qui n'a pas même été attaqué une seule fois, ils échappent à la critique et à l'éloge, et font du bien en silence. Sur deux cents, à peine quelques-uns ont-ils excité les ombrages de l'autorité ecclésiastique partout si vigilante. Telle est la vérité des faits. Connaissez-vous un service public qui soit plus irréprochable? Et, chose étrange! c'est cet enseignement modeste, circonscrit, réglé, surveillé avec tant de soin, respecté des ennemis mêmes de l'Université, c'est cet enseignement sur lequel on veut porter la main pour agrandir et enrichir de ses dépouilles l'enseignement de Faculté, objet perpétuel de toutes les accusations! Et cela pour obtenir la paix et imposer silence aux déclamations d'une certaine partie de la presse, comme si ces déclamations s'étaient adressées aux humbles cours de nos collèges, et comme si le sujet et le théâtre de la guerre n'étaient pas toujours les cours libres et éclatants des Facultés!

Je crois avoir détruit l'amendement proposé dans tous les arguments sur lesquels il s'appuie. Je n'en ai omis ni affaibli aucun, et tous ont aisément disparu devant un examen sérieux. Il m'a suffi de rétablir les faits pour faire justice de toutes ces accusations si hautaines et si frivoles. Pour quiconque sait de quoi il s'agit dans la matière qui nous occupe, l'amendement de M. Lamoignon ne repose que sur des chimères. Mais de toutes les chimères qu'il invoque, il n'y en a pas une qui soit plus vaine que l'amendement lui-même. Il est injurieux et outrageant pour l'Université et pour ses chefs, j'en conviens : voilà toute sa réalité, et elle a bien son prix aux yeux de certaines personnes ; mais en lui-même, il est parfaitement impraticable. Que veulent en effet les partisans de l'amendement en réduisant le cours de philosophie à la logique, à la morale, à la psychologie élémentaire? que ce cours ne contienne ni métaphysique, ni histoire de la philosophie. Or, quand la Chambre descendrait à mettre dans une loi ce qui n'est pas même la matière d'une ordonnance royale, mais d'un simple arrêté du conseil, comme l'a si bien montré M. le duc de Broglie, qu'en résulterait-il? la suppression de deux mots; car, quant aux choses, en dépit de nous-mêmes, elles subsisteront nécessairement.

L'amendement forcera peut-être l'histoire de la philosophie à changer de place ou de forme; il ne la détruira pas, il ne peut pas la détruire. Au lieu d'occuper une place déterminée, celle que lui avaient attribuée à la fin du cours, les règlements de l'Empire et de la Restauration, elle sera en quelque sorte éparpillée sur le cours entier. Sera-t-il jamais possible de traiter de la logique, de la morale, de la psychologie, auxquelles on veut bien faire grâce, sans parler sans cesse de Socrate, de Platon et d'Aristote, de Descartes et de Locke, de Bossuet et de Fénélon? Tant qu'il y aura des cours de philosophie dans le monde, les professeurs consciencieux pourront-ils ne pas faire connaître sur chaque question les solutions les plus accréditées, celles des grands maîtres dont le nom se confond avec celui de la philosophie elle-même?

L'amendement détruira encore bien moins la métaphysique; car je défie aucune loi de la supprimer réellement d'un cours de philosophie. La chambre aura donc fait une loi pour dire qu'on se doit borner à l'enseignement de la psychologie élémentaire ; mais elle n'aura pas dit ce qu'elle entend par là. Pour moi, j'ignore absolument quelle est la limite extrême de ce qu'il plaît d'appeler psychologie élémentaire. Mais enfin, si la psychologie est l'étude de nos facultés et de leurs lois, sera-t-il possible à nos professeurs de ne pas parler un peu du sujet de ces facultés et de ces lois, de la personne humaine, de l'âme et de sa spiritualité? Leur sera-t-il possible de ne pas dire un mot, à cette occasion, des saintes espérances que fonde la spiritualité de l'âme? Mais alors nous voilà en pleine métaphysique. Pour aller jusqu'au bout, il ne reste plus qu'à parler de Dieu. Quelqu'un fera-t-il un sous-amendement à l'amendement proposé pour interdire expressément de prouver l'existence de Dieu dans les cours de philosophie des colléges? Renouvellerez-vous la fameuse proscription des constitutions des jésuites? *Prætereantur quæstiones de Deo* (1); *qu'on passe toutes les questions sur Dieu !* Je suis persuadé que les jésuistes actuels, qui ont dû faire des progrès,

---

(1) *Ratio atque institutio studiorum societatis Jesu*, Antuerpiæ, 1635, petit in-8°. « In Metaphysica quæstiones de Deo et intelligen-
» tiis, quæ omnino aut magnopere pendent ex veritatibus divina fide
» traditis, prætereantur » Cet article célèbre recommande de supprimer, dans l'explication de la métaphysique d'Aristote, les questions sur Dieu et sur les âmes, les esprits ou les intelligences. Pourquoi ? Parce que de telles questions sont au-dessus de la raison humaine et dépendent, soit en totalité, soit en très-grande partie,

à en juger par les nombreux partisans qu'ils ont su conquérir, ne tiendraient guère aujourd'hui à cette prescription excessive. Ne nous l'imposez donc pas, ne fût-ce que par cette raison qu'il nous serait impossible de la faire sérieusement exécuter. Quand vous aurez ôté la métaphysique de sa place accoutumée, elle se transportera d'elle-même dans la psychologie et dans la morale Qu'aurez-vous gagné à cela, je vous prie? Ou bien voulez-vous aller plus loin : osez déclarer à cette tribune que vous entendez que la métaphysique ne doit subsister sous aucune forme et à aucune place, c'est-à-dire que nulle part et sous aucun prétexte les professeurs de philosophie des colléges ne pourront traiter sans crime de l'âme et de Dieu. Osez venir ici faire cette déclaration à la face de la France et de l'Europe!

Écartez donc un amendement en contradiction avec la pratique universelle, avec la raison, avec la justice, avec l'honneur de notre pays et de cette chambre. Suivez l'exemple de votre commission et de son illustre rapporteur. Je vous en supplie encore, demeurez à la hauteur et dans la dignité de votre rôle d'hommes d'État et de pairs de France: Au bruit de tant d'attaques, vous

---

de la révélation. Il faut donc les ôter à la philosophie et les renvoyer à la théologie. M. de Montalembert m'ayant accusé d'avoir cité ce texte de seconde main, de l'avoir tronqué et de ne l'avoir pas compris, j'en établis ici le vrai sens à l'usage du jeune et éloquent orateur qui a bien voulu me donner une leçon publique de critique et de philologie.

avez craint, vous avez dû craindre que les cours de philosophie de nos colléges n'excédassent les bornes que la sagesse leur a toujours posées, et vous avez voulu savoir sur quelles matières ils roulent et dans quelles limites ils sont renfermés. Il vous appartenait de demander des explications catégoriques et de donner un sérieux avis. Je l'ai dit dans la discussion générale, et je le répète sans crainte d'être démenti par personne : les cours de philosophie de nos colléges sont aujourd'hui plus limités et plus surveillés qu'ils ne l'étaient sous M. l'évêque d'Hermopolis et sous M. Royer-Collard. Les matières qu'ils comprennent sont celles qu'ils ont toujours embrassées et qu'ils embrassent nécessairement. Aucune ne doit être retranchée. Toutes gagneront à être maintenues dans de sévères proportions. Point de vaines curiosités, point de théories personnelles et arbitraires; les grands principes consacrés par l'expérience universelle. Qu'une juste part soit faite à la psychologie, à l'étude de nos facultés et à cette connaissance de l'homme qui est le commencement de la sagesse. Qu'une grande place soit donnée à la logique, une grande aussi à la morale, une autre plus circonscrite à la métaphysique dégagée de toute question ambitieuse ou obscure, et renfermée dans les points essentiels sur lesquels tous les systèmes honnêtes s'accordent : la liberté de l'homme, la spiritualité et l'immortalité de l'âme, et l'existence de Dieu. Qu'on fasse connaître aussi les opinions les plus autorisées des plus grands philosophes ; qu'on mette entre les mains des élèves les chefs-d'œuvre les plus irréprochables de la sagesse ancienne et moderne. Telle était la pratique de nos pères; telle est la nôtre : maintenez-la.

Quelle est la pensée qui, je m'assure, domine dans cette assemblée si judicieuse et si modérée? Elle a voulu que l'Université fût avertie qu'il y aurait du danger dans un développement excessif de l'enseignement philosophique de nos colléges. Cette pensée, l'illustre rapporteur de votre commission l'a exprimée avec force et avec mesure. L'Université est donc bien avertie. Elle doit veiller, et elle veillera. L'amendement créerait des dangers sous prétexte de les prévenir, et il doit être rejeté, précisément afin que ce que veut la commission puisse être accompli.

SÉANCE DU 3 MAI 1844.

(Extrait du *Moniteur.*)

Messieurs,

Je monte à cette tribune avec une extrême répugnance, pour remplir un devoir impérieux, et sous l'impression pénible de l'amendement inopiné qui tombe tout à coup au milieu de la discussion.

En vérité, je marche d'étonnement en étonnement. (*Mouvement.*) Hier et avant-hier j'avais vu mettre en suspicion les règlements et les programmes du conseil de l'Université, relatifs à l'enseignement philosophique, et à la partie philosophique du baccalauréat ès lettres. Aujourd'hui, je vois mettre en suspicion la puissance même qui a fait ces règlements, qui, si on les convainc d'imperfection, peut les réformer et les perfectionner, d'après les avis qui lui avaient été donnés et qui avaient été acceptés, ce semble, avec assez de modestie. Enfin, je viens d'entendre M. le ministre de l'instruction publique adhérer à l'amendement, sauf une modification à laquelle, pour être sincère, j'attache assez peu d'importance.

D'ailleurs, je n'exprime ici que mon opinion personnelle ; je n'ai pas l'orgueil de me porter pour l'organe du conseil de l'Université ; je ne parle qu'en mon nom ; et, ne compromettant que moi-même, je déclare qu'à aucune des des époques de réaction que l'Université a traversées, jamais les droits du conseil n'ont été plus en péril. Si l'Université n'est pas l'État, on a raison ; il faut sans cesse, non-seulement en ce point, mais en beaucoup d'autres, faire contrôler les statuts du conseil par un corps supérieur, le conseil d'État ou le conseil des ministres. Mais, si je ne me trompe, il a été prouvé que l'Université c'était l'État, c'est-à-dire la puissance publique appliquée à l'instruction de la jeunesse. (*Réclamations sur plusieurs bancs.*)

M. LE VICOMTE DUBOUCHAGE : C'est ce que nous contestons.

M. COUSIN : J'exprime ici mon opinion, et non pas celle de l'honorable M. Dubouchage qui m'interrompt.

M. LE VICOMTE DUBOUCHAGE : Je vous interromps bien peu.

M. COUSIN : Je comprendrais les craintes exprimées tout à l'heure par M. le comte Portalis, si le conseil de l'Université était souverain, mais il n'en est rien. Le conseil n'est pas souverain, et ne doit pas l'être. Imaginez-vous l'Empereur, fondateur de l'Université, aliénant la puissance publique entre les mains d'un conseil quelconque !

Non, l'Empereur a fait le conseil de l'Université puissant pour le bien, impuissant pour le mal. Il a voulu qu'en matière de règlements, le grand maître, aujourd'hui le ministre, ne pût rien sans le conseil ; car sans cela vous comprenez que c'en est fait de la tradition, de la stabilité, des règles constantes qui doivent présider à cette partie du service public ; vous comprenez qu'il suffirait d'un ministre présomptueux pour troubler le corps enseignant et toute l'instruction publique. Mais, par un juste retour, l'Empereur a voulu que le conseil ne pût absolument rien sans son chef, qui représente le gouvernement, la puissance publique. Et cela par deux raisons : d'abord, parce que le ministre est responsable, et qu'il ne peut répondre de ce qu'il a librement approuvé et sanctionné ; ensuite, parce qu'à côté d'un conseil qui représente la tradition et la stabilité, il faut un chef qui, participant des affaires générales de l'État, et membre du gouvernement, représente et introduise dans le conseil l'esprit de ce gouvernement. Ainsi la garantie que cherche M. le comte Portalis existe tout entière. Il ne veut pas que particulièrement sous le régime de liberté que la Charte a promis, et que la loi actuelle doit accomplir, le conseil de l'Université ait le pouvoir de faire des règlements qui atteignent les institutions particulières, par exemple le programme des matières philosophiques du baccalauréat ès lettres ; et il en appelle à une puissance supérieure qui représente la société tout entière; il en appelle à l'État. D'où il suit qu'à ce compte, l'État n'est pas représenté à la tête du conseil de l'Université. Mais c'est une erreur, car le conseil, sans le ministre, est comme s'il n'était pas. Il donne des avis qui peuvent n'être pas écoutés, et sa pensée ne devient effective qu'autant qu'elle a persuadé le ministre, que le ministre l'a adoptée et qu'il l'a fait sienne. Or, qu'est-ce que le ministre, sinon le conseil même des ministres, c'est-à-dire le gouvernement appliqué à ce service public qu'on appelle l'Université? Pourquoi donc en appeler d'un ministre au conseil même des ministres? Comme si tout ministre, en choses très-importantes, ne rendait pas compte à ses collègues de ce qu'il veut faire, et comme si la responsabilité collective n'était pas toujours constitutionnellement supposée! Qu'on le sache bien : quand le conseil de l'Université a fait le plus beau règlement du monde, ce n'est là que du papier, tant que que le membre du conseil des ministres, qu'on appelle le ministre de l'instruction publique, en le signant, ne se l'est point approprié. Nul règlement du conseil n'est obligatoire que sous l'autorité du ministre, et quand le ministre lui-même l'a transmis à ses délégués. Cela étant, la garantie éminente que vous cherchez avec raison est déjà tout entière. Ce que vous cherchez, vous le possédez; et les nouvelles épreuves qu'on vient d'inventer brusquement, sans les avoir mûries avec la réflexion convenable, inutiles en elles-mêmes, n'auront d'autre effet que d'abaisser l'autorité du conseil. (*Dénégations au banc des ministres.*)

Et si je défends ainsi le conseil, qui peut croire que c'est parce que j'en fais partie? Non, je le défends parce que trente années d'expérience m'ont appris que tout ce qui affaiblit le conseil affaiblit l'Université, et que tout ce qui affaiblit l'Université affaiblit l'État.

Voici la seule raison qui ait été donnée de l'amendement. Tant qu'il s'agit de règlements relatifs aux écoles publiques, le conseil de l'Université, avec un ministre responsable à sa tête, suffit; mais il ne suffit plus, dès qu'il s'agit de règlements, de programmes à imposer aux écoles privées. Un tel régime est, dit-on, incompatible avec le régime de liberté promis par la Charte.

Me fais-je donc une trop faible idée de la liberté promise par la Charte et établie par cette loi? La liberté, telle que la loi la fait, n'est pas autre chose que la substitution de garanties préventives, mais déterminées, à l'autorisation préalable du gouvernement, et à la place de cette autorisation préalable délivrée en conseil par un ministre responsable, des brevets de capacité délivrés par vingt-cinq commissions provinciales. Tel est le seul changement substantiel que la loi et votre commission proposent à l'ancien état de choses. Tout le reste subsiste intégralement. L'inspection de l'État est maintenue, et elle demeure confiée à l'Université. La condition du baccalauréat ès lettres pour l'admission pour toutes les écoles spéciales est aussi maintenue, et elle est également confiée aux Facultés de l'Université. Pourquoi donc le programme des matières sur lesquelles roulera cet examen, ne demeurerait-il pas confié également au conseil de l'Université ? Il y a là ou trop de confiance d'un côté, ou trop de défiance de l'autre.

Pensez-y bien : c'est parce que vous ôtez l'autorisation préalable, et la commutez en de simples brevets de capacité, c'est parce que vous donnez une liberté nouvelle, c'est précisément à cause de cela qu'il vous faut tenir d'une main plus ferme les rênes de l'instruction publique. M. le comte Portalis a dit que l'État n'était point instituteur. Personne, que je sache, n'avait employé une telle expression, ni élevé une telle prétention. Mais pour moi, je soutiens encore, je soutiendrai toujours que l'État n'a pas seulement le droit de surveiller les instituteurs, mais qu'il a le droit de leur conférer le pouvoir d'enseigner ; car enseigner n'est pas un droit naturel, je l'ai, je crois, invinciblement établi ; c'est un pouvoir public et social que l'État confère à certaines conditions ; et l'enseignement public, dans son ensemble, est un pouvoir social immense que l'État a le droit et le devoir, non pas seulement de surveiller, mais de diriger de haut et dans une certaine mesure. Abdiquer cette direction suprême, c'est abandonner au hasard les destinées morales de l'avenir. Plus on donne de libertés, plus il faut établir de garanties correspondantes. Ici l'État, en inaugurant le principe de la liberté, doit retenir deux garanties essentielles : l'une au début de la carrière, l'autre à la fin ; tout l'espace intermédiaire est livré à la liberté. La première de ces garanties, c'est le brevet de capacité. Ce brevet obtenu et ne pouvant plus être perdu que par un jugement d'un tribunal ordinaire, l'instituteur privé, ainsi reconnu capable, peut conduire les élèves ou ne les pas conduire aux écoles publiques, adopter toutes les méthodes qu'il lui plaît, et même jusqu'à un certain point les doctrines que la surveillance ne trouve point contraires à la morale publique. Les pères de famille choisissent parmi les instituteurs brevetés qui il leur plaît pour lui confier leurs enfants, selon leurs opinions, leurs goûts, leurs caprices même. Rien de mieux : une immense concurrence est ouverte. Cette concurrence, nous l'avons toujours invoquée ; nous ne la redoutons point. Et pourquoi la redouterions-nous? Nous qui aimons passionnément l'instruction publique, quel déplaisir pourrions-nous éprouver à voir s'élever d'excellentes institutions particulières? Pour ma part, j'en voudrais voir la France couverte, qu'elles soient dirigées par des laïques ou par des ecclésiastiques, pourvu que l'œil de l'État y pénètre et qu'on sache tout ce qui s'y passe. Le cours entier des études ainsi achevé sous le régime de la liberté, l'État reparaît à la fin, comme il s'était montré au commencement. Au commencement, il imposait des brevets de capacité aux candidats à l'enseignement; à la fin, il impose l'examen du baccalauréat ès lettres aux élèves, et par là il juge toute l'instruction privée qui se donne en France, aussi bien que l'instruction appelée publique. Ici, il lui appartient de donner en quelque sorte le niveau. Autrement l'État ne tient plus les rênes de l'instruction, ce qui est une abdication et un suicide. Dans sa faiblesse, il n'a pas su concilier la liberté et l'ordre, la variété que la liberté réclame, et l'unité que l'intérêt national exige ; ce n'est plus alors un gouvernement, j'entends un gouvernement moral placé à la tête de la nation ; c'est une police impuissante qui laisse faire et qui laisse passer. Je me fais, je l'avoue, une idée un peu plus haute de l'État, de la puissance publique et nationale.

Oui, je suis convaincu que s'il est absurde d'élever trop haut le baccalauréat ès lettres, condition de toutes les carrières civiles, le faire descendre au-dessous du niveau convenable est un danger public, un danger d'abaissement pour l'esprit de la nation et peu à peu pour le gouvernement lui-même. Dans tout pays, le niveau de l'examen correspondant, sous une forme ou sous une autre, à notre baccalauréat ès lettres, est à la longue celui du pays tout entier. De plus, ce serait une faute énorme de faire deux baccalauréats, l'un pour les écoles privées, l'autre pour les écoles publiques. Il faut un seul et même programme. Or, M. le comte Portalis n'a pas contesté qu'il appartînt au conseil de l'Université, bien entendu présidé par le ministre, de faire le programme des matières exigées au baccalauréat ès lettres, pour les élèves sortis des écoles publiques, de ces mêmes écoles publiques dont le conseil a fait les règlements d'études. Si donc il faut un seul et même baccalauréat ès lettres pour les élèves des établissements privés comme pour les élèves des institutions publiques, et si le conseil de l'Université est compétent dans un cas, comment ne l'est-il pas dans l'autre ! Il l'est pour déterminer les matières sur lesquelles seront interrogés les élèves de nos colléges, et il ne le sera pas pour déterminer celles sur lesquelles doivent être interrogés les élèves des institutions privées ! Et pourtant on accorde que les matières doivent être les mêmes, que l'examen doit être le même, pour qu'un niveau commun soit maintenu. (*Interruption.*)

M. Cousin, s'adressant aux interrupteurs : En vérité, Messieurs, il vous est bien facile de me faire descendre de la tribune, car j'ai à peine la force de m'y soutenir.

De toutes parts : Parlez ! parlez ! on vous écoute.

Un membre : Vous êtes d'accord avec la commission.

M. Cousin : Non, je ne suis pas d'accord avec la commission, ou mes paroles expriment bien mal ma pensée.

La commission vous propose aujourd'hui de remettre définitivement à un autre pouvoir que le conseil de l'Université, présidé par le ministre, la composition du programme du baccalauréat ès lettres ; et moi, je résiste de toutes mes forces à cette inovation.

On a invoqué la liberté, et je dis que l'argument ne

vaut rien, parce que la liberté n'est point intéressée dans le programme du baccalauréat ès lettres, par cette raison fort simple que le but du baccalauréat ès lettres est de maintenir le niveau commun dont j'ai parlé, entre les études des établissements publics et celles des établissements privés, afin que l'instruction nationale soit solide et qu'elle soit une. Supposez qu'il n'y ait pas d'établissements privés : on ne verrait aucune difficulté à remettre au conseil le pouvoir de faire le programme du baccalauréat ès lettres pour les élèves des écoles publiques. Il le pourrait alors, et il ne le peut plus, parce qu'il y a des écoles privées dont on veut laisser l'enseignement parfaitement libre, mais dont on veut aussi constater et mesurer les résultats, afin qu'une certaine unité soit maintenue! Je n'admets pas, je comprends à peine les scrupules de la commission.

Rendez-vous bien compte de la proposition sur laquelle vous délibérez. Qu'est-ce que le baccalauréat ès lettres? Le résumé des études dont se compose l'instruction secondaire. C'est la fin de ces études, c'est cette fin qui les dirige ; c'est sur elle que sont faits les règlements d'études de nos colléges. Jusqu'ici ç'a été le conseil qui a fait ces règlements d'études. Mais si c'est un autre pouvoir, un pouvoir politique, qui fait le programme du baccalauréat ès lettres, quel accord, quelle harmonie y aura-t-il entre la fin et les moyens? N'est-il pas manifeste que le pouvoir qui fait le programme du baccalauréat annule celui qui fait les règlements d'études, et qu'ainsi l'autorité du conseil, même pour les règlements d'études de nos colléges, est infirmée et perd toute force? N'en doutez pas, vous livrez l'instruction publique à la politique. Un pouvoir politique fera le programme du baccalauréat ès lettres. Ce programme entraînera tous les règlements d'études de nos colléges, et voilà le vent de la politique agitant tous nos établissements.

Et pourquoi toutes ces innovations? Évidemment parce qu'on se défie du conseil de l'Université, c'est-à-dire de l'Université elle-même. Oui, l'Université est suspecte. Qu'elle le soit à ses ennemis, rien de mieux; mais elle l'est aussi à votre commission, et voilà ce qui m'afflige et m'inquiète profondément.

Est-il possible que le point d'attaque soit la philosophie telle qu'elle est réglée par notre programme du baccalauréat ès lettres? Ce programme est donc bien défectueux à tous égards? Il blesse donc bien une juste liberté des doctrines, ou le sens commun, ou la morale, ou la religion, pour qu'on s'en soit servi pour attaquer l'autorité du conseil qui en est l'auteur? La commission l'a-t-elle eu sous les yeux? Pourquoi n'en a-t-elle pas signalé les défauts? Dans ce cas j'aurais compris que, ce programme ne valant rien du tout, on en eût demandé un autre à une autre autorité; mais on n'a rien fait de tout cela, Messieurs. J'ai parcouru tous les écrits contre l'enseignement philosophique de l'Université; j'ai lu avec grand soin les plaintes de personnages aussi graves que

MM. les évêques, je n'en ai rencontré aucune contre ce programme. Votre commission n'a pas non plus exprimé à cet égard le moindre mécontentement. De quoi donc et de qui se plaint-on, je vous prie? En vérité, je ne comprends rien à tout cet orage ; je n'y vois d'autre cause sérieuse qu'une inimitié bien connue, qui, par d'habiles manœuvres, entraîne des esprits imprévoyants. Car quelquefois on sert, sans le savoir, une entreprise dont on ne connaît pas toute la portée, et il n'y a pas d'instruments plus commodes et plus efficaces que ceux qui ne se doutent pas qu'ils sont des instruments.

Permettez-moi de vous faire connaître ici rapidement les différentes mesures qui ont présidé et qui président encore à l'enseignement philosophique de nos colléges et à la partie philosophique du baccalauréat ès lettres. Connaissez-les du moins avant de les condamner !

Tous les arrêtés et tous les règlements relatifs à la philosophie de nos colléges ont de bonne heure imprimé et constamment maintenu à cet enseignement les deux caractères qui lui appartiennent : 1° il est circonscrit dans les plus exactes limites, et cela dans l'intérêt même de sa solidité ; 2° il est profondément laïque et séculier.

L'enseignement philosophique de nos colléges embrasse les matières diverses que j'ai hier énumérées, et qui sont les matières essentielles et immuables d'un cours de philosophie ; mais, s'il embrasse ces diverses matières, il les renferme dans de justes proportions. Il ne contient et ne doit contenir que les éléments de la philosophie. Au collége, on ne donne que les éléments des mathématiques, et les éléments de la physique et de la chimie, comme préparation au baccalauréat ès lettres. Pour préparer à ce même baccalauréat, on n'enseigne que les éléments de la philosophie. Au contraire, dès qu'il s'agit des Facultés, les décrets disent expressément : Aux Facultés est confié l'enseignement approfondi des sciences et des lettres. La différence entre l'enseignement supérieur et l'enseignement secondaire est donc nettement établie. L'amendement que proposait hier M. le comte de Montalivet, et qui consistait à dire : *les éléments de la philosophie*, au lieu de *la philosophie*, est donc parfaitement inutile. Encore si on eût proposé la rédaction suivante : Les éléments des mathématiques, de la physique et de la philosophie, c'eût été une précaution superflue, mais non pas injurieuse, tandis que prescrire à la philosophie de s'en tenir aux éléments, sans appliquer la même prescription à la physique et aux mathématiques, c'est une exception sans fondement en elle-même, et qui contient un soupçon immérité.

Au fond, ce n'est pas l'étendue excessive des cours de philosophie que l'on redoute ; car le premier regard jeté sur le programme actuel dissiperait toute inquiétude à cet égard. Non, ce qui irrite certaines prétentions, ce qui soulève contre les cours de philosophie, tels qu'ils sont constitués, des inimitiés redoutables, c'est leur caractère laïque et séculier. Rappelez-vous tout ce que vous avez lu sur l'enseignement philosophique de l'Université. Rappelez-vous ce que vous avez entendu même dans cette enceinte. A Dieu ne plaise que j'envenime l'incident d'hier, et les paroles échappées à un membre de cette Chambre, dont la modération naturelle s'est accrue par l'expérience même des grandes affaires, et dont le bon sens pratique est si fort estimé de chacun de nous. Je regrette qu'hier il se soit fait l'interprète d'une opinion dont il a bien vite reconnu les périlleuses conséquences. On s'en va répétant, moitié sérieusement, moitié plaisamment : Qu'est-ce que l'enseignement philosophique que donne l'Université ? C'est un enseignement qui n'est pas juif, qui n'est pas protestant, qui n'est pas non plus catholique : qu'est-il donc ? Je réponds simplement : c'est un enseignement philosophique ; et la réponse est très-bonne. (On rit.)

M. LE MARQUIS DE BARTHÉLEMY : Je demande la parole.

M. COUSIN : Les professeurs de philosophie n'enseignent point et ne doivent point enseigner la théologie. Il y a pour cet enseignement particulier des maîtres spéciaux et éprouvés, présentés et surveillés par les autorités religieuses compétentes. Les professeurs de philosophie n'usurpent point sur le domaine religieux confié aux ministres des différents cultes. Ils se renferment dans le domaine des grandes vérités naturelles qui, grâce à Dieu, sont communes à tous les cultes et n'appartiennent à aucun en particulier.

Voilà ce qu'on voudrait changer, et voilà pourquoi hier on prétendait qu'il fallait appuyer l'enseignement de la philosophie, vous l'avez entendu, sur le dogme catholique. Le danger de cette innovation a paru d'abord par l'énergique réclamation que vous avez entendue. Toutes les fois qu'on vous parlera de donner à l'enseignement philosophique une couleur religieuse particulière, pensez à la réclamation d'hier pour faire justice de pareilles prétentions. Toutes les fois que vous entendrez accuser l'enseignement philosophique d'être vague, vaporeux (*on rit*), sans caractère religieux déterminé, sachez que ce qu'on vous demande, c'est que le caractère religieux soit si bien déterminé, que ce soit celui d'une communion particulière qui repoussera les élèves de toutes les autres communions. Rappelez-vous les graves et significatives paroles que vous adressait, dans une précédente séance, un membre éminent du cabinet. L'État, disait M. Guizot, l'État est laïque; l'Université qui représente l'État est aussi et doit être laïque. Donc, Messieurs, les enseignements que donne l'Université, et qui ne sont que l'Université elle-même appliquée, doivent être laïques aussi. Je puis donc entièrement rassurer M. le baron de Daunant, et lui bien expliquer la pensée de l'Université : elle a voulu, elle veut toujours, en dépit de déclamations intéressées, que l'enseignement philosophique de ses écoles ait un caractère séculier et ne repose sur le dogme d'aucune communion, précisément pour les servir toutes. Nous voulons que les cours de philosophie exposent et répandent toutes les grandes vérités naturelles, fondement de toute religion. Nous voulons que la philosophie de nos écoles soit profondément morale et religieuse, qu'elle fasse pénétrer dans les esprits et dans les âmes les convictions qui font l'honnête homme et le bon citoyen ; les croyances générales qui servent d'appui à tous les enseignements religieux des divers cultes. La philosophie sert tous les cultes sans se mettre au service d'aucun d'eux en particulier. N'est-ce pas là une noble mission, et ne serait-ce pas un danger et un malheur public que d'altérer le caractère d'un pareil enseignement? Que deviendrait alors, comme je l'ai dit dans un précédent discours, l'unité nationale que l'Université doit répandre et maintenir?

Oui, je désire que ma voix soit entendue de tous les membres des différents cultes reconnus par l'État : la philosophie que l'Université enseigne n'en exclut aucun ; elle les admet tous, elle les respecte ; elle fait plus : elle les fortifie. Elle autorise la foi dans ses parties essentielles et vitales, et en même temps elle entretient et répand la concorde parmi les membres de la même famille. Voilà pourquoi l'Université est attaquée par toutes les prétentions extrêmes, et pourquoi elle est chère à la France tout entière.

Et croyez-vous que cette distinction fondamentale entre la philosophie et la théologie soit de nous? Non ; ouvrez les plus saints docteurs, ils la proclament eux-mêmes. Partout l'Église reconnaît que c'est déjà un service immense à lui rendre que d'enseigner au nom de la raison les grandes vérités naturelles sur lesquelles elle bâtit son édifice. Comme nous l'a très-bien dit M. Guizot, l'État n'est pas athée, mais il est laïque; de même la philosophie de l'Université n'est pas impie, mais elle est laïque; elle est, elle doit être de plus en plus morale et religieuse, mais elle ne favorise en particulier aucun des cultes qui se partagent la France.

Dès l'origine de l'Université, la direction imprimée à l'enseignement de la philosophie a eu ce caractère. En 1809, dans le beau règlement d'études que je citais hier, et auquel M. Cuvier a eu une si grande part, l'enseignement philosophique est parfaitement réglé : il doit porter sur la logique, la morale, la métaphysique et l'histoire abrégée de la philosophie; bien entendu, il se borne aux éléments, aux principes, à ce qu'il y a d'essentiel, et l'enseignement approfondi est renvoyé aux Facultés. En même temps, dans cette même année 1809, le conseil de l'Université impériale dressa une liste de livres classiques pour être mis entre les mains des élèves. Rappelez-vous quels étaient alors les membres du conseil de l'Université : il y avait deux évêques, dont un est devenu M. le cardinal de Bausset; il y avait M. l'abbé Émery; il y avait même M. de Bonald, plus ecclésiastique que tous les évêques; mais il y avait aussi d'autres hommes d'un grand sens et d'une haute expérience ; il y avait surtout, Messieurs, l'esprit du conseil, l'esprit de l'Université, l'esprit de son fondateur, et celui-là dominait tout. Aussi savez-vous quels sont les livres classiques de philosophie recommandés par le conseil de cette époque ? Il y a sans doute des ouvrages écrits par des auteurs catholiques ; mais il y en a d'autres aussi composés par des protestants : Leibnitz, Clarke et Locke lui-même se trouvent là en compagnie de Fénelon, de Pascal et de Descartes. Par là l'Université voulait que tous les cultes fussent bien avertis que l'enseignement philosophique donné par l'Université n'était dangereux pour aucun d'eux, que les élèves des différents cultes n'y trouveraient ni une satisfaction spéciale ni le moindre danger pour leur foi particulière, qu'aucune entrave enfin ne serait mise à la liberté religieuse.

Ici, je suis appelé à m'expliquer sur un point grave et délicat, où je diffère de l'opinion qu'exprimait hier M. le comte de Montalivet, et qu'a reproduite aujourd'hui M. le comte Portalis. Je veux parler du véritable rôle de la religion catholique dans l'Université impériale, et du vrai sens de l'article célèbre du décret de 1808, portant que les écoles de l'Université prendront pour base de leur enseignement les préceptes de la religion catholique.

Pour apprécier cet article et le caractère du décret qui le renferme, il faut interroger d'abord ce qui précède le décret de 1808, à savoir la loi de 1802 remplacée par celle de 1806 et par le décret de 1808 ; ensuite et surtout la manière dont fut pratiqué immédiatement et constamment cet article célèbre dont on a tant abusé. La loi de 1802, d'ailleurs excellente, organise toute l'instruction publique sans parler de religion. Elle crée des écoles de tous les degrés ; et de peur de ne pas laisser assez entière la liberté religieuse, elle n'établit aucun enseignement religieux dans les lycées ; elle renvoie cet enseignement aux familles, au temple et à l'église. Le progrès heureux et toujours croissant de l'esprit religieux en France fit comprendre bientôt au chef du gouvernement que des écoles sans aucun enseignement religieux ne répondaient point au véritable but de l'instruction nationale qui doit donner à la fois l'instruction et l'éducation, que des lycées à pensionnat n'étaient pas supportables sans un service religieux réglé et bien constitué. Il voulut donc qu'il n'y eût pas un lycée sans un enseignement catholique, et que les préceptes de la religion catholique fissent le fond obligatoire de l'enseignement religieux, puisque la religion catholique était celle de la grande majorité des Français. Ainsi pas de lycée sans un aumônier catholique, enseignant dans toutes les classes et à tous les élèves la religion ; bien entendu, les élèves des autres cultes recevaient à part un enseignement spécial ; mais enfin l'enseignement de la religion catholique dominait dans les lycées, parce qu'elle était et avait été déclarée la religion de la majorité des Français.

Mais jamais, Messieurs, il n'a été entendu que la religion catholique serait la base des divers enseignements des humanités, de la rhétorique, des mathématiques, de la physique et de la philosophie. La pratique, c'est-à-dire, je le crois, la plus sûre interprétation d'une loi, atteste le contraire. J'ai été tour à tour élève et professeur dans les lycées de l'empire; j'y ai été chargé de divers enseignements, et j'en appelle à M. le ministre de l'instruction publique, qui est de ce temps ainsi que moi : N'est-il pas notoire que jamais, de 1808 à 1814, les préceptes de la religion catholique n'ont été mêlés aux enseignements que je viens de citer, et pas plus à celui de la philosophie qu'à tous les autres? En philosophie, le professeur n'appuyait pas le moins du monde son enseignement sur le dogme catholique, comme a l'air de le supposer M. de Montalivet et avec lui M. Portalis, et les livres philosophiques qui étaient entre nos mains étaient divers et mélangés, d'après le vœu de l'arrêté du conseil de 1809.

La Restauration, Messieurs, qui établit la religion catholique religion de l'État, ne changea pourtant point le caractère laïque des cours de l'Université. J'ai entendu hier parler au moins légèrement du gouvernement de la Restauration. Ce gouvernement avait une origine fâcheuse : il était sorti des malheurs de la patrie, et il a eu une mauvaise fin : il a péri dans un coup d'État. Il n'en est pas moins vrai qu'il a donné la Charte à la France, qu'il a eu de beaux jours et qu'il a laissé des exemples qui mériteraient d'être suivis. Je fais même ici un appel à tous les membres de cette Chambre qui ont servi si honorablement la Restauration ; je les conjure de s'unir à moi pour défendre la tradition et la pratique généreuse de la Restauration dans l'enseignement philosophique contre une réaction pusillanime.

De 1815 à 1820 un éminent personnage fut mis à la tête de l'instruction publique. Cet homme qu'entoure dans sa vieillesse la vénération universelle, et dont le caractère a désarmé toutes les passions, tous les partis, cet homme dont je ne puis prononcer le nom sans une impression particulière de respect, est M. Royer-Collard. C'est là, Messieurs, un des maîtres les plus illustres de la philosophie de notre temps. Il avait et les lumières et l'autorité nécessaire pour lui imprimer le caractère qui lui convenait. Qu'a donc fait M. Royer-Collard ? A-t-il circonscrit l'enseignement de la philosophie dans les limites par trop étroites où la peur générale des grandes choses, des grandes matières, comme des grandes affaires, voudrait le resserrer aujourd'hui ? Lui a-t-il surtout ôté ce caractère laïque qui excite des répugnances mal dissimulées ? Non ; M. Royer-Collard ne fit point de règlement particulier pour l'enseignement de la philosophie. Il maintint ce qui était, mais il marqua son intervention particulière par les programmes et les matières de compositions qu'il se plaisait à donner lui-même, dans ces grands concours de la fin de l'année qui résument toutes les études et les règlent efficacement par l'objet et le prix qu'ils leur proposent. Les programmes des compositions philosophiques que donna M. Royer-Collard sont entre mes mains ; ils sont là, sous mes yeux, et ils effaroucheraient bien, si je les lisais, l'excessive timidité de notre temps. Je lirai seulement les titres des programmes de 1817, de 1818 et de 1819. Le premier, c'est *l'Existence de Dieu.* Vous le voyez, c'est de la métaphysique. Le programme recommande de bien déterminer le principe sur lequel porteront toutes les preuves. Ce principe, M. Royer-Collard ne craint pas de le nommer, c'est le principe métaphysique de causalité. Le second sujet est *la Loi morale.* Le troisième, faut-il vous le dire? c'est *l'origine et la nature des notions nécessaires, particulièrement des notions de cause et de substance.* C'est dans ce dernier concours que l'un de nos collègues, M. Frank-Carré, a préludé par un brillant succès à tous ceux qui l'attendaient dans sa belle carrière de magistrat (1). Oserai-je le dire? Peut-être mon vénéré et illustre maître a-t-il un peu trop élevé l'enseignement philosophique de nos colléges. Mais je préfère mille fois ce défaut, s'il y en a, à cet effroi de l'essor de la pensée, qui semble devenu la passion du jour !

En 1820, le ministère de M. le duc de Richelieu, qui arrêta quelque temps la fatale réaction de 1821 et

---

(1) Voyez l'Appendice.

de 1822, donna M. Cuvier pour successeur à M. Royer-Collard, dans la présidence de la commission d'instruction publique. Avez-vous connu, je vous prie, un esprit moins chimérique que M. Cuvier, un esprit plus sobre, plus ennemi de tout nuage et de toute subtilité? Eh bien! M. Cuvier a-t-il entravé l'enseignement de la philosophie? Loin de là, il l'a honoré en lui attribuant un prix d'honneur, récompense qui jusqu'alors avait été réservée à la rhétorique.

M. Cuvier encouragea la philosophie. M. l'évêque d'Hermopolis fit plus : il la régla. Le premier il entreprit de donner à la partie philosophique du baccalauréat ès lettres un programme bien déterminé, qui eût le double avantage d'asseoir l'examen sur une base fixe et commune, et par là, de diriger l'enseignement des écoles publiques et des écoles privées qui préparent au baccalauréat. Nous étions alors en pleine réaction contre les institutions constitutionnelles. Plus d'un professeur fut frappé : nous le savons, M. le ministre des affaires étrangères et moi. Les coups tombèrent sur quelques hommes, aucun sur la philosophie. C'est M. l'évêque d'Hermopolis qui créa une agrégation spéciale pour la philosophie ; et en vérité, si ce concours n'existait pas, je ne sais si aujourd'hui on oserait le créer. On trouverait peut-être qu'exiger autant des professeurs, c'est donner à l'enseignement une impulsion trop forte. Sous cette Restauration tant attaquée, et que je suis réduit à défendre, moi qui certes n'ai pas été gâté par elle, sous M. l'évêque d'Hermopolis, on avait d'autres pensées et d'autres maximes. Le programme des questions philosophiques du baccalauréat ès lettres est, il est vrai, rédigé en latin ; mais l'examen a toujours été fait en français. Nous sommes ici trois personnes qui ne l'avons jamais fait autrement, et cela était parfaitement toléré. Ce programme fut préparé avec le plus grand soin. M. l'évêque d'Hermopolis s'en occupa particulièrement. C'était, passez-moi le mot, un homme du métier, qui avait même été quelque temps professeur de philosophie, avant d'être un grave et éloquent prédicateur. Il s'entoura de conseils éclairés, et je puis dire, pour le savoir bien, que ce programme fut rédigé, par qui, Messieurs ? par un professeur de philosophie, par un laïque ? Non, mais par un ecclésiastique, par un théologien, par le doyen de la Faculté de théologie, M. l'abbé Burnier-Fontanelle. Ce fut un autre ecclésiastique encore, un homme que plusieurs de vous ont connu, M. l'abbé Nicolle, qui fut au conseil le rapporteur de ce programme. M. l'évêque d'Hermopolis l'adopta. Le voilà : il est sous mes yeux ; il est divisé en deux parties : la première est la logique, qui comprend non pas la psychologie élémentaire, mais toute la psychologie rationnelle. La seconde partie est intitulée : *De la Métaphysique* ; elle comprend toutes ces graves questions dont on a peur aujourd'hui, et qu'il importe d'autant plus de faire résoudre dès le collège, qu'elles sont plus graves et préoccupent nécessairement la pensée.

Armer d'abord la jeunesse de convictions solides et éprouvées, on pensait alors que c'était prévenir le scepticisme et non l'appeler. Je déclare qu'il n'y a aucune question de métaphysique dans les programmes rédigés depuis la révolution de juillet, qui ne se trouve dans le programme de M. l'évêque d'Hermopolis, avec beaucoup d'autres encore que nous avons supprimées. Mais ce qui honore singulièrement à mes yeux M. l'évêque d'Hermopolis, c'est que dans ce programme étendu, signé par un évêque, il n'y a pas un mot qui puisse blesser un protestant; il n'y a pas un mot qui, directement ou indirectement, atteste un écrivain catholique; il n'y est pas même question de la religion révélée, ni d'aucun dogme appartenant à aucune communion; il n'y est jamais question que de la religion naturelle. Par exemple, je traduis littéralement, Messieurs, sans faire, je crois, de contresens. Il est question des avantages que la religion apporte à la société. Le digne évêque s'exprime ainsi : « *Les avantages du théisme (theismus)* (1). » Je doute beaucoup qu'une telle réserve fût bien reçue aujourd'hui, et le digne évêque pourrait bien encourir le reproche de favoriser un enseignement vague, indécis, c'est-à-dire ne reposant point sur les dogmes particuliers de catholicisme.

---

(1) Voyez l'Appendice.

Pour moi, lorsque la révolution de 1830 me porta au conseil royal de l'instruction publique, je proposai d'abord à M. le duc de Broglie, puis à M. Guizot, un nouveau programme français. M. le duc de Broglie l'avait provoqué ; M. Guizot l'accepta des mains du conseil, et M. Guizot n'était pas un ministre qui signât aveuglément les arrêtés du conseil ; il les examinait sérieusement, et puisqu'il signa, en 1832 ou 1833, le programme des questions philosophiques du baccalauréat ès lettres, c'est qu'il l'approuvait, et je me flatte qu'il n'a pas changé d'avis. Ministre, en 1840, qu'ai-je changé à ce programme, revêtu de la signature d'un ministre tel que M. Guizot, et consacré par d'assez longues années d'expérience ? Savez-vous ce qu'a fait cet homme accusé de précipiter l'enseignement dans les profondeurs et les obscurités de la métaphysique ? Il pouvait alors se donner carrière. Mais il est au moins doué d'une qualité fort humble en elle-même et qui semble la marque d'un esprit vulgaire, le respect de ses devanciers. Il peut avoir d'autres défauts, mais il n'a pas du moins celui de cette incroyable présomption qui attaque sans façon tout ce qui s'est fait jusqu'ici sous les autorités les plus respectables, et n'aboutit souvent qu'à des innovations rétrogrades. J'ai maintenu tout entier le programme de M. Guizot ; j'ai retranché quelques questions, et les ai remplacées par des questions de logique, et non pas, Messieurs, d'une logique quintessenciée, mais de la logique ordinaire, de cette logique qui avait été enseignée à nos pères, et sous la forme la moins populaire, la forme syllogistique. Le savant rapporteur de votre commission recommande, et avec raison, l'étude de la logique. En 1840, j'ai en quelque sorte prévenu son rapport, et lui ai comme dérobé les expressions mêmes qu'il emploie. C'est un éloge que je me décerne à moi-même, il est vrai; mais depuis quelque temps, je suis environné de tant d'attaques, venues d'endroits si différents, que cette humble satisfaction ne me sera peut-être pas enviée

Voici comment je m'exprimais en adressant le nouveau programme à toutes les Facultés des lettres : « Le
» programme de philosophie reste tel qu'il a été arrêté
» il y a dix ans : vous n'y trouverez d'autre chan-
» gement que l'introduction de quelques questions nou-
» velles de logique relatives à cette forme de raisonnement
» dont on a tant abusé au moyen âge, et que depuis,
» par une réaction extrême, on a trop négligée, à savoir
» la forme syllogistique. L'art syllogistique est tout au
» moins une escrime puissante qui donne à l'esprit l'ha-
» bitude de la précision et de la rigueur. C'est à cette
» mâle école que se sont formés nos pères : il n'y a que
» de l'avantage a y retenir quelque temps la jeunesse
» actuelle. » Voilà toutes les innovations que je me suis permises. En vérité, il est difficile d'être moins téméraire.

Maintenant, Messieurs, qu'y a-t-il à faire? C'est de

ne pas détruire en un jour l'œuvre de longues années et de la sagesse de nos devanciers. Il faut d'abord maintenir le caractère laïque de l'enseignement de la philosophie. Il faut aussi fixer cet enseignement dans de justes bornes. Ici la mesure même ne peut pas être indiquée : une telle discussion ne peut avoir lieu dans cette enceinte. La commission s'était contentée de recommander à M. le ministre un redoublement de vigilance. M. le ministre a déclaré qu'il veillerait comme par le passé. Était-il donc absolument indispensable qu'un ministre vînt dire en propres termes qu'il veillerait encore plus qu'il n'avait fait? M. le rapporteur disait tout à l'heure qu'avec cette déclaration, tous les amendements auraient été prévenus. Eh bien ! si à ce prix des amendements intempestifs et même dangereux peuvent être écartés, moi qu'on accusait de témérité, maintenant je passerai peut-être pour trop timide ; mais j'avoue que je n'éprouverais aucun embarras à faire une telle déclaration, si elle m'était demandée. Oui, l'Université redoublera de vigilance. Votre commission a pensé qu'il y avait quelque chose à faire. Ce qu'il y a à faire, Messieurs, c'est d'administrer : voilà le plus important, comme aussi le plus difficile ; fiez-vous, à cet égard, à M. le ministre de l'instruction publique. Je vous le demande, croyez-vous que vous aurez enchaîné par des amendements l'Université, si elle vous est suspecte? Et si elle ne vous est pas suspecte, ne l'embarrassez pas, ne la diminuez pas, ne lui ôtez pas la force morale dont elle a besoin pour gouverner les esprits avec autorité et persuasion. Pour cela, il ne faut pas qu'elle se présente devant le corps enseignant, affaiblie par les humiliations qu'elle aurait reçues ici, et qu'elle serait chargée de transmettre aux autres. Encore une fois, si, pour conjurer le nouvel amendement, M. le ministre doit dire non-seulement qu'il veillera comme par le passé, mais un peu plus encore, pour dissiper des inquiétudes mal fondées; j'invite, pour mon humble part, M. le ministre à déclarer simplement que lui et ses collaborateurs, parmi lesquels il veut bien me compter, redoubleront de vigilance. Y a-t-il même quelque modification à introduire dans le programme existant? Eh bien, c'est une question à examiner entre les hommes spéciaux.

Je crois avoir fait preuve de modération et d'un esprit de conciliation. Redoubler de vigilance, revoir même le programme existant et le circonscrire encore, s'il est possible, voilà ce qu'avait demandé la commission; voilà ce qu'on peut accorder. C'est là, selon moi, la limite infranchissable des concessions honorables. L'amendement de M. de Montalivet est parfaitement inutile, la philosophie de nos colléges étant essentiellement élémentaire, ainsi que nous l'avons mille fois déclaré; et il n'y aurait pas d'inconvénient à le redire, si ce n'était là une injonction humiliante et imméritée. Quant au nouvel amendement de la commission, si brusque, si imprévu, je le repousse bien plus encore, parce qu'il affaiblit et abaisse le conseil royal, parce qu'il en appelle à un pouvoir supérieur et politique que représente suffisamment à la tête du conseil M. le ministre de l'instruction publique. Je m'en réfère aux observations judicieuses du rapport de votre commission, et je suis étonné qu'elle-même les abandonne. Elles avertissent, elles n'enchaînent point, surtout elles n'humilient point ; elles n'ôtent point à un conseil qui a déjà rendu tant de services la considération et la force qui lui sont nécessaires pour remplir sa difficile mission.

SÉANCE DU 4 MAI 1844.

(Extrait du *Moniteur.*)

Messieurs,

Pour répondre à M. Barthe, je n'ai besoin que d'en appeler à la mémoire de la Chambre. Hier, à cette tribune, en parlant de la direction des études philosophiques qui m'est confiée, n'ai-je point ajouté, comme par un pressentiment de l'accusation qui m'est adressée : « Sous l'autorité du conseil et du ministre? » Je l'ai dit, Messieurs. Il était donc assez inutile de venir me rappeler que, dans tout département ministériel, l'autorité n'appartient constitutionnellement qu'au ministre. Je l'ai été peu de temps, mais assez pour en connaître les droits et pour avoir appris que la responsabilité ne se partage pas. Mais chacun a la sienne. Je vous le demande, Messieurs, depuis huit jours que dure cette discussion, celui qui parle en ce moment devant vous a-t-il donc été trop ménagé pour qu'un mot sur sa responsabilité propre lui fût interdit? J'ai été, ce semble, assez souvent mis en cause, et vous vous souvenez avec quelle violence, pour qu'il me fût bien permis de déclarer ici dans ma loyauté, et avec une fermeté qui avait paru ne pas déplaire à la Chambre, de déclarer, dis-je, qu'en effet, sans être le seul coupable, je l'étais assurément beaucoup, si l'Université l'était le moins du monde? En allant au-devant des attaques, en me présentant moi-même aux ennemis de l'Université, je n'ai point usurpé sur les droits du ministre; j'ai rempli un devoir, et tout homme d'honneur m'a approuvé. (*Marques générales d'approbation.*)

Maintenant quelques mots sur l'amendement en lui-même.

M. Barthe a donné à une expression que j'ai employée hier, et que je maintiens, un sens qu'elle ne peut avoir, à moins que je n'eusse entièrement perdu la raison. J'avais dit : L'Université, c'est l'État. Quoi! s'est-il écrié, l'Université c'est tout l'État! Eh! assurément, Messieurs, l'Université n'est pas l'État appliqué à la magistrature, ni à la guerre, ni à la marine. Oui, l'Université, c'est l'État; mais je m'étais hâté d'ajouter ce développement nécessaire que M. Barthe a supprimé : l'Université, c'est l'État appliqué à l'instruction publique. Dès lors en quoi cette proposition, qui appartient à M. Royer-Collard, et que plusieurs orateurs, et entre autres M. le ministre de l'instruction publique, ont portée à cette tribune, contient-elle quelque hérésie constitutionnelle?

L'Université n'est pas tout l'État ; mais comme l'Université est un service public, c'est l'État appliqué à ce service. Elle ne prétend pas se soustraire à l'intervention de l'État et des pouvoirs publics, comme on l'a dit ; elle sait parfaitement que demain les pouvoirs publics réunis peuvent faire une loi qui la modifie ou qui la supprime. Elle connaît assez sa propre constitution et sa propre histoire pour savoir que le conseil d'État est un corps éminent qui, par sa nature même, est le régulateur de tous les corps, et qui a même le droit de citer à sa barre le conseil de l'Université, si le conseil commettait quelque excès de pouvoir. Telle est notre constitution : elle-même admet la haute intervention du conseil d'État. Nous savons aussi que c'est le conseil d'État qui a préparé les deux grands décrets de 1808 et de 1811, sur lesquels toute notre existence est fondée ; nous savons tout cela, Monsieur, mais nous savons aussi que la question n'est pas là.

Le conseil d'État a presque fait l'Université, et il lui appartient de la contenir dans ses attributions légitimes. Mais quand le conseil de l'Université demeure dans le cercle de ses attributions légales, le conseil d'État ne doit pas plus intervenir dans les attributions du conseil de l'Université que le conseil de l'Université dans celles du conseil d'État. Or, quelles sont les attributions du conseil? J'ai entendu plusieurs fois citer ici des ordonnances, entre autres celles de 1829, pour fixer les attributions du conseil. Grâce à Dieu, les attributions du conseil ne sont pas déterminées par des ordonnances; elles le sont par des lois, par les deux décrets de 1808 et de 1811. Nulle ordonnance postérieure n'a eu le droit de violer la Constitution déposée dans ces deux décrets.

La première attribution du conseil, c'est le droit, et parlons clairement, le droit exclusif de faire, sur la proposition et sous l'autorité du ministre, des statuts et des règlements soit de discipline, soit d'études, les programmes d'enseignement ou d'examen, et toutes les choses de cette nature pour lesquelles précisément a été institué le conseil. Voilà le vrai, voilà la règle, voilà le droit tel qu'il est dans la loi, dans les décrets. Et comment n'en serait-il point ainsi? Quelle autre autorité que le conseil de l'Université peut être compétente, je ne dis pas au même titre, mais à un degré qui en approche le moins du monde? Si cette autorité existe, le conseil est inutile. Voulez-vous une preuve manifeste de ce que j'avance? Citez-moi depuis 1808 un seul cas où l'État se soit adressé au conseil d'État pour faire un règlement d'études ou un programme d'examen. Il n'y en a pas un seul exemple, et il ne peut pas y en avoir.

Je comprendrais que le conseil d'État fût consulté sur l'organisation de l'instruction primaire, sur l'organisation de l'instruction secondaire, sur l'organisation de l'instruction supérieure; mais une fois ces organisations arrêtées par le conseil d'État, et lorsqu'elles contiennent ce principe que la rédaction des règlements et des programmes d'études ou d'examens appartient au conseil de l'Université, il me serait impossible de comprendre que tout à coup on ôtât à ce conseil le droit qui lui a été formellement réservé, pour le reporter par devant le conseil d'État. Je dis ces deux choses : que ce ne serait point dégrader le conseil de l'Université que de donner au conseil d'État le droit de préparer toutes les lois d'instruction publique, et que c'est le dégrader que de l'attaquer et de le désarmer dans la sphère étroite, mais légale de ses attributions, et de lui ôter le droit de régler les programmes d'études ou d'examens. Plus ce terrain est humble, plus le droit du conseil y est invincible. Jamais on ne l'a contesté. On le conteste aujourd'hui. Il faut donc qu'on se défie du conseil. Et si on ne se défie pas de ses lumières, il faut qu'on se défie de son impartialité et de sa justice. Pour moi du moins, cela est plus clair que le jour.

Mais on dit qu'il s'agit ici d'une chose toute nouvelle, d'un programme qui n'intéresse pas seulement les écoles publiques, mais les écoles privées placées sous un régime de liberté. Cet argument est excellent dès que la défiance existe, car la défiance se sert de toutes les armes. Mais, si vous ôtez cette défiance, l'argument en lui-même ne vaut absolument rien. Il n'est pas agréable de raisonner avec les partis pris : ils sont sourds et aveugles. Je leur dirai pourtant que l'instruction primaire est libre, je l'espère, depuis la loi de 1833. Eh bien, sous ce régime de liberté, quelle autorité a été chargée de faire le programme des examens pour le brevet de capacité des instituteurs particuliers ? Quelle autorité, je vous prie ? Le conseil. Qui a jamais songé au conseil d'État ? Et pourquoi n'y a-t-on pas pensé ? Parce qu'alors ne s'était pas encore élevé cet orage venu d'un point bien connu de l'horizon, et devant lequel les plus fermes esprits fléchissent. L'analogie est manifeste, et elle n'a pas arrêté un seul instant votre commission !

J'aurais cent arguments de la même force à lui présenter qui, pour moi, au pied de la logique ordinaire, sont irrésistibles, mais qui n'ébranleraient pas même sa résolution. J'abandonne donc cet ordre de considérations, et je viens en présenter d'autres qui toucheront peut-être davantage la commission et la Chambre.

L'amendement de votre commission ne diminue pas seulement le conseil de l'Université ; j'ai la conviction, comme ancien conseiller et toujours serviteur dévoué de la couronne, que, demander une haute signature pour un programme de baccalauréat ès lettres, c'est la compromettre, et, pour parler clairement, c'est l'exposer à un danger qui n'est pas à dédaigner en France, celui du ridicule.

M. Barthe s'est-il bien rendu compte de ce que c'est qu'un programme d'examen pour le baccalauréat ès lettres ? Croit-il qu'il y ait là des questions d'État qu'il faille soumettre à un conseil plus élevé encore que celui de l'instruction publique ? Il n'a donc jamais eu entre les mains le programme actuel de cet examen ? Il aurait vu que les grandes questions qu'il s'agit de décider, c'est de savoir sur quels auteurs grecs, latins et français on interrogera les élèves, soit les élèves des écoles publiques, soit les élèves des écoles privées. Quelles questions, Messieurs ! Il est possible que le conseil de l'instruction publique, par quelque ambition secrète (ce n'est pas moi qui invente ce mot, je le répète seulement), il est possible que ce conseil, pour maintenir une situation médiocrement constitutionnelle, et par la jalousie inhérente à l'esprit de corps, usurpe sur le domaine des écoles privées. Comment, le domaine des écoles privées? Je ne vois ici d'autre domaine que celui des auteurs grecs et latins. On a à choisir entre Tacite et Cicéron. Il faudra aussi se prononcer sur les auteurs français. Fera-t-on entrer dans cet examen *les Provinciales*, par exemple, comme le conseil l'avait fait dans le programme de 1840? Je conviens qu'aujourd'hui cela serait une assez grave question.

Mais il y a, dit-on, d'autres matières d'une haute importance; il y a l'histoire, il y a surtout la philosophie. Là-dessus j'ai parfaitement compris l'honorable orateur. Je ne suis pas assez dépourvu d'intelligence pour n'avoir pas saisi la portée de ses paroles. Il vous a dit : Si vous chargez le conseil de l'Université d'arrêter le programme philosophique du baccalauréat ès lettres, la rédaction de ce programme sera confiée à un personnage qu'on n'a pas nommé et qui est tout prêt à se nommer lui-même ; et comme le baccalauréat est la porte de toutes les carrières civiles, le programme philosophique de cet examen, devenu obligatoire, composerait une philosophie de l'État remise entre les mains d'un conseil, c'est-à-dire de celui de ses membres qui s'occupe particulièrement des études philosophiques. Une philosophie de l'État, Messieurs, vous l'avez entendu ! Dans quel temps vivons-nous pour être exposés à une pareille imputation ! Je la repousse avec indignation, au nom du conseil et au mien. Et quel en est le prétexte ? Le voici. J'avais dit et je crois avoir prouvé qu'il est du droit et du devoir de l'État de déclarer par la loi même que nul ne pourra entrer dans les fonctions civiles, c'est-à-dire se présenter au baccalauréat ès lettres, sans avoir à y répondre sur un certain nombre de questions de philosophie, évidemment nécessaires à tous les citoyens et à tous les hommes ; et c'est là ce qu'on a appelé une philosophie d'État ! Si M. Barthe veut bien me le permettre, je lui dirai ce que c'est qu'une philosophie d'État. C'est une philosophie dont toutes les doctrines sont arrêtées et prescrites par un règlement, de telle sorte que nulle autre doctrine ne puisse pénétrer dans l'examen et forcer la barrière du baccalauréat. Or, je le demande, avons-nous fait quelque chose de semblable ? En général, nous avons posé des questions pour guider les professeurs et les élèves ; nous n'avons donné aucune solution, pour ne pas imposer aux jeunes gens des écoles privées aucune doctrine particulière. Quelquefois, il est vrai, en posant les questions, nous avons mis sur la voie de certaines solutions ; nous avons demandé que l'on donne des preuves de l'existence de Dieu, de la spiritualité et de l'immortalité de l'âme. C'est supposer, j'en conviens, qu'il existe de telles preuves. Ce n'est peut-être pas respecter assez la liberté des opinions, et ici nous nous livrons à toute la sévérité, à toute l'éloquence de M. Barthe. Pour tout le reste, nous demandons seulement des opinions sages et qui puissent être acceptées par tous les esprits raisonnables. L'examen se fait en public ; le programme lui-même est publié à des milliers d'exemplaires. Jamais personne n'y a fait la moindre objection. Et quelle objection, en effet, voulez-vous qu'on fasse à une suite de questions telles que celles-là, qui sont toujours les mêmes depuis qu'il y a des cours de philosophie dans le monde ? On peut en multiplier ou en diminuer le nombre, on peut en changer la classification. C'est dans ces humbles limites que s'est renfermé le conseil et celui de ses membres qui fait en ces matières l'office de rapporteur. Et voilà sur quel fondement M. Barthe nous a accusés d'établir une philosophie d'État ! Ce n'est pas du moins par ma main qu'elle s'établira jamais. (*Mouvement.*)

Prenez-y garde : cet amendement, si innocent en apparence, destiné même à sauver la France de la tyrannie d'une philosophie d'État, peut précisément tourner contre le but qu'on se propose, et aboutir à quelque chose qui ressemblerait fort à une philosophie d'État. Je demande ici à la Chambre quelques moments encore d'attention.

Le conseil de l'Université possède dans son organisation deux grands avantages. D'une part, il est dépositaire de la tradition, et est-ce dans cette Chambre que j'aurais besoin de faire voir combien la tradition en toutes choses, et particulièrement dans l'instruction de la jeunese, est un avantage précieux et qui doit être sérieusement compté? D'un autre côté, le conseil de l'Université se renouvelant sans cesse dans le corps enseignant, qui lui-même se renouvelle sans cesse dans les concours publics de l'agrégation, est nécessairement ami de ce mouvement général des esprits et de ce progrès modéré, mais continuel, qui fait sa force à lui-même, et qu'il est dans son intérêt comme dans son devoir de favoriser et non d'arrêter. Non Messieurs, nous ne sommes pas un corps immobile, comme le disent certaines personnes qui ne sont pas célèbres par leur fidélité à la cause d'un sage progrès en toutes choses. Nous leur souhaitons l'esprit libéral qui nous anime. Nous sommes à la fois des hommes de tradition et de progrès. Nous marchons toujours, quoique sans bruit, comme l'avait voulu notre immortel fondateur. L'Université, avait-il dit, doit marcher sans bruit comme le monde. Elle doit être à l'abri des fièvres de la mode, en même temps qu'elle doit favoriser toutes les idées sagement libérales. Elle doit veiller quand le gouvernement sommeille ou porte ailleurs son activité. Elle a une vie qui lui est propre, cela est vrai : cela est sa force et son honneur ; et loin de vouloir que cet esprit diminue, souhaitez bien plutôt qu'il dure et s'accroisse. Pour moi, je m'afflige profondément de tout ce qui lui nuit. Je m'afflige de l'invasion d'un esprit étranger et de mœurs étrangères, l'égoïsme, la faiblesse, l'indifférence, le goût de la fortune, comme si notre pauvreté n'était pas notre plus grand honneur ! Oui, je souhaite à l'Université comme à la magistrature une vie qui lui soit propre et des mœurs appropriées à sa mission. Mais en même temps que l'Université est un corps représenté par un conseil, elle est toujours dépendante du gouvernement, parce que ce conseil est présidé par un ministre responsable, et seul responsable devant les Chambres.

M. LE MINISTRE DE L'INSTRUCTION PUBLIQUE : C'est ce qui a été réclamé par moi.

M. COUSIN : Je reconnais bien volontiers en cela le courage de M. le ministre de l'instruction publique ; je m'y suis associé en ne désertant pas non plus la part de responsabilité qui m'appartient devant le public et devant mon pays.

Tel est le conseil, à la fois conservateur et libéral, parfaitement indépendant et relevant dans tous ses actes de l'autorité suprême du gouvernement, tel est le conseil qui jusqu'ici, depuis quarante années, selon sa constitution et selon la raison, était chargé de la fonction très-modeste de rédiger les programmes d'études et d'examens, et entre autres celui du baccalauréat ès lettres. Il avait rempli cette fonction avec quelque sagesse, ne bouleversant rien et perfectionnant toujours. Le problème qu'il avait à résoudre et qu'il me paraissait avoir assez bien résolu, était celui-ci : déterminer les proportions dans lesquelles les explications des auteurs grecs, latins et français, les questions de littérature, d'histoire et de philosophie doivent entrer dans un examen qui résume toute l'instruction secondaire, et ouvre la porte de l'enseignement supérieur, des écoles spéciales et de toutes les carrières civiles. Puisqu'il connaît mieux que personne en quoi consiste l'instruction secondaire, il est mieux placé que qui que ce soit pour en bien arrêter le résumé et la fin. Il avait encore cette admirable propriété de perfectionner successivement ce programme, suivant les progrès de l'instruction secondaire, de ne l'abaisser jamais, de l'élever modérément, avec la plus parfaite connaissance des faits et en suivant le mouvement général des études, et tout cela, comme je le disais, sans bruit et sans secousse. Maintenant ce travail obscur, mais utile et sûr, sera contrôlé, c'est-à-dire remplacé par un autre travail qui se fera en conseil d'État, et surtout en conseil des ministres, et qui devra être revêtu d'une auguste signature.

Savez-vous ce qui arrivera? D'une très-petite chose vous allez faire une affaire d'État. La philosophie est modeste, mais elle est fière. La France est fière aussi, et elle est curieuse; et quand elle verra une ordonnance royale intervenir pour déterminer les questions philosophiques du baccalauréat, le programme de ces questions deviendra quelque chose de très-considérable. Jusqu'ici personne ne le lisait, personne ne le connaissait, excepté ceux qui avaient un besoin indispensable de le connaître, afin d'y répondre. Je ne l'ai vu cité presque nulle part, ni attaqué, ni célébré. Il est d'une telle innocence qu'il a échappé à la fois et à l'éloge et au blâme. Voilà comment les choses se passaient jusqu'ici. Mais tout changera depuis l'admirable invention politique qui s'est fait jour avant-hier, depuis qu'un simple vœu exprimé par un heureux orateur, M. le comte de Montalivet, a été subitement converti par la commission en un amendement formel, et cela en vingt-quatre heures. Grâce à cet amendement, voilà les questions philosophiques transportées de l'humble conseil de l'Université dans le grand conseil des ministres. Il faudra que MM. les ministres délibèrent sur ces questions. La tâche est nouvelle pour eux et quelque peu singulière. On verra donc MM. les ministres, et entre autres un illustre personnage devant lequel je parle, et dont la responsabilité sera particulièrement engagée, débattre l'ordre, la convenance, la clarté, l'exactitude, la parfaite précision dans l'idée et dans les termes, de questions philosophiques! Je ne me permettrai pas de donner un conseil à MM. les ministres ; mais comme il s'agira de n'insérer aucune question qui puisse de près ou de loin exciter l'inquiétude de l'orthodoxie la plus sévère, il faudra au conseil des ministres un théologien, comme en avait autrefois la république de Venise, et comme le ministère des affaires étrangères a un publiciste. Toutes les fois que la république de Venise avait à faire quelque ordonnance ou quelque traité où la religion pouvait être le moins du monde intéressée, elle consultait un théologien. Quand c'était Sarpi, c'était à merveille. Quel sera le théologien du conseil des ministres? je l'ignore; mais j'affirme qu'il y en aura un. On consultera quelqu'un, un peu dans l'ombre peut-être. Il faudra aussi un philosophe en qui on ait confiance, pour éclairer le conseil et son illustre président sur la portée souvent cachée de ces malheureuses questions, qui en contiennent beaucoup plus qu'elles n'en disent, et sous lesquelles d'habiles gens, ces tyrans du conseil de l'Université, auront caché un imperceptible venin. La discussion qui aura lieu à cet égard entre MM. les ministres sera certes d'un grand intérêt. Je ne suis pas curieux, mais j'avoue que je voudrais bien assister à la séance du conseil où l'on rédigera définitivement le programme des questions philosophiques. (*Rire général.*)

Tout cela n'est rien, Messieurs : c'est là partie agréable de la question. (*Nouveau rire.*) Mais elle a un côté très-sérieux, et le voici. Je m'abstiens moi-même de plaisanter en une matière qui devient grave.

L'épreuve que nous allons faire n'est pas nouvelle. M. le président de la cour des comptes a mieux employé son temps qu'à savoir ces choses-là. Pour moi, dont le devoir est de les connaître, je lui dirai qu'à la fin du dix-septième siècle, sous l'influence d'un personnage qui s'appelait le père Annat, prédécesseur du père Lachaise et du père Letellier, un ministre qui n'a pas laissé un bien grand nom, Phélippeaux, fit mettre à Louis XIV sa royale signature au bas d'arrêts du conseil sur la philosophie. J'ai retrouvé plusieurs de ces ordonnances tristement curieuses ; j'en ai imprimé (1) quelques-unes, et je prends la liberté d'en recommander la lecture à M. Barthe dans ses moments de loisir. (*On rit.*)

Ces arrêts font deux choses : ils proscrivent certaines opinions réputées mauvaises et qui ne l'étaient pas du tout ; passe encore, parce qu'après tout ces opinions n'étaient défendues que par un certain nombre de personnes. Mais la plus grande entreprise de ces arrêts, et c'est par là qu'ils sont surtout intéressants et instructifs, leur plus grande entreprise est d'interdire certaines questions et de les retrancher des études. Interdire des questions, quand ces questions sont une fois dans le monde, préoccupent l'esprit humain, et sont à l'ordre du jour dans un pays et dans un siècle ! Cela ne se peut, et quiconque le tente y échoue, au grand détriment des opinions mêmes qu'il veut faire prévaloir, et de la paix publique qui n'est possible qu'avec la liberté garantie.

---

(1) Voyez dans les Fragments philosophiques, t. II, *la persecution du cartésianisme.*

Un arrêt donc du conseil du roi, c'est-à-dire une ordonnance actuelle, signée Louis XIV, contre-signée Phélippeaux, interdit expressément certaines questions de philosophie et même certaines questions de physique. Descartes avait détruit la physique péripatéticienne, et répandu le goût de recherches expérimentales et spéculatives qui passionnaient alors les esprits d'élite. Tout cela parut dangereux. Supprimez toutes ces recherches que ce malheureux Descartes a mises à la mode, y compris la vérification de la circulation du sang, et la découverte des lois de la réfraction de la lumière. Pour détruire le doute, il suppose qu'il existe : il recherche la certitude pour détruire le scepticisme : question encore à retrancher de l'enseignement, comme pouvant altérer la sérénité de l'enfance, la paix et la foi des élèves. (*On rit.*) Je n'invente rien, Messieurs, je raconte. Ordre fut donné à tous les colléges de l'Université de Paris et plus particulièrement à ceux de l'Oratoire, de supprimer du programme de l'enseignement philosophique un certain nombre de questions, comme dangereuses ou trop peu élémentaires, de circonscrire ce programme et de le renfermer sévèrement dans la logique et la philosophie péripatéticienne. Bayle, en Hollande, se moqua de ce programme officiel, que l'autorité imposa et qu'il fallut bien subir; il le publia de nouveau, avec un commentaire qu'il serait bon de reproduire. Car les temps se ressemblent fort, et il me semble que voilà bien les ombrages, les scrupules, le zèle inquiet et empressé, compensant les retards par l'exagération, dénonçant en attendant qu'on proscrive. Oui, voilà bien, ce me semble, tous les signes de la fin du dix-septième siècle. Il n'y a manqué que le dix-septième siècle lui-même. (*Mouvement.*)

Boileau n'est plus, mais quand l'ordonnance royale qui déterminera le programme des questions philosophiques prescrites au baccalauréat ès lettres, aura paru dans *le Moniteur*, la malice de notre temps l'accueillera par plus d'un *arrêt burlesque*, qui, se répandant dans les écoles publiques et privées, y troubleront la paix et y ruineront le programme qu'elles doivent suivre. Qu'aura-t-on gagné à cet éclat d'une ordonnance? Du bruit, et peut-être du ridicule. Car enfin il sera curieux, je l'avoue, d'examiner l'œuvre des théologiens et des philosophes du conseil, de comparer le nouveau programme avec les programmes anciens, de rechercher pourquoi telle question qui était dans l'ancien programme, a disparu du nouveau, les causes secrètes de la faveur des unes, de la disgrâce des autres. Les questions proscrites ne manqueront pas de partisans. Les professeurs de philosophie se soumettront, mais il ne leur sera pas interdit de penser. Que se passera-t-il dans tous ces esprits inquiets pour leur enseignement, contraints de le bouleverser pour l'accommoder à un nouveau programme qu'ils jugeront peut-être fort sévèrement? Le gouvernement de la philosophie de l'Université sera-t-il devenu plus facile par toutes ces innovations, dont le seul fondement est une défiance injuste et qui n'ose pas même se montrer à visage découvert? Que M. Barthe, qui traite si légèrement le conseil de l'Université, me permette de le lui dire : la grande affaire de ce conseil, c'était de gouverner par l'autorité des lumières ; car son gouvernement est le gouvernement des esprits, le plus difficile de tous. Elle n'était pas aisée la tâche qui m'avait été imposée de conduire avec douceur et avec fermeté tant d'esprits différents, dans les voies d'un enseignement, non pas servilement uniforme, mais librement harmonieux, libéral et sage, circonscrit mais solide, fondé sur la science, utile à l'esprit et à l'âme, et favorable à tout ce qui est bien. Cette tâche difficile l'est devenue bien plus encore, depuis que l'autorité morale du conseil, sa justice et son impartialité ont été ici mises en question. M. Barthe ne se doute pas du surcroît de difficultés qu'il impose à M. le ministre et à moi; mais qu'importe, pourvu que la passion du jour soit satisfaite? Satisfaites-la donc, Messieurs; mais, pendant que vous y êtes, allez jusqu'au bout, ou vous n'aurez rien fait; et je viens vous indiquer une mesure sans laquelle l'amendement de la commission serait inutile.

M. le ministre de l'instruction publique a bien voulu, l'autre jour, agréer mes remercîments publics du courage qu'il a mis, à ce qu'il paraît, à accepter, sur ma proposition, la liste des livres classiques de philosophie qui peuvent être placés entre les mains des maîtres et des élèves. Cette liste, Messieurs, daignez en croire mon expérience, agit plus profondément sur l'enseignement que le programme des questions que la loi nouvelle fera déterminer à S. M. Les jeunes gens sont déjà de petits hommes ; ils en ont les qualités et ils en ont les défauts : ils se laissent moins diriger par un programme officiel que par leurs lectures habituelles. Ce sont ces lectures qui font pénétrer insensiblement dans l'esprit et dans l'âme les semences de toutes les pensées qui se développeront un jour. On retient toute sa vie ce qu'on a lu dans son enfance. On y revient dans l'âge mûr et dans la vieillesse. Cette liste des auteurs classiques de philosophie est donc de la plus haute importance. Elle est le complément de tout programme d'études et d'examen. Si l'amendement laisse au conseil le droit de faire à lui seul cette liste, il ne lui a rien ôté. Permettez-moi de vous expliquer à mon tour le vrai caractère de cette liste. Personne, je le crois, ne peut le connaître mieux que moi.

Elle a déjà, Messieurs, été louée devant vous par un endroit que je prise aussi. On vous a dit avec raison qu'il importait de mettre la philosophie de notre temps sous la protection de cette grande philosophie du dix-septième siècle qui s'allie si bien à tous les chefs-d'œuvre littéraires du même siècle. Il est naturel de mettre Descartes à côté de Corneille, et Malebranche avec Fénelon. La philosophie du dix-septième siècle est morale et religieuse ; elle est par là de tous les siècles, et elle convient aussi aux besoins du nôtre.

La liste des auteurs classiques de philosophie mérite cet éloge ; elle en mérite bien d'autres encore. Elle se recommande surtout à l'attention de cette assemblée par un caractère plus philosophique, et en quelque sorte plus politique. Elle est l'ouvrage d'une réflexion sérieuse qui en a pesé avec soin tous les noms, et les a réunis et combinés dans un dessein d'une assez haute importance.

L'histoire de la philosophie, que l'on traite aujourd'hui si cavalièrement, l'histoire des grands systèmes nous a appris que, tout bien considéré, il n'y a de vraie force que dans la modération, que rien n'est plus opposé au gouvernement des esprits que la tyrannie, même la seule apparence de la tyrannie, et que pour diriger autant qu'il est possible cet être rebelle qu'on appelle l'esprit humain, il faut en accepter, en protéger même tous les grands côtés, et donner une juste satisfaction à toutes les opinions graves et considérables, en écartant seulement ce qui est désavoué par le bon sens et par la morale.

Le premier coup d'œil jeté sur la liste de nos auteurs classiques n'y aperçoit guère que des philosophes du dix-septième siècle : c'est ne pas apercevoir ce qu'on a voulu y mettre. Les philosophes du dix-septième siècle sont bien grands, mais ils ont des rivaux qu'il eût été injuste et imprudent de négliger. Je ne suis pas suspect d'une médiocre admiration pour Descartes et pour toute cette grande famille cartésienne, mon habituelle compagnie. Ce qui subsiste et subsistera toujours du cartésianisme, c'est son esprit et sa méthode; mais tout le reste est livré à l'histoire. Le cartésianisme contient des vérités éternelles que notre temps a recueillies ; mais le système entier n'est plus. On n'a jamais eu la pensée de le faire revivre. Je puis le dire à l'illustre rapporteur de votre commission : il n'est point enseigné dans l'Université. Il pourrait parfaitement l'être, mais en fait il ne l'est pas, et, au moment où nous parlons, je ne connais aucun professeur qui commence par le prétendu principe du cartésianisme, le doute provisoire.

Comme la liste adoptée par le conseil impérial de 1809, la liste nouvelle fournit des modèles et des maîtres à toutes les doctrines raisonnables, et pour entrer franchement dans le vif et l'essentiel de la chose, je dirai qu'elle donne des garanties à tous les cultes, en leur donnant à tous des représentants.

Ainsi tempérée et modérée, elle peut s'appliquer à toutes les écoles et conduire tous les esprits sans leur faire violence. On y rencontre deux païens, mais qui n'ont pas de supérieurs, Platon et Aristote ; il y a le fondateur de la philosophie laïque, Descartes ; il y a des écrivains catholiques, empruntés à des côtés différents : Arnauld y représente Port-Royal ; Malebranche, l'Oratoire; Fénelon, Saint-Sulpice ; puis il y a cet homme incomparable qui domine tous les ordres, toutes les congrégations, tous les partis de la hauteur de son infaillible bon sens, Bossuet. Enfin, on n'a pas craint d'y mettre le nom d'un jésuite : telle a été notre impartialité ; et à la suite des noms que nous venons de citer, bien loin, il est vrai, on a placé celui du judicieux père Buffier. Mais vous n'y trouverez pas seulement des auteurs français du dix-septième siècle; c'eût été renier un siècle entier de notre histoire et de celle de l'esprit humain. Il y a aussi plusieurs écrivains étrangers et protestants, Clarke et Leibnitz ; un homme qui quelquefois a un peu trop douté, mais sans tomber jamais dans aucun abîme et qui demeurera toujours un vrai sage, Locke, le chef circonspect d'une école hardie qu'il faut surveiller et non proscrire. Enfin un des esprits les plus solides et les plus sobres, Reid, ferme cette liste glorieuse et irréprochable.

Excusez ces détails et ces longueurs; j'ai voulu faire paraître, et pour l'honorable M. Daunant et pour tout le monde, la pensée constante de l'Université dans l'enseignement philosophique depuis 1808 jusqu'à nos jours.

Si la délibération du conseil des ministres porte aussi sur cette liste comme sur le programme des questions, cette délibération aura une très-grande importance ; elle pourra avoir ses dangers. Si le conseil des ministres accepte la proposition du conseil de l'Université, en vérité cette grande machine construite à si grands frais aboutira à peu de chose. Si vous la changez, tout changement aura sa gravité. Par le temps qui court et par le vent qui souffle, je ne crains pas qu'on diminue la part des écrivains catholiques; mais toucherez-vous à un seul écrivain protestant, le fissiez-vous avec raison, vous inquiéterez un grand nombre de nos concitoyens. Si, par un scrupule que le conseil de l'Université n'a pas eu, vous faisiez disparaître le nom de Locke, tout un grand parti autrefois dominant, aujourd'hui encore considérable, se sentirait troublé dans sa liberté de pensée et de conscience.

Un mot encore et j'ai fini. D'une petite affaire qui se faisait sans bruit dans le sein de l'Université, vous allez faire une très-grosse affaire, une question d'État; et je ne serais pas surpris (je dis ceci pour tâcher de rallier à mon opinion MM. les ministres), je ne serais pas surpris que de degré en degré ces malheureuses questions philosophiques ne devinssent des questions de cabinet. (*On rit.*) N'exagérons rien, restons dans le vrai : il est du moins certain que vous allez introduire la politique dans l'instruction publique. Selon qu'un cabinet sera plus ou moins conservateur, plus ou moins libéral, selon les circonstances du jour, on remuera sans cesse un programme qui deviendra une arène pour les diverses opinions. L'objet de Napoléon avait été de séparer l'instruction publique du mouvement politique. Voilà pourquoi il avait remis le gouvernement des écoles privées et publiques entre les mains d'un corps exempt de toutes les passions du jour, et ne travaillant que pour la société et la patrie. Respectez cette pensée d'ordre et de sagesse. En donnant la liberté, fortifiez, au lieu de les affaiblir, les conditions de stabilité et de fixité où elles sont encore. Ne transportez pas, je vous en prie, l'enseignement philosophique que vous voulez contenir et modérer de plus en plus; dans les régions orageuses de la politique. (*Marques d'approbation.*)

SÉANCE DU 10 MAI 1844.

Nécessité de placer le jury qui confère les certificats de moralité au chef-lieu du département plutôt qu'au chef-lieu d'arrondissement, et d'introduire le préfet dans ce jury.

M. COUSIN. Les vives discussions qui ont agité les esprits dans les séances précédentes vont faire place à des discussions pacifiques sur des points importants sans doute, mais qui ne contiennent pas d'orages. Je me bornerai à présenter à la chambre quelques observations pratiques avec la dernière simplicité et le plus brièvement possible.

Le jury de moralité sur lequel nous délibérons, honore la commission et demeure acquis à la loi. Je n'éprouve qu'un besoin, c'est de fortifier encore ce jury et d'en faire une institution solide et durable. La moralité est la première garantie que la société doit demander à celui qui aspire à la fonction d'instituteur de la jeunesse. Il faut que le certificat de moralité soit sérieux, effectif, et voilà pourquoi la commission l'a ôté au maire et l'a transporté au jury d'arrondissement. Je demande à faire un pas de plus dans la même voie.

Pourquoi un jury d'arrondissement est-il préférable au maire d'une commune pour conférer le certificat de moralité? C'est qu'à l'arrondissement on voit déjà les choses d'un peu plus haut, on est déjà un peu élevé au-dessus des bruits, des préventions obstinées et mesquines des petites localités; c'est qu'aussi on a plus de force pour résister aux sollicitations particulières. Voilà certainement ce qui a déterminé la commission.

Eh bien, je demande que le jury soit transporté au département. C'est un jury de département qui, seul, peut juger avec impartialité et couvrir à la fois la société et les candidats.

Songez, je vous prie, à la position du candidat devant un jury de chef-lieu d'arrondissement, au milieu des bavardages des coteries, des jalousies de voisinage et de ces mille petitesses dont se compose la vie d'une petite ville. J'ai peur, je l'avoue, pour la liberté, devant un pareil tribunal. Élevez-le, vous le rendrez à la fois plus équitable et plus fort.

Vous avez placé au chef-lieu d'Académie le jury pour le brevet de capacité. Suivez l'analogie, prenez ici une juste proportion entre l'arrondissement et l'Académie; prenez le département.

Il y aura encore un autre avantage, si vous adoptez le département : c'est de pouvoir mettre dans ce jury le préfet.

Je ne comprends pas comment on n'a pas mis le représentant de l'administration générale dans la commission qui doit délivrer le brevet de moralité. Sans doute, je ne voudrais pas transporter la politique dans l'instruction publique ; j'y ai résisté l'autre jour, et je suis bien exempt moi-même de toute tentation à cet égard ; mais il y a aussi des conditions sociales qui sont essentiellement des conditions morales. Toutes les opinions doivent être admises ; mais si un candidat les poussait à un degré d'ardeur et de prosélytisme qui pût devenir dangereux pour la société, ce serait une chose à prendre en très-grande considération. Quel peut être le meilleur juge en cette matière ? Le préfet.

. . . . . . L'honorable M. Pelet vient d'invoquer contre ma proposition une analogie qui n'existe pas ; il prétend que dans l'instruction primaire, on avait d'abord placé la commission des brevets de capacité au département et qu'il a fallu descendre plus bas. J'en demande bien pardon à M. Pelet ; mais c'est justement le contraire qui a eu lieu.

Autrefois les comités de surveillance étaient placés au canton ; l'expérience a prouvé qu'ils étaient trop près de la commune et des justiciables ; et la loi de 1833 les a placés au chef-lieu de l'arrondissement. L'analogie est donc en sens inverse. De plus, le jury qui dans l'instruction primaire confère les brevets de capacité est au département, parce qu'au département seul on trouve des conditions assurées de fermeté et d'impartialité.

Maintenant, est-il vrai qu'il faille toujours rapprocher le tribunal des justiciables ? Je sais que c'est là un principe de jurisprudence ; mais il s'agit d'instruction publique, et il n'y a point ici de principe théorique ; tout simplement nous cherchons ce qui peut assurer le meilleur jury possible. Il faut, dit-on, rapprocher le tribunal des justiciables. Mais cela suppose que tous les impétrants seront eux-mêmes habitants du chef-lieu d'arrondissement, et que c'est là qu'on saura le mieux quelle a été leur vie, quelles sont leurs mœurs, leurs habitudes. Mais il y a beaucoup de pensions qui sont établies dans de simples cantons. Il y aura dans les cantons bien des candidats. Il faudrait donc faire descendre le jury jusque dans le canton. Et puis, il n'est point certain que ce soit dans le lieu même où vit un candidat qu'on peut le mieux juger de sa moralité. Nul n'est prophète en son pays. Je le répète, dans une petite ville, on aura ou trop d'indulgence ou trop de sévérité ; il suffira d'un bruit répandu contre un candidat, quelquefois un bruit politique ; on n'osera pas exprimer le motif de sa répulsion ; mais ce sera souvent ce motif-là qui entraînera le jury. Pour trouver la justice, c'est un peu plus haut qu'il faut aller.

..... Des deux propositions que j'ai faites à la Chambre, la première avait pour objet de favoriser les candidats à l'enseignement privé, en leur donnant, pour juge de leur moralité, un tribunal plus élevé que celui de l'arrondissement. Ma seconde proposition avait un autre but : c'était, par un juste retour, d'accroître les garanties de solide et sérieuse information en fait de moralité, et de mettre dans le jury le meilleur juge de la bonne ou de la mauvaise réputation d'un homme, à savoir le préfet ou le sous-préfet, auquel tous les renseignements aboutissent.

Je sais bien que toute loi de garanties est une loi de défiances. Mais il y a des défiances exagérées comme il y a des défiances légitimes : il faut, ce me semble, un peu de mesure dans la défiance comme dans la confiance.

Je vous demande en vérité si, par cela seul qu'un fonctionnaire tient à l'administration générale, il devient suspect? Mais alors pourquoi prenez-vous le procureur du roi? Comment l'avez-vous mis dans le jury? N'est-ce pas un fonctionnaire qui a aussi un supérieur, et qui est amovible et révocable? Si l'objection est bonne contre le sous-préfet, elle est meilleure encore contre le procureur du roi.

Mais on me dit que le procureur du roi aura des moyens d'information. Sans contredit ; mais est-ce que le sous-préfet n'en a pas aussi, et de plus étendus ?

Pensez-y bien, le sous-préfet est l'homme qui représente l'État dans l'arrondissement. D'ailleurs, il vaut toujours mieux faire les choses à visage découvert que de les faire en cachette. Il est certain que le sous-préfet sera consulté, et on fera bien. Il vaut donc beaucoup mieux que le sous-préfet préside le jury et donne nettement son avis, que d'avoir à transmettre obscurément des documents de police.

Je trouve que c'est avoir trop de dédain pour les représentants de l'administration générale du royaume que de bannir du jury de moralité le premier fonctionnaire de l'arrondissement.

J'aurais préféré le jury départemental, et je crois que la pratique aurait justifié mes prévisions. Je crois que le jury d'arrondissement sera trop sévère pour les uns et trop indulgent pour les autres. La réputation décidera de tout, la réputation, c'est-à-dire souvent le mensonge. Je prie M. le duc de Broglie de vouloir bien se rappeler qu'il ne s'agit pas seulement, dans un certificat sérieux de moralité, de constater la réputation, mais encore la vérité de la réputation; car c'est la vérité de la moralité et non pas l'apparence que nous cherchons; or ici personne n'est meilleur juge que le sous-préfet.

J'abandonne, si l'on veut, ma première proposition, mais je suis obligé de persister dans la seconde.

Même séance (10 *mai*).

Nécessité d'un brevet de capacité distinct du grade.

Le certificat de capacité est une condition légitime et nécessaire que trois projets ministériels ont présentée, et que votre commission a justement acceptée. Il suffira de l'explication la plus simple pour la mettre à l'abri de toute critique et convaincre, je l'espère, mon honorable ami M. le comte de Saint-Priest.

Il demande ce que pourra être l'examen de capacité. Ce ne sera pas autre chose, a-t-il dit, qu'une répétition de l'examen du baccalauréat, puisqu'il doit porter sur les matières mêmes exigées pour celui-ci ; mais dans nulle carrière, en droit, en médecine, on n'impose deux examens sur les mêmes sujets ; on ne renouvelle pas deux fois la même épreuve. Telle est l'objection : la réponse est facile. Non, l'examen pour l'obtention du certificat de capacité n'est pas une répétition de l'examen pour le grade de bachelier ; car l'examen pour le baccalauréat a un but, et l'examen pour le certificat de capacité en a un autre, et très-différent. Dans l'examen de bachelier, on demande au candidat : savez-vous telle et telle chose ? Dans l'examen pour le brevet de capacité, on demande d'abord : Ces choses que vous saviez quand vous avez été reçu bachelier, les savez-vous encore ? On demande surtout : Êtes-vous capable de les enseigner ? Vous le voyez, ce sont là deux objets entièrement différents.

Mais ce n'est pas seulement sur l'art de l'enseignement, c'est surtout sur l'art de l'éducation que portera l'examen de capacité; et le premier devoir des examinateurs sera de ne conférer le brevet que la loi met entre leurs mains, qu'après s'être bien assurés de la direction morale que le candidat compte donner à l'établissement qu'il veut fonder. N'y a-t-il pas des méthodes d'éducation qui, si elles étaient professées par les candidats les plus habiles d'ailleurs, devraient interdire à un jury raisonnable de leur conférer le brevet de capacité? Je suppose, par exemple, un bachelier qui, après avoir fort bien répondu sur le grec et sur le latin, vienne soutenir, dans l'examen de capacité, qu'il ne faut enseigner l'existence de Dieu qu'à l'âge de vingt ans, d'après la méthode d'un très-célèbre maître en pédagogie, qu'on appelle Jean-Jacques Rousseau, lequel a prétendu qu'il était de l'intérêt même d'une éducation morale et religieuse d'ajourner la connaissance de Dieu, et de n'en parler au jeune homme qu'à l'âge où cette idée sublime peut produire tout son effet. On peut encore trouver des gens qui croient que la religion ne doit jouer presque aucun rôle dans l'éducation. Un jury raisonnable, occupé de la pratique et non de la théorie, inviterait de pareils candidats à aller lire des mémoires sur ce sujet, devant une Académie, ou à composer quelque suite de l'Émile, mais se garderait bien de leur confier ce pouvoir social, cette magistrature qu'on nomme l'éducation de la jeunesse.

Voilà pourquoi il faut, au-dessus du grade qui témoigne seulement de l'instruction, une épreuve spéciale qui témoigne de la capacité pédagogique, car c'est celle-là qui est surtout requise pour bien diriger un établissement d'éducation.

D'ailleurs il y a un bien grand nombre de candidats au baccalauréat ès lettres, et l'examen, bien qu'il soit fait avec conscience par des hommes compétents, est toujours un peu rapide. Mais devant le jury de capacité, les candidats seront peu nombreux ; l'examen ne durera pas seulement trois quarts d'heure ou une heure, il durera bien plus longtemps ; on en pourra varier et prolonger les épreuves, jusqu'à ce que la capacité véritable du candidat soit bien constatée. Il y aura donc ici une garantie bien plus sûre que dans le premier examen.

Enfin je rappellerai à M. de Saint-Priest que le moment où l'on accorde de nouvelles libertés, est précisément celui où il faut établir des garanties solides de moralité et de capacité. Autrement, la liberté serait un bienfait funeste. Quand le gouvernement s'est décidé, par l'organe de trois ministres différents, à renoncer à l'autorisation préalable, cette autorisation qu'on a traitée si légèrement et qu'il serait si aisé de défendre, il n'a consenti à échanger cette forte garantie préventive que pour une garantie de la même nature et d'une force au moins égale. Il a donné à l'autorisation préalable une forme meilleure, plus libérale à la fois et tout aussi sûre. Il ne l'a pas détruite, il l'a modifiée ; il n'a pas désarmé l'État et découvert la société ; il a, selon les temps et les circonstances, changé les conditions du pouvoir, mais il n'a pas voulu les affaiblir. L'ancienne autorisation préalable est donc aujourd'hui commutée en deux brevets différents, l'un de moralité, l'autre de capacité, qui, réunis, doivent équivaloir à l'unique et ancienne garantie. Votre commission a parfaitement établi l'épreuve de la moralité, c'est un honneur que je me plais à lui rendre. Quant à l'épreuve de la capacité, je le répète, trois projets différents l'avaient constituée de la même manière. Votre commission l'a acceptée, et je désire vivement que la Chambre l'accepte à son tour.

Même séance (10 mai).

De la nécessité de mettre des membres de l'Université dans le jury de capacité.
Exemple emprunté aux commissions d'examen dans l'instruction primaire.

M. Cousin. Messieurs, j'ai assez témoigné, je l'espère, ma fidélité à l'Université, et, quelque avance qu'on me fasse, je ne veux pas rentrer dans un ancien débat ; je veux au contraire resserrer la question dans les plus étroites limites.

Je prie M. le marquis de Barthélemy de ne pas perdre de vue cette remarque : dans le projet ministériel il n'y avait qu'un seul et unique jury, lequel conférait des brevets de capacité générale, où, disons la vérité, on devait tenir grand compte des conditions morales qui n'étaient pas suffisamment attestées par le certificat de moralité délivré par le maire. Le jury institué par le projet ministériel avait pour ainsi dire deux fins. Votre commission a sagement établi pour ces deux fins différentes deux jurys différents, l'un de moralité, l'autre de capacité, c'est-à-dire d'instruction. Devant cette distinction tombent toutes les observations de M. le marquis de Barthélemy. S'il n'y avait qu'un seul jury de moralité et d'instruction tout à la fois, je comprendrais qu'on dût mettre dans ce jury unique des personnages, il est vrai, médiocrement instruits, et par conséquent juges médiocres de l'instruction, mais fort autorisés pour juger de cet autre genre de capacité qui se compose de sentiments estimables, d'intentions pures, en un mot, de l'aptitude morale. Mais tout cela a été jugé par-devant le jury de moralité. Le candidat, qui a traversé l'épreuve de la moralité, comparaît devant le jury de capacité pour prouver tout autre chose, pour prouver que, indépendamment de ses excellents sentiments, il sait du grec et du latin, qu'il est impossible de ne pas enseigner un peu, même dans les institutions privées (*On rit*).

Telle est la question soumise au jury de capacité; il n'y en a pas d'autre; or, pour juger de celle-là, qui prendrez-vous? Ces messieurs répondent intrépidement: Des pères de famille. Rien de plus respectable, assurément; mais que feront tous ces pères de famille quand il faudra procéder à un examen dont il ne paraît pas que M. de Barthélemy se soit bien rendu compte ? Cet examen se composera de deux choses : 1° la vérification du baccalauréat ès lettres; 2° le jugement sur les méthodes d'enseignement et d'éducation du candidat. Vérifier le baccalauréat ès lettres, mais c'est examiner sur des matières difficiles; il y a là du latin, du grec, et cette malheureuse philosophie; on la réduira beaucoup, mais il en restera trop encore pour d'honorables pères de famille qui ne s'en sont jamais occupés; il y aura de l'histoire et de la géographie, il y aura des mathématiques, il y aura de la physique et de la chimie, entendez-vous bien? Comment examiner sur tout cela, quand sur tout cela on ne serait peut-être pas en état soi-même de passer un bon examen?

La seconde partie est encore bien plus difficile que la première; il faut reconnaître non plus seulement si le candidat sait bien toutes ces choses, mais s'il est capable de les bien enseigner. Vient ici la question si délicate des méthodes d'enseignement où le dernier charlatan peut aisément surprendre des gens de beaucoup d'esprit qui n'auraient pas l'expérience de ces sortes de matières. Pour de telles fonctions, pour juger de l'instruction réelle des candidats, il faut des juges réellement instruits. Dans le jury de moralité, vous n'avez pas admis un seul membre de l'Université, et vous avez bien fait; mais ici il ne s'agit que de l'instruction. Or, quelle est la classe de citoyens connue pour son instruction spéciale? C'est cette race fatale qu'on appelle les universitaires. Il faut bien y avoir recours en désespoir de cause, ou bien alors, je vous en demande bien pardon, votre incapable jury ne délivrera guère que des brevets d'incapacité. Croyez-moi, ne décriez pas d'avance l'institution que vous voulez fonder.

Sur le cinquième paragraphe, je demande le maintien de la proposition ministérielle, et je supplie la commission de ne pas tenir à son amendement. Évidemment il faut dans le jury un chef d'institution pour y représenter les établissements privés et pour examiner le candidat sur une foule de questions relatives à la discipline et à la tenue intérieure d'une maison d'éducation, questions très-importantes et sur lesquelles ce chef d'institution sera le membre le plus compétent du jury. Il importe donc que ce membre du jury soit très-bien choisi, autrement il priverait le jury de lumières nécessaires. Or, M. le ministre de l'instruction publique vous l'a dit : le plus ancien n'est pas toujours le plus capable. Que la commission me permette de lui rappeler qu'il fut un temps où le gouvernement a pu, a dû même se montrer assez facile en fait d'autorisation, et je n'hésite point à affirmer que les plus anciens chefs d'institution sont, par cela même, ceux qui présentent le moins de garanties d'instruction. En effet, de jour en jour cette Université tant attaquée ayant élevé et répandu l'instruction, le gouvernement s'est montré plus sévère, et il a demandé des garanties qu'au sortir de la révolution il n'eût pas été juste d'exiger parce qu'elles n'auraient pu être remplies.

Encore une autre considération : Voulez-vous le chef d'institution qui soit le plus équitable pour les nouveaux venus, qui repousse avec le moins d'ombrage les nouvelles méthodes? Croyez-moi, ne prenez pas le plus vieux ; craignez l'esprit de routine : il est peu favorable à la liberté. Ne faites donc ici aucune désignation spéciale, car il n'y a pas d'enseigne précise à laquelle on puisse reconnaître le chef d'institution qui convient le mieux. La qualité éminente qu'il doit apporter devant le jury, c'est cette qualité indéfinissable qu'on appelle l'autorité. Quelquefois l'autorité vient de l'âge, quelquefois elle vient d'un autre endroit, du talent, plus souvent encore du caractère, de la fortune, de la position, d'une foule de choses qu'il faut laisser à l'appréciation du ministre. On ne conteste pas ses lumières. Quel intérêt peut-il avoir à faire un mauvais choix ? Son intérêt c'est son honneur, et l'honneur d'un ministre n'est-il pas que sous sa direction suprême tout marche et fonctionne bien dans son département ? Mettez donc de côté des ombrages injustes, et au lieu de vous en remettre au hasard, laissez choisir le ministre selon son devoir et selon ses lumières.

Reste le dernier paragraphe. La proposition primitive laissait quatre membres au choix du ministre. Quatre membres, a-t-on dit, c'est beaucoup trop, car le ministre choisira des universitaires ; il n'en faut que trois. Voilà pour ainsi dire la mesure arithmétique du plus ou moins de faveur que l'Université rencontre : de quatre on la réduit à trois. En vérité, c'est là un raffinement de défiance, une précaution petite et mesquine, et qui même n'aboutirait pas au résultat que vous vous proposez; car permettez à un homme qui a fait beaucoup d'examens dans sa vie de vous dire que les choses ne se passent point comme vous l'imaginez. Si vous redoutez dans un tel jury quatre voix universitaires, je vous en avertis, trois ne devront nullement vous rassurer. Ne cherchez pas à éluder la nature des choses : ce sont les gens capables dont l'opinion prévaudra. N'y eût-il dans votre jury qu'un seul membre universitaire, égaré parmi huit pères de famille, quand ce seul juge prouvera devant un nombreux public que le candidat ne sait ni grec, ni latin, ni philosophie, ni mathématiques, ni physique, ni chimie, que diront à cela tous vos pères de famille? Diront-ils : Non, il le sait? Ils ne l'oseraient; et s'ils l'osaient, l'effet inévitable serait un scandale public. Messieurs, l'Université a fait tous les sacrifices qu'elle devait faire ; elle a été au-devant de tous ceux qui étaient raisonnables ; elle est absente du jury de moralité. Mettez-la dans le jury de capacité, ne fût-ce que pour ne pas livrer ce jury au ridicule.

Remarquez que votre commission a déjà beaucoup ôté au ministre de l'instruction publique. Le ministre avait le choix des ministres des différents cultes qui devaient siéger dans le jury. Votre commission lui a enlevé ce choix, et l'a transporté à l'évêque diocésain et au consistoire. Le ministre adhère à ce jugement, et je m'y rends moi-même; il est certain que des ecclésiastiques, désignés par l'autorité religieuse dont ils relèvent, auront encore plus de poids, et apporteront plus de force à votre jury. Ce changement suffit, maintenez le reste. Maintenez ces quatre membres au choix du ministre, qui avaient déjà traversé heureusement en 1836 une redoutable épreuve, et avaient été acceptés par l'autre chambre. Comment se fait-il que ce qui avait paru excellent en 1836 soit devenu mauvais en 1844? Que s'est-il donc passé? Et en quoi l'Université a-t-elle mérité d'être suspecte?

Je remarque que, parmi les trois membres laissés au choix du ministre, sont les professeurs titulaires de Facultés. Mais M. le ministre vous l'a déjà dit, les Facultés sont en très-petit nombre, il n'y en a pas dans toutes les Académies. Il y a dix Facultés des lettres pour vingt-cinq Académies. Vous direz, qu'on fera des Facultés nouvelles. Et moi je vous répondrai : Gardez-vous-en bien, vous aviliriez les Facultés en les multipliant. On avait fait d'abord ce que vous demandez, mais à la pratique on a reconnu qu'on avait eu tort, et on a été forcé d'en détruire un très-grand nombre. Je vous le répéterai sans cesse : ne vous croyez pas plus d'esprit que vos devanciers et tenez grand compte de l'expérience. Si vous n'augmentez pas les Facultés, si vous n'en avez que dix pour remplir vingt-cinq jurys de capacité, il ne reste plus qu'un moyen, c'est de les faire voyager. Mais ce sera donc pendant les vacances, car pendant tout le reste de l'année les professeurs de Facultés doivent être à leur poste, c'est-à-dire à leur chaire ; autrement quelle perturbation !

Sans doute la déclaration que vient de faire à la tribune M. le duc de Broglie que, par ces mots : « citoyens notables, » on peut entendre des membres de l'Université, par exemple des membres du conseil académique ; cette déclaration, dis-je, est déjà rassurante, et elle a satisfait M. le ministre de l'instruction publique. Mais si par ces mots on peut entendre aussi des membres de l'Université, il est de la dignité et de la loyauté de la loi de le dire expressément. C'est ce que disait la rédaction primitive du gouvernement. Je préfère cette rédaction. J'engage M. le ministre à y tenir, et, s'il le fait, je lui réponds qu'il trouvera en moi un soldat fidèle.

. . . . . S'il est une loi qui, depuis 1830, ait obtenu la faveur publique, et qui, j'ose le dire, ait honoré la révolution de juillet, c'est la grande loi de 1833 qui a fondé en France l'éducation du peuple. Cette loi a même été favorablement accueillie d'un certain côté, qui, en général, applaudit peu à ce qui honore la révolution de juillet. Elle a paru accomplir loyalement, en ce qui la concernait, la promesse de la Charte sur la liberté d'enseignement. Je tiens à la main cette loi, que d'ailleurs je connais assez bien. Savez-vous comment elle a voulu que fût composé le jury de capacité ? Remarquez d'abord que dans l'instruction primaire il était bien plus facile de composer un jury de membres de droit, d'y mettre d'office M. tel et M. tel ; car il ne s'agit pas là de grec et de latin, et des matières du baccalauréat ès lettres ; il s'agit d'un examen sur la lecture, l'écriture, l'arithmétique et le dessin linéaire, et bien entendu l'instruction morale et religieuse. C'était bien là le cas de n'admettre guère dans ce jury que ces pères de famille qui, à en croire certaines personnes, sont propres à tout, et sont le remède à tous les maux de la France. Hé bien, la loi de 1833 déclare que le jury de capacité sera tout entier à la nomination du ministre. Voilà ce qu'a fait la loi de 1833 aux applaudissements universels. C'est qu'alors, Messieurs, il n'était pas parti d'un certain côté d'attaques violentes et intéressées contre une grande administration publique ; c'est qu'alors l'Université était honorée au lieu d'être suspecte.

Savez-vous ce que vous feriez en ôtant ainsi partout le libre choix du ministre? Vous ne détruiriez pas moins qu'un des grands principes du gouvernement représentatif, à savoir, la responsabilité ministérielle. Vous avez voulu donner la liberté d'enseignement, et vous avez bien fait ; mais en même temps il vous faut retenir sur la tête du ministre et du gouvernement une part considérable de responsabilité. Vous avez émancipé les établissements particuliers, mais l'État doit toujours avoir la direction générale (entendez bien ma pensée, Messieurs), la direction générale de toute l'instruction publique en France. On doit pouvoir demander compte au gouvernement de cette direction, il en doit être responsable. Mais comment voulez-vous qu'il le soit, si tout lui échappe, s'il ne garde pas la moindre autorité dans le jury qui confère le pouvoir d'enseigner? Quand la France sera couverte de mauvais établissements particuliers, qui donneront une instruction misérable, le ministre vous répondra : Cela ne me regarde pas, prenez-vous-en aux pères de famille que vous avez mis dans le jury de capacité.

Je m'adresse à une Chambre composée d'hommes d'État, d'hommes qui veulent la force constitutionnelle du gouvernement. Ne détruisez pas de vos propres mains la responsabilité ministérielle, et, pour cela, laissez quelque chose à l'autorité ministérielle. Il y a quelques séances, elle semblait vous être chère ; qu'elle ne vous devienne pas tout à coup suspecte, quand il s'agit d'un jury de capacité, d'un jury où le choix du ministre n'est presque rien, comparé à ce qu'il est dans le jury fondé par la loi de 1833.

Je demande donc le maintien de la rédaction du gouvernement. Si celle de la commission devait l'emporter, j'y proposerais quelques modifications qui peut-être agréeraient à la commission ; mais je ne veux pas désespérer du triomphe de la rédaction du gouvernement.

Même séance (10 *mai*).

Nécessité de mettre dans le jury de capacité, non-seulement les professeurs titulaires de Facultés, mais les professeurs adjoints et les agrégés.

M. Cousin. Non, Messieurs, je n'accepte pas l'amendement de M. le ministre, ou plutôt je l'accepte ; mais il ne me suffit pas. C'est très-bien d'introduire le conseil académique, mais il faut introduire aussi des membres des Facultés qui ne sont pas suffisamment désignés par les termes de *professeurs titulaires de Facultés.* Je m'explique en deux mots ; je serai très-bref.

Dans les Facultés, outre les professeurs titulaires, il y a encore deux classes de professeurs : il y a d'abord les professeurs-adjoints. J'ai eu l'honneur de l'être moi-même. Ce sont des professeurs inférieurs aux professeurs titulaires, mais inamovibles comme eux et possédant un titre substantiel et permanent, quoiqu'ils ne s'appellent pas titulaires. Il ne faut donc pas les exclure. Il y a encore d'autres membres des Facultés, et des membres très-intéressants ; ce sont les agrégés. J'ai plus d'une fois entendu votre illustre rapporteur s'exprimer d'une manière avantageuse sur cette institution des agrégés de Faculté, nommés après les épreuves les plus élevées et les plus rudes, et des concours publics dont les juges sont les membres les plus illustres de l'Université et de l'Institut. Les agrégés n'exercent pas toujours des fonctions actives ; mais ils ont un titre indélébile ; il n'y en a pas de plus honoré dans toute l'Université. Je demande donc que le paragraphe en question soit rédigé ainsi : *Parmi les professeurs et agrégés de Faculté,* etc. Cette expression *professeurs,* comprendra à la fois les titulaires et les adjoints.

SÉANCE DU 11 MAI 1844.

Nécessité de maintenir la distinction des pensions et des institutions.

M. Cousin. M. de Barthélemy parle sans cesse au nom de la liberté de l'enseignement. C'est au nom de cette même liberté que je demande le maintien d'une distinction qui est extrêmement favorable à la liberté des pères de famille et à l'accroissement des établissements libres d'instruction publique, distinction qui d'ailleurs s'établirait d'elle-même, quand même vous auriez écrit le contraire dans la loi. Est-il possible, en effet, que dans l'instruction secondaire il n'y ait pas divers degrés? Si vous n'en admettez qu'un seul, voyez-vous ce que vous faites? Vous empêchez des pères de famille qui ne veulent pas ou ne peuvent pas faire donner à leurs enfants l'instruction secondaire complète, à savoir, la rhétorique, les mathématiques, et cette philosophie qui vous est si peu chère ; vous les empêchez de faire apprendre à leurs enfants la grammaire et les humanités, et de leur procurer un commencement d'études libérales. Cela n'est pas tolérable. La distinction que l'on repousse sort de la nature même des choses ; voilà pourquoi je ne connais pas un système d'instruction publique qui ne la renferme. Partout l'instruction secondaire a plusieurs degrés. Je vous ai montré, en Angleterre, des colléges d'ordre différent. Les gymnases de l'Allemagne sont complets ou incomplets. Sous l'ancienne monarchie, il y avait les petites écoles et les grandes, qui étaient les colléges. De là les institutions et les pensions de l'Université.

Une institution est un établissement qui comprend tous les objets de l'enseignement secondaire ; une pension en comprend quelques-uns, et ne les comprend pas tous. Il n'y a rien de plus simple que cela. Vouloir effacer cette distinction, c'est mettre une théorie à la place de la pratique universelle. Toutes les fois que vous voyez une pratique constante, défiez-vous des objections que l'on élève contre elle : qu'on le sache ou qu'on l'ignore, la nature des choses est d'ordinaire engagée dans l'expérience universelle. Maintenez donc les simples pensions, ce premier et utile degré de l'instruction secondaire.

Mais, s'il m'est permis de le dire, la rédaction du projet primitif du gouvernement et même celle de la commission n'ont pas toute la netteté et toute la précision qui cependant distinguent si éminemment le travail du savant rapporteur. Je crois, et c'est une observation que je lui soumets très-volontiers, qu'il eût été plus sage de définir d'abord les institutions et les pensions par l'enseignement différent qu'elles donnent, plutôt que par les divers diplômes exigés de ceux qui aspirent à la direction de ces différents établissements.

Je ne sais si je me fais bien comprendre. (*Oui ! oui !*) Il aurait fallu établir la distinction des pensions et des institutions : cela fait, on aurait dit à la condition de quel grade on peut obtenir le titre de maître de pension et à quelle autre condition le titre de chef d'institution. Il importe d'inscrire nettement cette distinction dans la loi. Elle était déjà dans la loi de 1836, présentée par M. Guizot. J'aurais seulement désiré que la rédaction la marquât mieux.

. . . . . Une dernière observation : les colléges communaux sont divisés en différentes classes. Il serait fort extraordinaire que les établissements publics eussent des degrés divers et que les établissements privés fussent uniformes. Vous feriez là une singulière loi de liberté.

Je termine en faisant remarquer que je n'ai pas la moindre indignation (c'est l'expression qu'on a employée) contre ceux qui veulent changer ce qui est. Pas le moins du monde. Je ne demande pas mieux que de les admirer même, si l'on veut ; mais je demande la permission, pour mon humble part, de conserver quelque respect pour les traditions constantes et pour la pratique universelle.

Même séance (11 mai).

Des maîtres d'études. Nécessité du grade de bachelier pour les maîtres d'études des institutions ; inutilité de ce grade pour les surveillants des pensions.

M. Cousin. La chambre n'a peut-être pas besoin d'explications nouvelles. (De toutes parts : *Parlez ! parlez !*) La réponse de M. le rapporteur à M. de Montalembert est concluante et péremptoire. Depuis plusieurs années, l'état des maîtres d'études dans tous les établissements d'instruction publique a éveillé l'attention générale. Le mal est réel et il est grave ; M. le comte de Montalembert l'a reconnu lui-même.

M. le comte de Montalembert. Oui, mais pour certains établissements seulement.

M. Cousin. J'entends la réserve de M. de Montalembert ; j'y répondrai plus tard ; mais suivons le cours de la discussion. Le mal est donc réel et il est grave ; il alarme les familles ; il émeut l'opinion ; et vous ne tenteriez d'apporter aucun remède à un mal certain ! Maintenant les remèdes proposés par le projet et acceptés par la commission sont-ils ceux qui conviennent ? M. de Montalembert ne le croit pas. Mais en propose-t-il d'autres ? Non, il propose de rester dans l'état de choses qu'il a lui-même sévèrement caractérisé.

Et pourquoi M. de Montalembert repousse-t-il les propositions du gouvernement et de la commission ? Le voici en peu de mots, si mon jeune et ingénieux adversaire veut bien permettre à la logique vulgaire de réduire son discours à l'argumentation qu'il renferme.

On impose deux conditions aux maîtres d'études : un certificat de moralité et le diplôme de bachelier ès lettres. Or, M. le comte de Montalembert regarde comme nul le certificat de moralité. On le donnera, dit-il, à tout le monde; il ne signifie rien ; et le sévère orateur ne veut pas même qu'il en soit question. Le certificat de moralité écarté, il se retourne contre le diplôme de bachelier, et là-dessus il établit très-éloquemment que la science ne suffit pas pour éclairer la jeunesse, que ce qui importe, c'est le zèle, c'est la charité, c'est le caractère, les bons sentiments, la vertu enfin ; et comme le diplôme de bachelier n'est assurément pas un certificat de vertu, M. de Montalembert conclut qu'il est ici parfaitement vain, et il demande la suppression de la condition de ce diplôme pour les maîtres d'études d'établissements particuliers.

Cette argumentation tombe en ruines de toutes parts.

M. de Montalembert confond le certificat de moralité établi par la commission, avec celui que le gouvernement avait présenté. Celui-ci n'était que l'expression de l'opinion d'un seul homme, le maire d'une commune. Il a été aisément convaincu d'insuffisance. Il ne serait refusé presque à personne ; et par conséquent il ne signifie pas grand'chose. Si c'est ce certificat de moralité que M. de Montalembert a si maltraité, je le lui abandonne; mais le malheur de son raisonnement, c'est qu'il s'agit d'un tout autre certificat, d'un certificat donné par un jury sérieux, composé de cinq juges indépendants, éclairés, qui ont le moyen de savoir la vérité et la force de la déclarer. Ils siégeront au chef-lieu d'un arrondissement. Ils auront pu prendre toutes les informations qu'ils auront jugées nécessaires; ils ne sont pas tenus de décider en un quart d'heure, on leur donne deux mois pour délibérer. On a même supposé qu'ils y mettront tant de temps, que beaucoup ont craint qu'ils ne décidassent point en temps utile. Notez que, parmi ces cinq personnes, il y aura un ecclésiastique qui s'appliquera sérieusement à reconnaître dans le candidat les qualités morales qui peuvent autoriser la religion à confier à un homme l'éducation de la jeunesse. Cet ecclésiastique prévariquera-t-il donc? M. de Montalembert ne le croit pas sans doute. Il faut donc qu'il attache une grande importance à un certificat de moralité ainsi obtenu.

C'est alors, mais seulement alors, qu'arrive le diplôme de bachelier. Si toutes les qualités dont M. de Montalembert a fait l'énumération ne sont pas garanties par le certificat de moralité, il est clair que le diplôme de bachelier ne les donne pas; mais elles sont supposées, et dans ce cas je dis que le diplôme de bachelier y ajoute une force nouvelle.

On se fait, Messieurs, une singulière idée d'un surveillant. Tantôt on l'élève beaucoup trop, on en fait presque l'unique instrument d'éducation sur les jeunes gens confiés à ses soins, et c'est une exagération qu'on se permet très-volontiers lorsqu'on veut accabler sous cet idéal chimérique les maîtres d'études réels de nos colléges ; mais quand on veut exempter les surveillants des établissements particuliers du baccalauréat ès lettres, on les abaisse pour les sauver. Il semble, en vérité, à entendre certaines personnes, qu'un surveillant est tout simplement un homme qui mène les enfants à la promenade, assiste à leurs récréations, et dans la classe leur dit de se taire lorsqu'ils ont envie de causer. (*On rit.*) Ce n'est pas cela, Messieurs : un surveillant ne mérite le nom de maître d'études que parce qu'en effet il sert aux études des élèves et contribue à leur instruction. Savez-vous pourquoi le maître d'études est réellement important? C'est parce qu'il se mêle perpétuellement à la vie intellectuelle comme à la vie morale des élèves. Il est leur conseiller de tous les instants, le confident de leurs besoins ; il doit pouvoir les aider dans tous leurs travaux. Les plus forts s'en passent; mais les tardifs, mais les faibles, c'est-à-dire la grande majorité, ont recours à lui en mille circonstances pour accomplir moins péniblement la tâche que leur professeur leur a donnée.

Supposez que le maître d'études ne soit un peu habile, ni en latin, ni en grec, ni en mathématiques : en quoi peut-il aider les élèves ? Ils aspirent au baccalauréat. Si le maître d'études n'est pas lui-même bachelier, il n'est pas en état de leur servir de guide. Or, dès qu'il ne peut pas leur être utile, comme il est bien obligé de s'opposer aux écarts et aux caprices de ces jeunes gens, ils ne le sentent plus que par les endroits fâcheux. Il n'est plus qu'importun ; il est bientôt ridicule ou odieux. Otez au maître d'études une instruction un peu élevée, vous le détruisez dans l'esprit des élèves ; dès qu'il n'est plus bon qu'à surveiller et à punir, il n'est plus même bon à cela. L'autorité, voilà ce qu'il faut donner à un maître d'études. Sans la moralité, l'autorité serait malfaisante ; mais pour qu'elle puisse être salutaire, il faut d'abord qu'elle soit, et son fondement le plus certain, c'est l'idée que le maître d'études est fort supérieur à tous les élèves par ses lumières et son instruction. Les enfants ont un discernement merveilleux de la vraie capacité des maîtres d'études, comme de leurs professeurs. En général, ils se trompent assez peu, et vous le savez, *cet âge est sans pitié* : il juge assez équitablement, mais impitoyablement.

Tout à l'heure j'entendais de la bouche d'un de nos collègues des phrases qui commencent à devenir à la mode, et dont, en vérité, il est temps de faire justice. Vous venez de l'entendre dire : les professeurs s'adressent à l'esprit ; le surveillant s'adresse au cœur et à l'âme. Je n'admets pas cette anatomie, cette dissection arbitraire de l'enfant ni du jeune homme. C'est un être un, il faut le prendre tout entier, et le saisir par toutes ses facultés, ou bien il échappe de toutes parts. Dans une école, il n'y a pas tel maître pour l'esprit, tel autre pour le cœur. Le maître d'études doit parler à l'un et à l'autre. Sa mission est beaucoup plus étendue qu'on ne le suppose. Pour la bien remplir, il faut qu'il y apporte des qualités différentes, ici une moralité certifiée par un jury sérieux, là une instruction dont il ait aussi donné des preuves certaines. Or, la mesure connue de l'instruction qu'on doit posséder dans l'instruction secondaire, c'est le diplôme de bachelier ès lettres.

Si le diplôme de bachelier est le garant de l'instruction requise, et si l'instruction importe au plus haut degré au maître d'études pour donner de l'autorité à ses autres mérites, comment n'exigeriez-vous pas ce diplôme des maîtres d'études des établissements particuliers, aussi bien que des maîtres d'études des établissements publics? Prenez-vous donc moins de souci des uns que des autres? Est-ce là l'intérêt que vous témoignez aux établissements libres, que vous voulez encourager et fortifier? Si vous souhaitez la concurrence, faites-nous-la donc bonne, Messieurs, et pour cela combattez-nous avec nos propres armes!

C'est ici le moment de répondre à l'allusion malicieuse de M. le comte de Montalembert, et en même temps aux lieux communs qui se répandent et s'accréditent sur les maîtres d'études de nos colléges. Il importe, dit-on, de les relever; et, en attendant qu'on les relève, on en fait une peinture qui les avilit, mais qui, grâce à Dieu, ne ressemble nullement à la réalité. D'abord, comme l'a dit M. le ministre de l'instruction publique, il n'y a pas un de nos colléges, même communaux, et même de la dernière classe, où les maîtres d'études ne soient point bacheliers ès lettres. Leur position matérielle est loin d'être brillante; mais, dans le corps enseignant, ce n'est pas la fortune qu'il faut chercher. Leur situation est humble, mais elle est honorable et elle est honorée. Ne sont-ils pas membres de l'Université tout comme moi-même? Ils font partie d'un corps où règne l'égalité, car on peut dire des membres du Conseil ce qu'on disait autrefois des recteurs de l'Université de Paris : Ils ne sont que les premiers parmi leurs égaux. Ce sont là, du moins, les maximes dont j'ai été nourri dans l'Université impériale, et j'entends bien les conserver toujours. Dans l'intérieur des colléges, les maîtres d'études sont de droit les remplaçants des professeurs malades ou empêchés. Cette fonction, qu'ils ne pourraient pas remplir s'ils n'étaient pas bacheliers, les élève dans l'estime des autres et dans la leur propre. Chaque année, un grand nombre de maîtres d'études se présentent aux concours de l'École normale. Beaucoup sont reçus; ils passent de là aux concours de l'agrégation et recrutent le corps enseignant. D'autres se présentent directement à l'agrégation. Vous seriez étonnés, Messieurs, si je vous disais combien il y a d'anciens maîtres d'études parmi les professeurs et les proviseurs de nos colléges royaux les plus renommés. M. le comte Beugnot siége à l'Institut auprès de plusieurs hommes éminents qui ont commencé par là leur carrière. Que les maîtres d'études dispersés dans nos colléges, auxquels arrivera peut-être ce discours, sachent donc bien qu'ils ont l'honneur d'appartenir à un corps dans lequel, comme dans la France de la révolution et de l'empire, il n'y a point de barrières infranchissables au mérite et à la bonne conduite. Je leur en donnerai une dernière et bien forte preuve : je leur montrerai, au sein même du Conseil royal, des hommes qui ont débuté par cette utile et honorable fonction.

M. le comte de Montalembert a demandé si les frères des écoles chrétiennes, ces hommes si zélés et si modestes, ne seraient pas d'excellents maîtres d'études; et pourtant, a-t-il dit, ils ne sont pas et ils deviendraient très-difficilement bacheliers. En exigeant donc ce grade, vous empêchez les frères des écoles chrétiennes d'aspirer à l'instruction secondaire et d'y rendre, comme maîtres d'études, des services précieux. Il y a ici deux réponses à faire à M. de Montalembert. La première, c'est que les frères des écoles chrétiennes, comme tous les autres citoyens, peuvent devenir maîtres d'études dans les établissements privés, en satisfaisant aux conditions prescrites par la loi; ils peuvent entrer par là dans l'instruction secondaire, comme ils sont entrés dans l'instruction primaire, en se conformant à la condition du brevet de capacité. Mais j'adresserai la seconde réponse non-seulement à M. de Montalembert, mais à tous ceux qui poussent les frères de la doctrine chrétienne vers l'instruction secondaire; je dirai à ces hommes respectables eux-mêmes : Gardez-vous de répondre à l'appel imprudent qui vous est fait. Demeurez dans ces modestes écoles où vous faites tant de bien en silence, où vous destinait votre pieux fondateur, où vous attachent de si touchants souvenirs et des espérances certaines.

Les frères de la doctrine chrétienne me connaissent. Aujourd'hui qu'une faveur méritée les environne, ils n'ont peut-être pas oublié celui qui, dans leurs mauvais jours, n'a pas hésité à les couvrir des restes d'une ancienne popularité, qui les a défendus contre le préjugé et la calomnie, qui les a aidés surtout de conseils amis et sévères. Ils ont bien voulu suivre ces conseils. Ils ont fini par se conformer de grand cœur à cette même loi de 1833 qui les effrayait. Ils ont amélioré leurs méthodes et leurs livres ; et les voilà aujourd'hui placés par l'estime publique au premier rang des serviteurs du peuple. Le moment est venu, leur dirai-je, de redouter cet enivrement du succès qui égare toutes les âmes ; le moment est venu de rester fidèles à l'humilité, à la charité, à l'obscurité. On sert aussi bien Dieu et les hommes dans une petite école que dans une grande. Vous avez tout ce qu'il faut pour faire du bien dans l'instruction du peuple; et il n'est pas certain que vous ayez jamais ce qu'il faut pour réussir dans l'instruction secondaire. L'avenir de tout ordre, religieux ou civil, est écrit dans son passé. Soyez toujours ce que vous fûtes et ce que vous êtes. Préservez-vous des tentations de l'ambition qui se cachent quelquefois sous les mouvements du zèle le plus sincère. Surtout fuyez les conseils de ces esprits remuants qui, au dix-neuvième siècle, ont une si merveilleuse intelligence de la cause de la religion qu'ils la confondent avec celle des jésuites.

Excusez cet écart où m'a entraîné M. de Montalembert. Je reviens à l'article en discussion. Pour dire toute ma pensée, tout en reconnaissant la nécessité du diplôme de bachelier pour les maîtres d'études des établissements libres, j'avoue que cette condition nouvelle, nécessaire en elle-même, pourra paraître dure à certains établissements. M. le ministre de l'instruction publique a déclaré qu'il consentait à convertir le délai de trois ans en cinq ans; mais ce n'est pas là adoucir une condition, c'est la détruire. Un délai de cinq ans, et en France! Sachez bien que toutes les fois que l'on vous demandera un délai de cinq ans pour se conformer à une condition quelconque, c'est qu'au fond on ne veut pas de cette condition, et qu'au lieu de l'attaquer directement, on remet au temps le soin de la faire évanouir. Mais voici l'adoucissement que j'improvise et que je soumets à la chambre. Peut-être que la chambre ne l'adoptera pas; mais il m'est suggéré par un esprit de conciliation. Ceux qui tout à l'heure repoussaient la distinction des pensions et des institutions, en reconnaîtront l'utilité dans le cas présent.

Je propose de maintenir la condition du baccalauréat ès lettres obligatoire pour les maîtres d'études des institutions, sauf le délai de trois ans. Car les institutions donnent un enseignement assez élevé; d'ordinaire les élèves s'y préparent au baccalauréat; il est donc bon que les maîtres d'études qui assistent les élèves qui se préparent à ce grade en soient eux-mêmes pourvus. Mais les pensions ne préparent pas au baccalauréat. Quand donc les surveillants de ces modestes établissements ne seraient pas bacheliers et ne posséderaient que le certificat de moralité, peut-être n'y aurait-il pas grand mal à cela. La loi aurait déjà rendu un immense service, et montré une sévérité suffisante, en exigeant le grade de bachelier pour les maîtres d'études des institutions. Les pensions resteraient à cet égard dans l'état où elles sont. Elles seraient d'ailleurs singulièrement améliorées par un côté très-important, la nécessité pour tous leurs surveillants d'obtenir le redoutable brevet de moralité établi par votre commission.

Ce n'est pas un amendement que je propose ; ce sont des observations que je soumets à la commission elle-même et à la chambre. Si elles trouvaient quelque faveur, j'y insisterais davantage et les convertirais en un amendement. (*Appuyé!*)

..... J'évite autant que je le puis de contrarier M. le ministre de l'instruction publique ; je m'y applique même. Mais il m'est réellement bien difficile d'abandonner les observations que j'ai présentées à la chambre et qui ont paru agréer à plusieurs de mes collègues, d'autant plus que je n'ai pas vu qu'il y ait été répondu.

D'abord les espèces d'examens que M. le ministre a rappelés, et que l'on faisait subir autrefois aux candidats pour le titre de maître de pension.

M. LE MINISTRE. De simples répétiteurs.

M. COUSIN. Sans doute ; j'ai voulu dire les candidats au titre, non de maîtres de pension, mais de simples répétiteurs ; car c'est la fonction analogue à celle dont nous nous occupons ; ces examens-là n'existent plus. Ils ont été employés autrefois, mais ni M. le ministre ni moi n'en pouvons avoir qu'une mémoire bien confuse, car ni lui ni moi nous ne les avons jamais fait exécuter, ni nos prédécesseurs non plus. Mais je crois bien qu'en effet il y a eu dans le temps, il y a vingt-cinq ou trente ans, quelque chose de semblable à cela.

Il n'est pas non plus exact de dire, comme on l'a fait, que la chambre supprimerait par là une condition utile. Vous n'avez pas de condition à supprimer, car la condition dont il s'agit n'existe pas. Vous avez à juger cette question : imposerez-vous ou n'imposerez-vous pas une condition nouvelle, et la même condition, aux maîtres d'études des institutions et à ceux des pensions ? Quand vous imposeriez aux uns des conditions que vous n'imposez pas aux autres, vous ne supprimez rien ; vous instituez même une condition nouvelle; seulement, vous ne l'appliquez pas tout d'abord à deux sortes d'établissemens très-différents.

Remarquez que vous avez mis une très-grande différence entre les institutions et les pensions ; car les chefs d'institution doivent avoir, outre le brevet de capacité, les deux grades de bachelier ès lettres et de bachelier ès sciences. Mais le maître de pension ne doit avoir que le grade de bachelier ès lettres. Vous avez donc mis entre eux une grande différence. Et vous n'en mettriez aucune entre les maîtres d'études de ces deux sortes d'établissements ! Cependant, les maîtres d'études des institutions doivent posséder une instruction plus élevée.

Une autre raison encore. Il est essentiel, et ici je ne serai pas contredit par M. le ministre de l'instruction publique, il est essentiel de laisser une différence entre le maître de pension et son subordonné, qui n'est pas même répétiteur en titre, qui n'est que surveillant. Comment exigeriez-vous d'un simple surveillant le même grade que du directeur de l'établissement dans lequel il est employé? Vous ne demandez au maître de pension, en fait de grade, que d'être bachelier; et à son surveillant vous lui demanderez aussi d'être bachelier! En vérité, cette condition est bien sévère, et j'avoue que je préférerais en exempter les surveillants des pensions plutôt que de renvoyer les surveillants des pensions et ceux des institutions tous à la fois à cinq années, c'est-à-dire à l'inconnu.

SÉANCE DU 13 MAI 1844.

Même sujet : Des surveillants dans les pensions.

M. Cousin. J'avais présenté la dernière fois plutôt des observations qu'un amendement ; c'est la chambre qui, en les accueillant avec quelque faveur, m'a enhardi à les convertir en amendement. Si la chambre abandonne aujourd'hui une opinion qui avant-hier avait paru la sienne, il faudra bien que je fasse comme elle. Mais si elle veut bien rester fidèle à elle-même, je ne demande pas mieux que de la suivre, et de défendre jusqu'au bout un amendement juste et raisonnable.

Commençons par renfermer la question en ses limites ; autrement, si vous les agrandissez comme on vient de le faire, à l'occasion des surveillants d'institution et de pension, nous finirons par agiter toutes les grandes questions sociales, et, par exemple, les fondements de la liberté de la presse, ce qui pourrait nous mener loin. Restons donc dans la question sérieuse, mais bornée, qui nous occupe ; laissons là les maximes générales dont le moindre inconvénient serait de ne nous servir à rien. Et moi aussi j'ai établi contre M. de Montalembert qu'en général tout établissement où la jeunesse est élevée devait avoir pour maîtres d'études des hommes possédant au moins l'instruction qu'ils contribuent à donner en une certaine mesure, et ayant justifié de cette instruction par cette épreuve qu'on appelle le baccalauréat ès lettres. Tout cela est terminé : le point en délibération est celui-ci : faut-il demander aux surveillants employés dans les pensions le même grade qu'aux surveillants des institutions? Or, là-dessus, je réponds non.

Je dis que, de deux choses l'une : ou votre distinction des pensions et des institutions est vaine, ou il faut la représenter autre part que dans les grades différents que vous exigez des directeurs de ces deux ordres d'établissement. Il serait étrange que cette distinction entraînât une différence entre les grades des directeurs, et qu'elle n'en entraînât aucune entre les conditions, non pas de moralité, car évidemment la moralité doit être partout égale, mais d'instruction, d'instruction littéraire et scientifique, qui peuvent être imposées aux maîtres d'études de deux classes d'établissements aussi dissemblables? Je ne peux pas comprendre comment une distinction serait si considérable en théorie, et presque nulle dans l'application.

J'irai plus loin. Je ne suis pas extrêmement touché des craintes exprimées par mon honorable ami M. le comte Pelet, sur l'embarras que cette loi donnera aux Montesquieu futurs qui en rechercheront le véritable esprit. (*Hilarité.*) Je ne sais pas si la postérité s'en occupera beaucoup ; mais il me semble qu'en effet l'esprit de l'article sur lequel nous délibérons est un peu équivoque. J'en ferai juge M. le duc de Broglie lui-même.

De quelque côté qu'on envisage la proposition du gouvernement et de la commission, on la trouve, selon moi, médiocrement bonne pour la liberté, et encore moins pour l'ordre ; de sorte qu'il est bien difficile d'en être satisfait.

Je n'admets pas, et je supplie M. le rapporteur de ne pas admettre plus que moi, le délai de cinq ans pour les surveillants des institutions. Recherche-t-on le meilleur ordre, la bonne tenue, la force des établissements d'instruction publique ? Il ne faut pas admettre un tel délai ; car d'abord, comme je l'ai déjà dit, une condition qui a cinq ans devant elle avant d'être obligatoire, est à peu près nulle. De plus, la condition exigée est excellente pour les institutions, elle est nécessaire ; et le délai de trois ans, accordé par le projet ministériel, est bien suffisant. Comment donc le ministre abandonne-t-il son propre projet ? Il a demandé un simple délai de trois ans, parce qu'il a bien senti que, dans les institutions, dont quelques-unes sont de plein exercice, il fallait avoir, le plus tôt possible, des maîtres d'études capables. Comment le maître d'études aidera-t-il les élèves dans les travaux divers qui leur sont donnés par les professeurs, s'il n'est que leur égal en ignorance, s'il est même inférieur aux bons élèves en instruction? Ils se préparent au baccalauréat, et lui ne peut les guider dans la route qu'ils doivent prendre puisqu'il ne l'a pas suivie, puisqu'il n'est pas arrivé au but? Si donc vous souhaitez de sérieuses et de fortes institutions libres de plein exercice, il faut, le plus tôt possible, que ces institutions aient pour surveillants et pour maîtres d'études des bacheliers. Et là-dessus j'ai la confiance que M. le rapporteur sera de mon avis. Trois ans est un délai très-convenable. Ne le prolongez pas; et je supplie M. le ministre de l'instruction publique de faire ici ce qu'il a déjà fait plus d'une fois (*on rit*), de ne pas s'abandonner lui-même, de maintenir son projet et de le défendre, avec moi, contre un délai excessif qui abolirait, en la renvoyant à un avenir incertain, une condition fondée en raison, et qui donne aux institutions libres la force et la dignité dont elles ont besoin.

Mais si, comme ami de l'ordre et des solides études, j'insiste pour que le délai de trois ans ne soit pas étendu en faveur des surveillants des institutions, il n'en est plus ainsi pour les surveillants des pensions; et après avoir été assez sévère pour les unes, j'avoue que je suis tenté d'être assez indulgent pour les autres. Les pensions, comme l'a très-bien dit M. le rapporteur, qui sait tous les faits, les petits comme les grands, et aussi exactement que s'il avait rempli les humbles fonctions qui nous sont confiées à nous autres membres du conseil de l'Université, ces pensions ont la plupart fort peu d'élèves. Sur neuf cents, il y en a sept cents à peu près qui ont une vingtaine d'élèves. Le surveillant s'y confond, a dit M. de Broglie, avec le maître qui donne les leçons ; peut-être serait-il plus vrai de dire que celui qui donne les leçons s'y confond avec le surveillant. Souvent il n'y a pas de maître ; il n'y a au-dessous du maître de pension que de simples surveillants.

On comprend, en effet, que, dans une petite pension qui ne peut et qui ne doit pas conduire le très-petit nombre d'enfants qu'elle garde pendant quelques années, au delà des classes de grammaire et de très-faibles commencements d'humanités, l'homme important, l'homme qui est tout, c'est le maître de pension lui-même. Que la Chambre se rende bien compte de la manière dont les choses se passent, et nécessairement, dans une pension qui a une vingtaine d'élèves. Le maître de pension est lui-même bachelier ès lettres, et il devra justifier du brevet de capacité. Il est donc le véritable instituteur ; son gouvernement n'étant pas fort étendu, il y suffit de reste ; il administre et il professe ; il fait le plus d'économies qu'il peut, et ce qu'il peut faire lui-même, il ne le confie à personne. Il a à côté de lui ou sous lui, pour les détails matériels, un pauvre surveillant, qui n'est assurément pas un domestique, je suis bien loin de le dire, mais un homme qui donne peu ou pas de leçons ; c'est ici que le nom de surveillant est parfaitement exact. Le maître, le professeur, l'homme des études, c'est le directeur. Il faut avoir vu de près l'intérieur d'une petite pension, pour savoir ce que c'est que ce pauvre diable qu'on appelle un surveillant. Croyez-moi, c'est déjà beaucoup d'imposer au maître de pension, outre le grade de bachelier, le brevet nouveau et difficile de capacité. N'employez pas à l'endroit de si humbles établissements de trop grosses machines. Nul ne pourra être maître de pension sans avoir conquis dans un examen public et redoutable le brevet de capacité. Si vous exigez encore que les surveillants soient tous bacheliers, vous passez la juste limite ; votre rigueur est excessive.

D'ailleurs vous n'affaiblirez pas par ce sage tempérament le régime actuel, car il n'y a aujourd'hui aucune condition de grade pour les surveillants des pensions. Songez que vous aurez déjà singulièrement relevé l'instruction libre par cette innovation grave de la condition du baccalauréat ès lettres pour les surveillants des institutions. On ne fait pas tout à la fois, Messieurs. Vous avez considérablement fortifié les institutions. Quant aux pensions, je vous le répète, c'est beaucoup d'avoir ajouté au grade le certificat de capacité pour le directeur, qui est le véritable maître dans les petites écoles ; restez-en là.

Cependant, comme je n'entends montrer ici aucune obstination, si M. le duc de Broglie trouvait qu'entre trois ans et rien il y a trop de distance, eh bien, dans un esprit de conciliation, je proposerai un sous-amendement à mon amendement : je proposerai trois ans pour les institutions et cinq ans pour les pensions.

M. LE MINISTRE DE L'INSTRUCTION PUBLIQUE. Cela est accepté.

M. COUSIN. Je suis charmé que M. le ministre adhère à mon futur amendement. C'est déjà quelque chose. Mais j'aimerais encore mieux qu'il n'y eût aucune condition de baccalauréat pour les surveillants des pensions. Je tâche, pour mon compte, de me défendre de tout entêtement systématique. Si M. le duc de Broglie ne m'a pas convaincu, il m'impose, et pourvu qu'il n'y ait point ici une injustice manifeste, à savoir, une même condition pour des choses différentes, je me tiendrai pour satisfait. Je désire bien sérieusement qu'il y ait dans cette Chambre une majorité pour repousser toute condition de grade pour les surveillants des pensions ; mais si, comme j'y suis accoutumé, je suis battu sur ce point comme sur plusieurs autres, je ferai ma retraite dans la différence de trois à cinq ans pour les surveillants des institutions et ceux des pensions.

. . . . . Messieurs, en vérité, nous tombons dans les infiniment petits (*on rit*), dans des innovations un peu trop subtiles ; par exemple un certificat d'études complètes qui n'est pas le baccalauréat, sans qu'on dise en quoi il en différera précisément, ni par qui il sera délivré, ni par qui contrôlé, par l'Université ou par un pouvoir étranger. Nous arrivons au chimérique ou à l'impossible. Il n'y a rien de pratique dans tout cela. Il n'y a que deux partis sérieux : la proposition du ministère et de la commission et la nôtre. Le projet ministériel et celui de la commission s'expriment ainsi : « Nul ne pourra être surveillant dans une pension sans être bachelier. » Nous combattons cette proposition ; nous la trouvons excessive. Remarquez que la loi ne distingue pas entre les grandes et les petites pensions. M. de Broglie a dit que les petites pensions ne sont pas en cause : elles ne le sont plus dans ses paroles, et je l'en remercie, mais elles le sont encore dans la loi. La loi tombe sur le plus humble surveillant de la plus humble pension, comme sur le maître d'études de la plus grande ; cela n'est point juste. Mon amendement demande la suppression de la condition du baccalauréat pour les surveillants des pensions. Votons d'abord sur cet amendement, qui est le plus éloigné de l'article du ministère et de la commission. Quand le sort de cet amendement sera décidé, si, contre mon espérance, et surtout contre mon désir, il était rejeté, alors je proposerai le sous-amendement que j'ai annoncé. Mais vidons d'abord l'amendement principal. (*L'amendement est adopté*).

SÉANCE DU 14 MAI 1844.

Des certificats d'études.

M. Cousin. Vous avez entendu les deux interpellations directes et personnelles de M. le comte de Montalembert, l'une qui s'adressait à mon humble expérience, et ici, à la rigueur, je pourrais m'abstenir de répondre; la seconde, qui a l'air de s'adresser à ma loyauté, et il faut ici que la chambre m'ordonne de me taire pour que je ne parle pas.

D'abord M. de Montalembert m'a demandé si moi, auteur du règlement de la licence ès lettres, et qui dois bien le connaître, moi qui même l'ai appliqué dans une circonstance récente qu'il a rappelée, je ne trouvais pas, la main sur la conscience, ce grade-là beaucoup trop élevé pour être exigé de ceux qui, dans les institutions libres de plein exercice, seront chargés des classes supérieures. Telle est la première question qu'il m'a adressée.

La seconde est celle-ci : Ai-je oublié que, dans un ouvrage sur l'instruction secondaire en Prusse, j'ai moi-même déclaré que les certificats d'études sont inutiles?

Sur la première question je réponds : Mon expérience, la raison, la justice, me disent qu'on ne peut délier quiconque veut enseigner les classes supérieures dans une institution de plein exercice de l'obligation d'être licencié ès lettres. Pourquoi? Je ne veux pas être long ; mais, au risque d'ennuyer M. de Montalembert, je serai forcé d'être un peu technique pour le satisfaire entièrement. (*On rit.*) Pourquoi la licence ès lettres est-elle une obligation pour un professeur des classes supérieures ? par cette raison péremptoire que la licence représente précisément ce qu'il faut enseigner dans les classes supérieures, et, par conséquent, ce qu'on doit savoir soi-même pour l'enseigner aux autres.

M. le comte de Montalembert vous a fait un étalage redoutable et qui m'a imposé à moi-même, des auteurs grecs et latins sur lesquels on interrogeait les candidats à la licence. Il nous a fait peur de cette composition latine et de cette composition française qu'on exige. Il nous a même lu le terrible programme du dernier sujet de composition francaise donné à la Faculté des lettres de Paris. Ce sujet invite les candidats à s'expliquer sur un point d'histoire littéraire du seizième siècle. La chambre n'en a pas paru fort épouvantée. C'est que M. de Montalembert nous a ménagés ; il aurait pu invoquer des prescriptions plus effrayantes encore, et que je prends sur moi de rappeler : ce sont, outre les deux compositions latine et française, un thème grec et une pièce de vers latins. Voilà qui est horrible en vérité ! Mais pourtant cela paraît assez nécessaire pour prouver qu'on est capable d'enseigner le grec, la composition française et latine et les vers latins. N'est-il pas nécessaire que qui veut professer tout cela chaque jour, montre au moins une fois dans sa vie qu'il n'est pas incapable de le faire ? Ou M. le comte de Montalembert a oublié sa rhétorique et il se la figure tout autre qu'elle n'est, ou bien il doit convenir que le grade de licencié ès lettres correspond, et même d'une manière assez faible, à l'instruction variée et élevée que suppose cet enseignement.

M. le comte de Montalembert a fait diverses excursions dans le domaine de l'instruction publique, et, pour obéir à M. le chancelier, je ne dois pas le suivre ; je ne dois répondre qu'à ce qui m'est personnel. Il a dit que j'étais l'inventeur du règlement de la licence, et que ce règlement était tel que des professeurs, à lui connus, lui avaient affirmé qu'il était plus facile d'obtenir le grade de docteur et d'agrégé que celui de licencié. Messieurs, si ces professeurs, que connaît M. de Montalembert, ont trouvé le secret d'être docteurs et agrégés avant d'être licenciés, ils ont résolu là un problème assez difficile, et je leur conseille de publier leur secret ; il sera bien commode à beaucoup de candidats. (*Rires approbatifs.*) Mais ce sont de pures illusions. L'agrégation des classes supérieures des lettres est une épreuve incomparablement plus rude que la licence ès lettres, car elle renferme tout ce que renferme la licence, et beaucoup d'autres choses encore dont je fais grâce à M. de Montalembert et à la chambre.

Je suis auteur du règlement de licence, cela est vrai ; mais je n'ai ajouté aucune épreuve nouvelle, comme paraît le croire le spirituel préopinant. Je n'ai fait autre chose que de mettre ensemble des dispositions préexistantes et de les coordonner entre elles. M. le ministre de l'instruction publique peut me donner à cet égard un certificat d'entière innocence; je n'ai rien inventé, rien exagéré. J'ai confirmé et régularisé ce qui était, et rien de plus.

Mais j'ai à répondre à une interpellation personnelle aussi, et tout autrement grave : « Voilà un commencement de tyrannie dans les certificats d'études ! Et vous (on a bien voulu me rendre cette justice), vous qui avez toujours aimé la liberté, vous qui avez déclaré que le certificat d'études n'était pas rigoureusement nécessaire, comment pouvez-vous aujourd'hui accepter cette condition ? »

Messieurs, ma réponse sera loyale et triste.

Oui, en 1836, publiant le résultat de mes travaux sur l'instruction secondaire en Prusse, où il n'y a pas de certificats d'études, à proprement parler, j'ai dit qu'en

France je n'en voyais pas beaucoup la nécessité ; je l'ai dit, cela est vrai. J'ai fait plus, et je me dénonce moi-même à M. de Montalembert : en 1840, j'ai préparé, rédigé, imprimé un projet de loi ; lisez-le, vous n'y trouverez pas de certificat d'études. Ainsi, deux fois dans ma vie, en 1840, quand j'avais le droit de proposer des lois, et en 1836, quand j'exposais mon opinion sur la question du certificat d'études, j'ai été peu favorable à cette mesure, sur laquelle il y a beaucoup de choses à dire pour et contre, même au point de vue scolastique. M. Persil a donné de fort bonnes raisons pour ; je pourrais peut-être donner d'assez bonnes raisons contre. M. Guizot lui-même, en 1836, après de longues et sérieuses délibérations auxquelles j'ai pris part ainsi que M. Villemain, a supprimé le certificat d'études. Eh bien, si nous étions encore en 1836 et en 1840, M. Guizot et moi nous ferions encore ce que nous avons fait alors ; et pour moi je suis loin de le désavouer aujourd'hui. Qui me fera donc voter, à l'heure qu'il est, pour le certificat d'études ? Qui ? Vous et vos amis, comte de Montalembert (*mouvement*), vous qui, avec les meilleures intentions du monde, croyant servir la religion et la liberté, avez essayé de remettre en honneur et d'élever sur nos têtes une certaine congrégation détestée, à tort ou à raison, et qui avez par là semé des alarmes dans le pays.

En vérité, ce serait une niaiserie à me faire renvoyer au collége, si je venais ici, en vertu d'un principe théorique, nier la nécessité indispensable d'empêcher un très-grand mal, d'empêcher qu'une partie de la jeunesse française aille étudier dans des établissements étrangers et suspects à bon droit, pour nous rapporter des doctrines subversives de notre ordre constitutionnel sous la contrebande du baccalauréat ès lettres. (*Très-bien !*)

Nous sommes des hommes pratiques, et, je le déclare, je suis, mais à regret, et c'est vous qui m'y forcez, oui, je suis aujourd'hui pour le certificat d'études.

Et il n'est pas question ici de l'Université. A cet égard, M. le comte de Montalembert sait bien qu'il a affaire en moi à un homme qui ne reculera devant aucune lutte pour défendre l'Université, il a pu s'en assurer depuis quinze jours. Mais l'Université est-elle intéressée dans cette affaire? Non, Messieurs. L'Université ne craint pas pour ses établissements la concurrence de Brugelette et de Fribourg. S'il y avait un grand comité européen pour juger les résultats que produisent nos colléges, et ceux qu'on obtient dans ces deux institutions célèbres, nous nous présenterions devant lui avec quelque confiance. (*Nouveau mouvement d'approbation.*) Mais il ne s'agit pas ici de l'Université; il faut que son nom même disparaisse de ce débat, car il ne ferait que donner le change sur la vraie question. Non, il ne s'agit point ici de l'Université; il s'agit de la France, de la patrie française avec ses institutions, ses lois, ses mœurs et son génie. Grâce à vous, tout cela est engagé aujourd'hui dans cette humble question du certificat d'études.

Vous me demanderez si je me résignerai à voter cet

article. Et moi je vous demanderai, à mon tour, si vous voterez l'article 17, relatif aux petits séminaires. Pensez-vous que je sois assez dupe pour commencer par abolir le certificat d'études, afin que, plus tard, quand on en viendra à l'article 17, vous votiez cet article?

M. LE COMTE DE MONTALEMBERT. Pas du tout!

M. COUSIN. Vous le voterez, ou vous, ou du moins vos amis, car il a été fait pour vous (*mouvement*); et alors ces petits séminaires, que je voudrais voir consacrés à la religion seule et au seul recrutement du clergé, et que par conséquent je veux laisser à leur spécialité, puisque je n'ai pas l'espérance, et assez peu le désir, de les voir rentrer dans la vérité du droit commun, ces petits séminaires pourraient fort bien être remplis de certains professeurs qui auraient étudié aussi dans des écoles étrangères.

Voilà pourquoi il faut aujourd'hui des certificats d'études.

La loi n'est pas éternelle; cette disposition, nous ne l'identifions pas avec la vie de la monarchie et de la patrie. Il y a quatre ans, il y a dix ans, qui de nous pensait aux jésuites et aux sociétés secrètes religieuses? Qui de nous pensait à exiger cette déclaration écrite de tout maître de pension, qu'il n'appartient pas à une congrégation non autorisée? M. le comte Portalis vous l'a dit, il y a une semaine : en 1818, en 1819, personne n'a demandé cette déclaration. Pourquoi l'a-t-on exigée en 1828? C'est qu'elle était devenue nécessaire, parce que les jésuites avaient reparu. La révolution de Juillet les avait dispersés et renvoyés à leurs asiles accoutumés. Grâce aux progrès de la liberté et de la paix, grâce surtout à des complaisances sur lesquelles ils croyaient pouvoir compter, les voilà revenus parmi nous pour y souffler la guerre, comme toujours, pour envenimer toutes les discussions, pour exciter, séduire, entraîner l'épiscopat. Croyez-moi, Messieurs, l'épiscopat n'est pas aussi libre qu'on vous le dit. J'ai entendu des plaintes et des plaintes douloureuses, et si le différend n'eût été qu'entre deux grands corps, l'Église et l'Université, est-ce que l'État, qui les comprend tous deux dans son sein, n'aurait pas pu aisément faire cesser une guerre déplorable? L'Église et l'Université n'ont pas des intérêts contraires, car il faudrait éteindre l'Université, si elle voulait nuire à la religion ; comme, en vérité, l'Église serait bien coupable si elle voulait troubler l'Université dans l'office qui lui a été confié, celui de donner l'instruction publique. Mais il s'est interposé entre l'Université et l'Église des étrangers, qui sont perdus si ces deux corps sont en bonne intelligence, des hommes qui ont tout à gagner à la guerre, ou plutôt qui ne peuvent être quelque chose que dans le bouleversement de toutes nos institutions et de toutes nos vieilles maximes qui les repoussent; une congrégation enfin qui ne peut reparaître que sous le rempart menteur d'une liberté illimitée ; et voilà pourquoi elle pousse le clergé dans cette folle invocation d'une liberté sans limite et sans règle, le clergé qui n'a pas besoin de cette liberté inconnue, qui n'a besoin que de la vieille et immortelle liberté de l'Église, celle d'enseigner ce que Dieu lui a confié.

Oui, ce sont les jésuites qui agitent l'épiscopat et l'entraînent dans une guerre déplorable. Eh bien! Messieurs, dans cet état de choses, je suis bien réduit à demander moi-même des garanties contre cette congrégation.

Je m'arrête. Je prie la chambre de m'excuser si je l'ai occupée plus longtemps que je ne voulais; mais j'ai cru qu'il était de mon devoir, de mon honneur même, de répondre immédiatement aux interpellations de M. le comte de Montalembert. (*Marques d'approbation.*)

Même séance (14 mai).

Il ne convient pas d'exiger le grade de licencié ès sciences de tout professeur de mathématiques des institutions particulières.

M. Cousin. L'amendement du savant et très-honorable M. Thenard consiste à exiger de tout professeur de mathématiques des institutions particulières, au lieu du grade de bachelier ès sciences mathématiques, celui de licencié ès sciences mathématiques ou physiques. J'avoue que j'éprouve quelque scrupule d'adhérer à cet amendement. Car, enfin, disons la vérité, à force de vouloir élever le niveau de l'instruction dans les institutions libres, nous finirons par empêcher l'établissement des institutions libres elles-mêmes. Et puis, est-il bien juste d'exiger dans les institutions libres précisément le même niveau d'instruction que dans les établissements publics? Le principe est, selon moi, d'exiger dans les institutions libres le grade qui correspond à l'enseignement que l'on veut y donner. Rien de moins, mais rien de plus. Et même dans nos établissements publics, dans nos colléges communaux, j'entends nos colléges communaux de plein exercice, n'y a-t-il pas beaucoup de professeurs des sciences qui ne sont licenciés ni ès sciences mathématiques ni ès sciences physiques? Sur cent cinquante colléges communaux de plein exercice, nous avons en tout cinquante licenciés ès sciences ; nous arriverons un jour à avoir partout des professeurs de sciences qui soient licenciés, il faut l'espérer ; mais ce n'est pas moi qui me chargerais de convertir cette espérance en un fait réel avant une vingtaine d'années. Pour être équitable et sincèrement libéral, il faut donc nous contenter du projet du ministre. C'était l'ancien projet de M. Guizot. C'était aussi le mien. J'y persiste. J'engage M. le ministre à y persister, et à ne pas aggraver au delà de la nécessité et de la justice les charges des institutions libres.

. . . . . Il ne m'est pas agréable d'avoir à contredire un ami respecté et un homme aussi autorisé en pareille matière que je le suis peu moi-même. Mais le sentiment de l'équité l'emporte sur tout. Il m'est impossible d'exiger plus des instituteurs privés que nous n'exigeons ou que du moins nous n'obtenons des nôtres. Voici quarante ans que l'Université existe. Nous avons, je le répète, cent cinquante colléges communaux qui donnent l'instruction secondaire complète, et M. le baron Thenard vient de dire lui-même, comme je l'avais fait, que dans tous ces colléges il n'y a que cinquante licenciés. Cette déclaration, que la loyauté de mon honorable ami devait à la chambre, résout la question. Comment! Vous n'avez que cinquante licenciés dans tous vos colléges communaux de plein exercice, et.....

M. Cordier. C'est que vous êtes extrêmement arriérés dans votre instruction scientifique.

M. Cousin. Je n'en suis pas bien sûr; et puis, lorsqu'on est aussi arriéré que nous le sommes, suivant M. Cordier, c'est une raison, ce me semble, d'être indulgent pour les autres. (*Approbation générale.*)

Parlons sérieusement; je serai très-court. Je voudrais tâcher de donner une démonstration, non pas mathématique (*on rit*), mais décisive, de la sagesse de l'article du gouvernement.

Les institutions de plein exercice préparent à des choses diverses, elles préparent au baccalauréat ès lettres ou au baccalauréat ès sciences, ou aux écoles spéciales comme l'école polytechnique. Voilà des fins différentes. Une institution de plein exercice n'est pas tenue de les remplir toutes. Une institution sera encore de plein exercice, lorsqu'elle ne préparera ni à l'école polytechnique ni au baccalauréat ès sciences, mais quand elle préparera seulement au baccalauréat ès lettres. Cela est incontestable. Or, pour préparer au baccalauréat ès lettres, que faut-il savoir? N'exagérons rien. Ne demandons pas à un établissement ce qu'un autre plus élevé peut seul donner. Il est certain que ce que l'on sait à l'Institut, on ne l'apprend pas dans les Facultés ; que ce que l'on apprend dans les Facultés, on ne l'apprend pas dans les colléges royaux ; que ce que l'on apprend dans les colléges royaux, on ne l'apprend pas dans les colléges communaux. Il ne s'agit pas ici non plus de la gloire des sciences, que personne ne conteste. Toute la question est celle-ci : Que faut-il pour préparer à la partie scientifique du baccalauréat ès lettres, et, par conséquent, pour être un bon instituteur secondaire ? L'instruction scientifique qu'atteste le grade difficile de bachelier ès sciences mathématiques. Cela est encore incontestable, à moins qu'on ne veuille changer l'examen du baccalauréat ès lettres, comme on avait l'air de le demander, et qu'on ne veuille y mettre beaucoup plus de mathématiques, de physique et de chimie qu'il n'y en a, ce qui n'est pas du tout l'avis d'hommes éminents dans les sciences. Ils pensent que la dose scientifique du baccalauréat ès lettres est suffisante. Si vous avez le dessein de l'augmenter, c'est autre chose ; mais la définition de l'article 1er pour l'instruction secondaire étant donnée, pour procurer, entre autres choses, la préparation au baccalauréat ès lettres tel qu'il est, je dis qu'un bachelier ès sciences mathématiques suffit très-bien à enseigner la partie scientifique de cet examen. Songez qu'il s'est trouvé deux ministres qui ont cru cela suffisant ; le projet de 1836 n'allait pas au delà ; la loi de 1841, M. Villemain se le rappellera, exigeait cette seule condition.

M. LE MINISTRE DE L'INSTRUCTION PUBLIQUE. Et celle-ci aussi.

M. COUSIN. Celle de 1843 de même, et la commission l'avait trouvée bonne. N'improvisons pas des innovations, et n'accablons pas les établissements libres sous des conditions que les établissements modèles de l'État ne remplissent point. (*L'amendement est rejeté.*)

SÉANCE DU 15 MAI 1844.

Exemption du certificat d'études au delà de vingt-cinq ans.

M. Cousin. L'explication de M. le Ministre tend à admettre l'homme de quarante ans au baccalauréat sans certificats d'études ; mais elle ne s'applique point à une foule de cas qu'il est nécessaire de prévoir. Il ne s'agit ici que des élèves, dit M. le Ministre ; mais quand les candidats ne seront plus des élèves, que fera-t-on ? les dispensera-t-on de certificats d'études ? Les exiger à tout âge est impossible. En dispenser trop tôt serait une faute. Il faut une limite d'âge ; il faut la chercher et la fixer.

M. LE COMTE BEUGNOT. Il est cependant convenu que article n'est pas limitatif.

M. Cousin. Il est convenu qu'il y a quelque chose à faire sur 'article. Pour quarante ans je n'ai rien à dire, mais certainement vous ne prétendrez pas que quelqu'un qui aura dix-neuf ou vingt ans, et qui ne sera plus élève, sera admis sans qu'on sache d'où il vient et où il a étudié.

Je demande à expliquer comment les choses se passent, afin que la chambre sache bien de quoi il s'agit.

Aujourd'hui, quiconque se présente sur cette terre de France pour recevoir un grade français, doit justifier d'avoir fait ses deux dernières années d'études dans un établissement français et autorisé. Si un homme de quarante ans se présente, même alors on ne l'admet pas sans savoir où il a étudié. Comme nous sommes sous le régime discrétionnaire, s'il peut prouver qu'il a étudié à une époque où, par exemple, le grec était peu enseigné dans certaines institutions publiques et privées, on le dispense de cette épreuve redoutable du grec, et même des mathématiques. En un mot, il n'y a pas de règle absolue et inflexible. Mais dans une loi où tout régime discrétionnaire est aboli, il faut prévoir le cas que vient de poser M. le comte Beugnot, et y répondre d'avance, et j'avoue que j'éprouverais quelque scrupule à demander des certificats d'études à un homme de quarante ans; mais il ne faut pas non plus pousser trop loin le scrupule et détruire indirectement la nécessité des certificats d'études; et pour moi l'âge de vingt et un ans ne me suffirait pas.

Je demanderais plutôt l'âge de vingt-cinq ans : de cette manière, nul jeune homme ne pourrait éluder la condition du certificat d'études, et en même temps on n'interdirait pas l'accès du baccalauréat à des hommes jeunes encore qui se forment eux-mêmes. Il y a, par exemple, une classe de citoyens que nous voulons tous honorer et encourager, les sous-officiers, qui n'ayant pas fait toutes leurs études dans une institution, les achèvent par une juste ambition dans les loisirs de leur honorable service, et se présentent en assez grand nombre au baccalauréat; j'ai été touché souvent de voir des sous-officiers en uniforme se présenter devant nous, et souvent ils n'avaient pas trente ans. Il y a beaucoup d'autres individus qui s'élèvent ainsi eux-mêmes, et après quelques essais dans d'autres carrières, tentent celle de l'enseignement ou toute autre carrière libérale pour laquelle le baccalauréat est nécessaire. Je veux fuir toute apparence de rigueur inutile. Dès que l'intérêt social est couvert, il faut être facile. Voilà pourquoi vingt-cinq ans me suffiraient. (*La limite de vingt-cinq ans est adoptée.*)

Même séance (15 *mai*).

Qu'il faut admettre les agrégés des Facultés à la participation aux examens, et ne pas créer vingt-cinq Facultés des lettres en France.

M. Cousin. Je veux seulement rappeler que la commission a admis dans le jury qui donne les brevets de capacité non-seulement les professeurs des Facultés, mais encore les agrégés. Je suppose que la disposition relative aux agrégés, admise par la commission antérieurement, s'applique également à cet article.

Dans l'article qui organise le jury chargé de délivrer les brevets de capacité aux directeurs des établissements privés, vous avez admis sans aucune difficulté les professeurs et les agrégés des Facultés, parce que vous leur trouviez, non-seulement toutes les lumières convenables, mais l'indépendance suffisante. Sur qui avez-vous placé vos ombrages ? Sur les fonctionnaires qui appartiennent à l'instruction secondaire, à des colléges royaux, et qui, par conséquent, peuvent être, dans ce temps de défiance générale, suspects de quelque partialité contre des candidats sortis d'établissements rivaux. Les professeurs et les agrégés de Facultés n'appartenant pas aux colléges royaux ni à l'instruction secondaire, ont été jugés désintéressés, et à ce titre admis dans la commission des brevets de capacité. Je pense donc que, par une extension naturelle et presque forcée du même principe, on ne se refusera pas à ce que, dans la Faculté qui conférera le grade de bachelier ès lettres ou de bachelier ès sciences, soient compris à la fois les professeurs et les agrégés.

Je pense aussi qu'il faudrait faire disparaître cette expression : *Les professeurs nommés à vie.* Que M. le duc de Broglie me permette de lui dire que, grâce à Dieu, je fais partie d'un corps où tous les professeurs titulaires sont à vie. Nous n'avons pas de professeurs de Faculté qui ne soient nommés à vie; tous le sont également. Sans doute le Conseil royal, comme conseil de discipline, a le droit d'intervenir, et, après un jugement régulier, de suspendre quelquefois un professeur, et même de le rayer du tableau ; mais cela n'a lieu que dans des cas extrêmes, et tous les professeurs n'en sont pas moins nommés à vie.

Je demande donc, et ma demande est modeste, je demande la rédaction suivante : « Les professeurs et agrégés qui composent les Facultés des lettres et des sciences. » Il est bien entendu que, si un agrégé de Faculté se trouvait être en même temps professeur d'un collége royal, il ne ferait point partie de l'examen.

M. Cousin. Je ne rentrerai pas dans la discussion introduite par M. de Montalembert; mais j'ai besoin de dire hautement qu'il n'y a pas dans le royaume une Faculté qui ait pu être partiale envers les élèves des petits séminaires qui se présentent au baccalauréat ; par une raison très-simple, c'est que les ordonnances de 1828 interdisent aux petits séminaires de présenter des candidats au baccalauréat, excepté dans une circonstance et pour une fin où l'Université est parfaitement désintéressée.

M. le comte de Montalembert. Il y a un diplôme spécial.

M. Cousin. Les élèves des petits séminaires ne peuvent se présenter au baccalauréat que pour obtenir un diplôme spécial, lequel n'a aucune valeur civile et ne peut être transformé en un diplôme régulier que quand l'impétrant est engagé dans les ordres sacrés. Or, je demande quel intérêt peuvent avoir nos Facultés à empêcher de futurs prêtres d'être pourvus du diplôme de bachelier ès-lettres? Ainsi la partialité supposée par M. le comte de Montalembert est sans fondement; elle n'est pas seulement fausse en fait, elle est fausse en droit, elle serait une méchanceté absolument désintéressée, et la nature humaine n'en comporte pas de telles.

Maintenant rentrons dans le cercle très-étroit de la question où nous sommes engagés. D'abord j'ai demandé un changement de rédaction dans l'article 20 additionnel qui dit : *les professeurs nommés à vie*, etc. Je demande la suppression de ces mots : *nommés à vie*.

M. LE RAPPORTEUR. Les professeurs titulaires, si vous voulez.

M. LE MINISTRE. Et les professeurs adjoints.

M. COUSIN. Je ne puis admettre non plus l'expression de *professeurs titulaires*, car ce serait l'exclusion des professeurs adjoints : *inclusio unius exclusio alterius*. Je demande qu'on se serve de l'expression pure et simple de *professeurs qui composent les Facultés des lettres et des sciences*.

Voilà pour le premier point; maintenant admettrez-vous, outre les professeurs, les agrégés des Facultés des lettres et des sciences? M. le rapporteur et M. le comte de Montalivet ont parfaitement établi quelle différence il y a entre le jury de capacité et celui du baccalauréat. Dans le jury de capacité les universitaires sont en très-petit nombre ; ils sont constitués en minorité, je ne puis pas malheureusement le contester. De plus, a dit M. de Montalivet, non-seulement ils sont en minorité, mais ils n'y sont même que facultativement, de sorte que si le ministre voulait participer de cette grande défiance générale qui pèse sur eux, il se trouverait que dans le jury de capacité il pourrait ne pas y avoir un seul universitaire, ni professeur, ni agrégé de Faculté. Tout cela est vrai ; mais je prie la commission et la chambre de vouloir bien aussi ne pas oublier une autre différence. Le jury de capacité ne donne pas seulement un grade, mais le pouvoir d'enseigner. Le grade n'est rien sans le brevet de capacité. Le jury de capacité est donc quelque chose de très-considérable. Les jurys de capacité, d'un bout de la France à l'autre, succèdent au pouvoir discrétionnaire du ministre et du Conseil royal. Leurs jugements sont sans appel ; ils décident d'une profession et de l'état des citoyens. Je conçois donc, à la rigueur, qu'il était sinon juste, au moins naturel, d'admettre avec beaucoup de réserve dans ce jury des membres de l'Université et des hommes dont la situation n'est pas définitive, comme les agrégés de Faculté. Mais il me semble contradictoire de les admettre dans ce jury et de les repousser d'un examen où il ne s'agit que d'un grade. En vérité, c'est trop ou trop peu. S'ils ne sont pas assez indépendants pour conférer un grade, comment le sont-ils assez pour disposer de l'état même du citoyen, pour accorder ou refuser, non plus un témoignage d'instruction, mais le pouvoir même d'enseigner?

A force de défiance, où s'arrêtera-t-on? Il est pénible de voir mettre en suspicion tous les membres qui composent une Faculté. Prenez garde à ce que vous faites. Jusqu'ici, d'un bout de l'Europe à l'autre, on entend par Faculté tous les membres qui la composent intégralement; or, les agrégés des Facultés sont dans ce cas. Avant l'institution des agrégés de Facultés, lorsqu'un professeur ou un ministre pouvait charger, sans autre forme de procès, le premier gradué venu de suppléer un professeur, j'aurais compris que les suppléants des Facultés, ne faisant pas partie intégrante des Facultés et pouvant perdre leur fonction et leur titre, ne fussent pas admis à participer aux examens. Mais aujourd'hui, lorsque les agrégés ont un titre indélébile, lorsqu'ils sont attachés inséparablement à la Faculté, lorsqu'ils sont nommés à la suite de grands concours, je ne comprends pas les ombrages dont ils sont l'objet, et je m'afflige que M. le Ministre ne les défende pas avec moi. Voyez ce qui se passe dans les Facultés de médecine. Elles sont composées de professeurs titulaires et adjoints, et d'agrégés qui participent également aux examens. Est-ce que les examens des Facultés de médecine ne confèrent pas des grades à des particuliers, et des grades qui ouvrent la porte d'une profession très-nombreuse, très-importante, où les intérêts privés sont engagés? Irez-vous, redoublant de défiance à chaque pas que vous faites, après avoir mis en minorité les universitaires dans le jury de capacité, chasser des examens des Facultés un ordre considérable de jeunes professeurs, zélés, instruits, sortis des concours et en retenant l'esprit libéral et les fortes habitudes ? Il faudra un jour appliquer cela aux Facultés de médecine. Vous affaiblirez les examens, ne vous y trompez pas. Les jeunes gens sont à la fois plus libres de préjugés et de systèmes, et en même temps plus fermes contre les sollicitations que les juges âgés, parce qu'ils sont moins mêlés à la vie ordinaire. Je vous le dis sincèrement, moi qui ai fait tant d'examens et qui touche à un âge assez avancé de la vie : en général la force des examens réside dans les membres les plus jeunes.

Je demande qu'on rédige ainsi l'article :

« Les professeurs et *les agrégés* qui composent les Facultés, etc. »

..... Je parle dans un sens contraire à ce que vient de dire M. le Ministre, car je parle dans le sens du projet ministériel...

M. LE MINISTRE DE L'INSTRUCTION PUBLIQUE. Le projet ministériel n'a fait aucune mention à cet égard.

M. COUSIN. Il n'a donc pas désinvesti les commissions d'examen. Le silence du projet n'est point insignifiant ; il couvre, il maintient tout ce qui n'est pas expressément supprimé ou modifié par la présente loi. En effet, supposez que la commission n'eût pas proposé une disposition nouvelle, les commissions d'examen étaient conservées.

Je regrette que M. le Ministre abandonne son propre projet et passe du côté de la commission. La disposition de la commission est impraticable, et c'est bien là quelque chose. Je vais essayer de le démontrer.

D'abord, M. le rapporteur a invoqué les décrets. Oui, les grades, en France, sont conférés, d'après le décret de 1808, par des Facultés; mais croyez-vous que ces Facultés sont pures de ces fonctionnaires malheureux, suspects à votre commission, qu'on nomme des professeurs de collége? Pas du tout. En fait, plus d'un professeur de collége est en même temps professeur de Faculté; et si M. le rapporteur veut lire un autre article encore du décret de 1808, il y verra que plusieurs professeurs de collége doivent faire partie des Facultés. Il faut prendre le décret, non dans un seul article, mais dans son ensemble; l'esprit du décret, qui m'est familier, est au contraire d'établir un lien entre les colléges et les Facultés. Ainsi j'ai eu l'honneur d'étudier à la Faculté des lettres de Paris sous trois professeurs titulaires qui, tous trois, étaient professeurs de colléges. Avec l'amendement de la commission, on aurait donc empêché ces trois professeurs de faire partie de l'examen; mais alors on aurait réduit la Faculté à un trop petit nombre de membres. Il est étrange de réduire le nombre des membres des Facultés au moment même où vous voulez supprimer toutes les commissions d'examen.

Cette suppression absolue sera un bien grand mal. Il y a mille objections à faire au point de vue pratique. L'honorable M. de Daunant vous a présenté tout d'abord l'objection la plus considérable, fondée à la fois sur l'intérêt des familles et sur l'intérêt des études. Si vous voulez n'avoir plus d'examens de baccalauréat ès lettres que dans les Facultés, ou bien vous multiplierez les Facultés, ce qui les avilira et leur ôtera toute autorité et toute utilité, ou bien vous verrez des jeunes gens traverser quelquefois six ou huit départements pour aller chercher au loin une Faculté qui les examine, et je vous laisse à penser quels dommages de tout genre ce dernier parti apporterait aux familles.

Il ne faut pas croire que l'homme éminent, M. Royer-Collard, qui, en 1816, a diminué le nombre des Facultés des lettres, ait pris cette mesure, comme l'a dit M. le rapporteur, par une pure économie. L'économie a pu être un des motifs, mais elle n'a pas été le fondement de cette décision. L'expérience avait prouvé qu'il n'était pas possible de trop multiplier les Facultés sans mettre en péril leur haute mission, qui est l'enseignement approfondi des sciences. Ce n'est rien de créer des Facultés, il faut les faire grandes et fortes. Les éparpiller, c'est les annuler. Le principe incontesté de cette matière, permettez-moi de vous le rappeler, c'est un petit nombre de grands foyers d'études, qui aient des professeurs éminents et beaucoup d'élèves. Multipliez les Facultés, vous abaissez l'enseignement et vous diminuez le nombre des élèves. Cette vérité est tellement élémentaire, tellement admise, que je m'étonne qu'elle n'ait pas frappé et arrêté votre commission. Voulez-vous donc renouveler les universités de Valence et d'Orange? Il vous plaira de créer une Faculté dans telle ville que je ne veux pas nommer, qui est une ville très-respectable. Fort bien ; il suffit pour cela d'une allocation au budget ; mais il n'y a qu'un malheur, c'est que les grands professeurs, qui sont la vie d'une Faculté, vous manqueront ; et puis il n'y viendra pas d'élèves. Il faudra mettre les cours le soir, afin d'attirer un certain nombre d'honnêtes oisifs qui viendront y chercher un délassement aux travaux de la journée. C'est là, Messieurs, une Faculté d'agrément (*On rit*) ; c'est une sorte d'athénée où un bénévole auditoire vient écouter un frivole enseignement. Ce n'est point là une institution sérieuse où se forme et s'élève la jeunesse d'un grand peuple.

Sans doute, on peut et on doit augmenter peu à peu le nombre des Facultés, mais dans une certaine mesure. La règle est simple ; je l'ai souvent rappelée : partout où il y a une Faculté de médecine ou une Faculté de droit, on peut mettre une Faculté des lettres et une Faculté des sciences, mais pas ailleurs. Et quand M. le ministre dit qu'on donnera un délai, cette réserve est insuffisante ; car si on donne un délai de trois ans, même de cinq ans, même de vingt, est-ce que M. le ministre de l'instruction publique pourra créer en ce temps-là vingt-cinq Facultés des lettres en France? Je garantis qu'il ne le fera pas; moi qui connais sa capacité et la sagesse du Conseil, je dis qu'il ne le fera pas.

On me répète qu'on donnera un délai; eh bien, je le répète à mon tour, ce délai sera vain, et il faudra le renouveler sans cesse. Je le dis à regret, il n'y a pas un homme pratique qui puisse soutenir l'amendement de la commission.

N'abolissez pas d'un coup toutes les commissions d'examen : proposez-vous d'en diminuer peu à peu le nombre. Avant tout il faut qu'elles présentent de solides garanties d'impartialité. Déjà, en 1840, j'avais ôté, avec l'assistance du Conseil, les proviseurs et les censeurs des colléges royaux de ces commissions, mais nous n'avions pas été jusqu'à en bannir les professeurs eux-mêmes, car ce sont les meilleurs examinateurs qui se puissent trouver.

En tout cas, je demande que l'article soit mûrement réfléchi avant d'être adopté, et qu'il soit renvoyé à la commission. (*Non! non!*)

Permettez, Messieurs! Que fais-je ici? Je défends le projet du ministère. Et je ne demande, en vérité, rien de bien paradoxal, je demande le maintien de ce qui existe depuis trente ans, et je ne fais pas, je crois, une proposition excessive, en demandant le rétablissement du silence du gouvernement.

. . . . . Je demande à dire un dernier mot. (*Aux voix! Aux voix!*)

Il est impossible de ne pas répondre aux suppositions que vient de me prêter M. le rapporteur.

Je suis professeur de Faculté ; depuis vingt ans je fais des examens, et je n'ai pas pu dire que mes collègues et moi, que les Facultés des lettres du royaume n'étaient pas en état de faire les examens et de conférer très-convenablement les grades. J'ai dit que si, au lieu de dix Facultés, vous en créez vingt-cinq, autant que d'Académies, alors elles seront incapables de maintenir l'enseignement supérieur à la hauteur qui lui appartient, et de conférer des grades avec autorité. Je n'entre pas, comme on l'a dit à mon grand étonnement, dans une voie nouvelle ; c'est moi, au contraire, qui veux vous retenir dans la voie ancienne. J'honore les Facultés des lettres ; mais je souffre, je l'avoue, de voir supprimer si légèrement, et sans aucune résistance de la part du gouvernement, ces commissions d'examen d'une capacité éprouvée, qui ont été instituées par des hommes comme M. Royer-Collard et M. Cuvier, dans des temps où l'on considérait les choses avec sang-froid et où la passion n'entraînait pas à des résolutions extrêmes. Je rappellerai à M. le duc de Broglie que plus il y a de passion et d'agitation dans les esprits, plus il faut se défier d'innovations conçues au milieu de l'orage.

Je maintiens donc l'état actuel : c'était le vœu, c'était l'avis du gouvernement ; je le défends avec lui ou sans lui. J'ajoute que si l'amendement était adopté, ce serait une raison bien plus grande d'adopter mon sous-amendement, c'est-à-dire de mettre les agrégés de Facultés dans les examens du baccalauréat ; car si vous voulez donner plus d'activité et plus de travail aux Facultés, ce n'est pas le cas de réduire le nombre de leurs membres qui peuvent participer aux examens. (*Aux voix! aux voix!*)

SÉANCE DU 17 MAI 1844.

Des conseils académiques.
Nécessité de maintenir la juridiction du conseil académique pour la réprimande,
et de renvoyer la suspension au tribunal civil.

M. Cousin. Il me semble peu raisonnable de régler d'une manière permanente la composition du conseil académique qui a des fins très-différentes, seulement en vue d'une fin particulière. Ainsi, je demande la rédaction suivante :

« Si l'avertissement reste sans effet, le recteur fera citer l'inculpé devant le conseil académique qui, *en ce cas*, sera composé comme il suit, etc. »

Si le conseil académique n'avait d'autres fonctions que celle que l'article 24 lui donne, sa composition, telle que cet article la détermine, serait acceptable ; mais ce conseil fait bien d'autres choses encore pour lesquelles d'autres membres sont nécessaires. Quelle objection peut-on faire à cela ? La rédaction proposée répond au vœu de la commission ; elle entre dans des défiances qui, selon moi, ne sont pas fondées, mais qu'il faut bien que j'admette, puisque tous les membres de la commission les expriment les uns après les autres ; elle protége les intérêts que vous voulez assurer, et en même temps elle n'empêche pas les autres fonctions du conseil académique, qui réclament une composition différente de ce conseil, selon les différents besoins du service.

. . . . . J'ai déclaré que je ne traiterais pas la question du Conseil royal. Ainsi le Conseil royal n'est pas mis en cause ; mais, pour le conseil académique, M. le rapporteur dit que la commission l'a pris tel qu'il est composé. Messieurs, il n'en est rien.

M. LE RAPPORTEUR. C'est M. le ministre de l'instruction publique qui nous a remis cette composition, et nous n'y avons pas changé un *iota*.

M. LE MINISTRE DE L'INSTRUCTION PUBLIQUE. Il y a ici un détail à expliquer.

M. COUSIN. Je dois rétablir les faits. A l'heure qu'il est, les vingt-cinq conseils académiques existants sont composés non-seulement des membres ici mentionnés, mais d'autres encore qui sont indispensables dans les autres cas. Je suis le premier à dire que les proviseurs ne doivent pas siéger dans le conseil académique, quand il s'agit de statuer sur le sort des directeurs d'établissements particuliers et rivaux ; mais dans les autres cas, c'est tout différent ; par exemple, lorsqu'il sera question des intérêts moraux et matériels des colléges royaux, de telle ou telle dépense, de mille choses enfin relatives aux établissements de l'Université. Sur cela vous n'entendez ni changer notre jurisprudence ni troubler un service réglé. Vous stipulez pour les établissements libres, lorsqu'ils seront amenés devant le conseil académique; le reste échappe en ce moment à la discussion.

Séance du 18 mai 1844.

M. Cousin. Messieurs, je ne prends la parole que pour rétablir l'opinion que j'ai exprimée hier et dans laquelle je persiste.

Je tiens d'abord à constater les points sur lesquels j'ai l'avantage de me rencontrer avec la commission. Le premier, et il est bien grave, où je partage l'avis de la commission et de son rapporteur, c'est le paragraphe 2 de l'ancien article 14 du projet ministériel, lequel disposait qu'en cas de désordre grave déjà puni par une réprimande, et en cas de récidive, le chef d'un établissement privé pourra être suspendu, et attribuait ce jugement au Conseil royal de l'Université. Je pense avec la commission, moi serviteur de l'Université et membre dévoué du

Conseil, qu'il ne convient point de faire intervenir le Conseil dans une peine telle que la suspension d'un chef d'établissement particulier. Puisque les établissements particuliers cessent de faire partie intégrante de l'Université et ne peuvent plus s'appeler, comme le voulait le décret de 1808, écoles de l'Université, mais bien écoles privées; dès lors, il ne peut plus appartenir au Conseil d'appliquer une peine comme celle de la suspension, qui, ne vous le dissimulez pas, la plupart du temps entraînera la ruine de l'établissement. M. Guizot, dans le projet de loi de 1836, s'était bien gardé d'attribuer une telle juridiction au Conseil; et, pour ma part, en 1840, dans le projet de loi que j'avais préparé, que j'ai fait imprimer, mais que je n'ai pas osé distribuer à la Chambre, j'avais suivi l'exemple donné par M. Guizot; mais j'avais été bien plus loin que lui; car mon illustre prédécesseur, ne voulant pas attribuer le droit de suspension au Conseil, ne l'avait attribué à personne, et s'était arrêté à la simple réprimande. M. de Bussières a prouvé hier la nécessité de ne point s'arrêter à la simple réprimande, et d'aller, en cas extrême, jusqu'à la suspension. J'avais en quelque sorte prévenu le vœu de M. de Bussières, et devancé le nouvel amendement que la commission vous propose, car voici le dernier paragraphe de l'article 2 du projet de loi que j'avais préparé et publié en 1840 : « Après deux réprimandes dans les cas ci-dessus déterminés, le délinquant pourra être traduit devant le tribunal civil de l'arrondissement, lequel, statuant sommairement, prononcera contre le chef de l'établissement une amende de 100 fr. à 1,000 fr. » Je lis cela, Messieurs, sur un exemplaire imprimé il y a quatre ans. La chambre voit donc que je ne suis pas un universitaire trop fanatique, et je réclame l'honneur d'être entré le premier avec franchise et courage dans le système nouveau, nécessaire pour l'accomplissement des promesses de la Charte. (*Marques d'approbation.*)

Cela dit, Messieurs, et après avoir constaté qu'il y a quatre ans, avant tous les ombrages soulevés contre le Conseil, j'avais le premier et librement, par le seul respect de la liberté, renvoyé le droit de suspension à un tribunal civil, après cela, je suis, ce me semble, bien reçu et autorisé à déclarer que ce n'est pas une heureuse invention que d'attribuer au tribunal civil non-seulement le droit de suspension, droit qui lui appartient de plein droit, je le reconnais, et qui ne peut plus appartenir à l'Université, mais aussi le droit de réprimande, peine d'un ordre fort différent, et qui est purement disciplinaire.

Je parle ici dans l'intérêt des établissements particuliers. Il ne faut pas commencer par frapper au lieu d'avertir. La réprimande, surtout si elle n'est pas publique, est une peine légère, comparée à la suspension; elle suppose une enquête, mais non pas celle d'un tribunal qui ne peut raisonnablement porter sur la *négligence habituelle dans les études, et sur des désordres de discipline*, mais sur des faits moins scolastiques et d'un caractère différent. Pour cette enquête, il faut des hommes d'école, mêlés et tempérés de magistrats et de pères de famille. Le conseil académique semble avoir été fait tout exprès pour juger de pareils délits. Se reproduisent-ils? s'aggravent-ils? changent-ils de caractère par la récidive? L'affaire est plus sérieuse; et comme la peine peut changer avec le délit, la juridiction doit changer, et le prévenu est envoyé par-devant le tribunal civil. Mais il ne faut pas commencer par la juridiction même par où l'on finit.

Tel avait été l'avis de M. Guizot en 1836, le mien en 1840, celui de M. Villemain en 1841 et 1843; tel avait été le premier avis de la commission après un long et mûr examen de la question. J'avoue que je réclame contre l'invention nouvelle, subite et un peu hasardée, de la commission, en faveur de son ancienne opinion, qui avait pour elle bien des autorités, et qui, je crois, ne sera combattue par aucun homme versé dans ces matières, et ayant mis la main dans la pratique de ces sortes d'affaires.

Reste à savoir quelle sera la composition du conseil académique.

J'avais exprimé à cet égard l'opinion la moins paradoxale. Moi aussi, je pense qu'il n'est pas possible de laisser la composition du conseil académique à l'arbitraire du ministre de l'instruction publique, même pour l'application d'une simple peine disciplinaire, telle que la réprimande, dès qu'il s'agit d'un instituteur privé; c'est à la loi elle-même à déterminer la composition de ce conseil, puisqu'il devient tribunal pour les personnes que nous voulons soustraire à tout régime arbitraire. J'ai donc accepté la composition bien réfléchie, bien pondérée, présentée par la commission. Je n'y avais mis qu'une simple réserve. J'avais dit que, grâce à Dieu, le conseil académique ne sera un conseil disciplinaire que très-rarement, sous l'empire d'une législation aussi sévère que la vôtre. Après que vous avez exigé un brevet de moralité et un brevet de capacité difficiles à obtenir, ayez confiance en votre œuvre et croyez que les délits seront très-rares. Or, je le demande à la sagesse de la chambre et aux lumières de la commission, est-il conforme à la raison de constituer *à priori* et pour tous les cas possibles le conseil académique sur le modèle qui convient dans un seul cas, et dans un cas extrêmement rare ?

Je crois qu'il y a ici deux opinions extrêmes. L'une consiste à dire, comme le voulait le premier paragraphe de l'article 14 du projet ministériel, que le conseil académique resterait, même comme tribunal pour les instituteurs privés, tel qu'il existe aujourd'hui, c'est-à-dire composé arbitrairement, renouvelé arbitrairement, et différent chaque année. Cela ne se peut. C'était l'opinion du projet ministériel ; je l'écarte avec la commission. L'autre opinion extrême consiste à vouloir réduire le conseil académique, conseil le plus souvent administratif, à la composition inflexible et réglée d'avance qu'il doit avoir comme tribunal ayant pour justiciables des instituteurs particuliers.

Pensez-y bien : que réglez-vous ici ? vous réglez les droits des chefs d'établissements privés en même temps que ceux de la société. Vous voulez assurer l'équité, l'impartialité, comme aussi la convenance du tribunal, même disciplinaire, devant lequel devront comparaître les chefs d'établissements libres. J'en tombe d'accord : faites donc l'œuvre que vous avez à faire, et ne vous embarrassez pas du reste ; considérez le conseil académique comme tribunal disciplinaire et non comme conseil administratif. Tout est concilié, si la commission veut se résigner à cette humble addition : « L'inculpé sera cité devant un Conseil académique qui, dans ce cas, sera composé comme il suit. » *Dans ce cas*, c'est-à-dire dans le cas qui nous occupe, le seul par lequel le projet de loi, qui statue sur les instituteurs privés seulement, ait quelque intérêt et même ait le droit de considérer ce Conseil universitaire qu'on appelle le Conseil académique.

Je ne vois pas en quoi cela trouble l'économie du projet de la commission. La légalité du tribunal est consacrée. Les intérêts des instituteurs privés sont garantis. Et en même temps, dans tous les cas ordinaires, les Conseils académiques demeurent ce qu'ils doivent être pour remplir les fonctions très-différentes pour lesquelles ils sont absolument nécessaires. Je ne veux pas vous énumérer toutes les fonctions administratives des Conseils académiques, jugement en première instance de nos professeurs, de nos propres élèves, examen des comptes des colléges, de leurs besoins matériels et moraux. A des titres divers, ils réclament plusieurs fonctionnaires de nos colléges qui ne sont pas et ne doivent pas être dans la composition du Conseil considéré comme tribunal. Je crois, par exemple, et si ma mémoire était en défaut, la mémoire si parfaite de M. le ministre de l'instruction publique redresserait mon erreur, je crois que, depuis quarante ans, il n'y a pas eu un seul Conseil académique, du moins en province, dont n'ait fait partie le proviseur. Je ne conçois pas de Conseil académique sans ce fonctionnaire essentiel. Un Conseil administratif peut être très-bien composé d'une façon qui ne convient pas à un conseil disciplinaire ; et réciproquement, la composition d'un Conseil disciplinaire peut ne pas suffire pour les attributions nécessaires d'un Conseil administratif. Les besoins de l'administration et ceux de la justice sont aisément conciliés et maintenus par un léger changement de rédaction contre lequel je suis encore à comprendre les scrupules de la commission.

Saisissez bien, je vous prie, le système gradué des peines et des juridictions que réclame la matière : 1° pour ce délit spécial, dangereux, et qui mérite d'être réprimé et puni, mais où n'est pas engagée l'inconduite et l'immoralité du maître, dont il est traité à l'article suivant, une peine purement disciplinaire et relative à la nature du délit, à savoir, la réprimande; 2° la récidive, et même plusieurs récidives ont-elles lieu? Évidemment, le délit en récidivant s'aggrave et peut même changer de nature en changeant de degré. Alors la suspension peut devenir une peine nécessaire dans l'intérêt des enfants et des familles. De là deux juridictions différentes. D'abord le Conseil académique, constitué tel qu'il doit l'être pour être un tribunal disciplinaire. Remarquez que, selon moi, il n'est nullement besoin que le jugement de ce Conseil, pour avoir son exécution, soit approuvé par le ministre. Ni le projet de 1836, ni le projet de 1840, ni le projet actuel ne demandaient cette intervention, et votre commission a été plus ministérielle que trois ministres. Les peines disciplinaires épuisées, venait la peine correctionnelle, que, selon moi, comme selon la commission, le tribunal civil peut seul porter. Là, Messieurs, je repousse aussi fortement que la commission l'intervention malheureuse du Conseil royal; je la repousse à la fois et dans l'intérêt des établissements privés et dans l'intérêt du Conseil royal lui-même.

Mais il est un cas où trois projets de ministres différents ont fait intervenir le Conseil royal, et c'est ici que la commission me paraît avoir poussé la passion de la justice jusqu'à une sorte d'excès, j'allais dire jusqu'à l'injustice.

Le tribunal académique porte la peine de la réprimande ; si le condamné s'y résigne, tout est fini ; sinon on lui ouvre un recours, un recours à qui ? au Conseil royal. Je regrette que ce recours n'ait pas trouvé grâce auprès de votre commission. Il est difficile de moins employer le Conseil royal, et, remarquez-le, on ne l'emploie que s'il plaît au condamné d'y avoir recours. Le Conseil peut tout au plus confirmer la sentence du tribunal académique ; il ne peut l'aggraver, il peut l'annuler ; c'est un recours favorable et gracieux, au profit peut-être, jamais au détriment de celui qui l'invoque. Bien qu'il ne faille pas citer une autre chambre à cette tribune, cependant il ne peut pas être tout à fait interdit de rappeler que déjà un grand pouvoir politique en 1836 a passé sur ce point et a admis sans difficulté le recours au Conseil royal dans le simple cas de réprimande. Pour moi, je n'aurais vu aucun inconvénient à cela ; car le Conseil royal donne aux particuliers autant de garanties d'équité qu'aucun tribunal, et il possède en ces matières délicates des lumières qui sont aux justiciables la plus sûre de toutes les garanties.

Cependant je conçois des ombrages, tout injustes qu'ils me paraissent ; et si l'on veut ôter même cette attribution au Conseil, j'aimerais mieux m'y résigner que de tout transporter, la réprimande comme la suspension, devant le tribunal civil. Je parle ici dans un intérêt d'équité qui, je l'espère, touchera la chambre. Je supplie la commission et M. le rapporteur de vouloir bien en croire le témoignage d'hommes expérimentés ; les chefs d'établissements ne peuvent pas être tout d'abord traduits, dans le cas d'un simple soupçon pour désordre dans la discipline de leur maison, devant un tribunal civil sans que leur réputation soit immédiatement mise en péril. Ne vous y trompez pas : si pour un désordre de discipline on traduit un chef de pension ou d'institution devant le tribunal civil, il est déshonoré ; toute accusation devant un tribunal civil en France est tellement grave, que même absous on en retient une sorte de flétrissure. Le chef d'établissement ne revient pas tout entier chez lui. Il y aura eu d'ailleurs un temps plus ou moins long pendant lequel sa réputation aura été compromise. Beaucoup de parents, sur de simples soupçons, auront retiré leurs enfants. Vous le frappez donc avant de l'avoir jugé, et quand même vous le déclarez innocent, il se retire presque coupable.

Encore une fois, Messieurs, je vous parle dans l'intérêt des établissements particuliers. Après leur avoir demandé déjà tant de garanties de tout genre, n'y ajoutez pas des pénalités énormes. Si vous voulez leur rendre cher le régime de liberté que vous allez instituer, il ne faut pas en faire un code un peu draconien.

Quant à moi, j'accepte ce qu'avait fait la commission pour le cas de suspension ; et, je le répète, si l'on ne veut pas du recours au Conseil royal pour la réprimande, je l'abandonnerai; mais je supplie la chambre de ne pas instituer, pour deux peines si différentes, l'unique juridiction qu'on lui propose.

SÉANCE DU 20 MAI 1844.

Nécessité de rechercher et de poursuivre, non-seulement l'immoralité du maître, mais celle de l'enseignement.

M. Cousin. J'ai écouté très-attentivement la réponse que M. le rapporteur vient de faire aux honorables auteurs de l'amendement. Je trouve dans sa réponse une concession indirecte, mais très-vaste et telle que l'amendement y est fort à l'aise. Puis, tout à coup, M. le rapporteur, en présence de l'amendement lui-même, a élevé des difficultés de tout genre qui, si elles étaient réelles, devraient retomber sur la concession même qu'il a faite.

Ou bien M. le rapporteur entend les mots : *en cas d'inconduite et d'immoralité,* dans le sens étendu de l'amendement lui-même, et alors il ne peut pas être reçu à le traiter aussi sévèrement ; ou bien il entend l'article de la commission comme jusqu'ici il avait été entendu, et, dans mon opinion, ce sens est trop étroit, et alors l'amendement de M. Frank-Carré devient nécessaire.

Si l'on entend par l'immoralité d'un chef d'établissement, non pas seulement l'immoralité de la personne, mais celle de l'enseignement; comme l'enseignement n'est et ne peut être autre chose que les doctrines enseignées, je dis que l'interprétation donnée par M. le rapporteur à l'article de la commission est entièrement conforme à l'amendement. Mais je suis d'avis d'écrire cette interprétation dans la loi, et, par conséquent, d'admettre l'amendement. Si, au contraire, la commission persistait..... (*Non! non!*)

Alors, je me félicite de n'avoir pas à combattre la commission, et je suis charmé d'appuyer à la fois et l'amendement et la commission.

Non, Messieurs, il n'est pas exact de dire avec un savant magistrat, M. Laplagne-Barris, que le mot d'immoralité tombe sur les choses. Jamais on n'a entendu par immoralité que l'immoralité personnelle.

M. LE RAPPORTEUR. Pardon, nous avons pris la rédaction de la loi de 1833, parce qu'elle l'entend comme je l'ai expliqué moi-même tout à l'heure.

M. COUSIN. Je ne sais; mais les tribunaux ne l'ont jamais entendu que relativement aux personnes, et je ne sache pas qu'il y ait un exemple du contraire, du moins je n'en ai aucune connaissance, et j'ai suivi avec soin l'exécution légale de la loi de 1833.

En effet, Messieurs, l'homme le plus moral peut enseigner des doctrines contraires, à son insu, à la vraie morale qu'il ignore. Et remarquez qu'un enseignement immoral en soi, donné par un homme d'une conduite irréprochable, est d'autant plus dangereux, car la faveur qu'on ne peut refuser à la personne peut se communiquer à la doctrine. Songez, je vous prie, aux fanatiques. Au milieu de tous les égarements de notre temps, n'avez-vous pas rencontré des hommes dont les doctrines vous révoltent, et au caractère desquels nous sommes obligés de rendre hommage! Il faut donc une garantie contre la contagion des mauvaises doctrines dans un maître personnellement honnête, et cette garantie, il faut l'inscrire dans la loi.

Mais, dit-on, vous voulez donc faire des procès de tendance. Je n'en veux pas plus que M. le rapporteur en matière de presse. Mais il ne s'agit pas ici de la presse, mais des écoles de la jeunesse pour lesquelles une sollicitude particulière est commandée. Il ne faut pas avoir peur des mots. Toute espèce de procès en matière d'enseignement, devant une juridiction ou devant une autre, portera toujours sur la direction de l'enseignement, direction attestée, non par une seule phrase, mais par une leçon entière ou même par plusieurs. Un enseignement devient-il innocent parce que le poison qu'il contient se trouve répandu de divers côtés?

Ajoutez que ce n'est plus le conseil académique qui jugera, ce sera le tribunal civil. Vous n'avez donc pas à redouter des condamnations empreintes d'esprit de parti. Les inspecteurs d'académie ne participent plus à aucun jugement, même disciplinaire. Ils n'ont plus que la surveillance. Vous l'abolissez, si elle ne peut tomber sur l'enseignement, c'est-à-dire sur les doctrines enseignées.

En quoi le régime de liberté appliqué aux institutions particulières peut-il changer les droits de la surveillance? Ces droits ont toujours été exercés, depuis quarante ans, et avec cette étendue.

M. LE COMTE DE MONTALEMBERT. C'est vrai.

M. COUSIN. Si M. le comte de Montalembert m'approuve, j'en suis bien aise, cela devrait diminuer à ses yeux les objections qu'il a faites contre l'Université. Le caractère de l'inspection qu'elle exerce est surtout moral. Les inspecteurs ne vont pas seulement dans une pension ou une institution pour voir si l'on y emploie en sixième le *De viris illustribus* ou l'*Epitome historiæ sacræ*, ni pour savoir de quelle méthode on fait usage pour enseigner la grammaire latine ou la grammaire grecque. Ils ont une mission plus élevée. Ils peuvent donner quelques avis purement officieux sur les méthodes; mais ils les doivent respecter. C'est la discipline, ce sont les mœurs, ce sont les doctrines enseignées, dans leur rapport avec la morale et l'ordre public, qui les doivent intéresser. Ils doivent rechercher et signaler les défauts graves, les désordres sérieux, c'est-à-dire les désordres moraux; et, je vous le demande, quel désordre moral plus digne d'attention que la corruption même de l'enseignement par des doctrines contraires à la morale publique et aux lois du royaume ?

Par exemple, on a assez souvent accusé les doctrines philosophiques enseignées dans les écoles de l'Université ; et on nous recommande de les surveiller avec grand soin. Voudrait-on, par hasard, que nos inspecteurs ne pussent, à leur tour, surveiller l'enseignement philosophique des établissements particuliers ? Ils doivent, au contraire, appliquer leur surveillance bien plus à la nature morale de l'enseignement qu'à toute autre chose. Ils doivent s'inquiéter et de la philosophie, et de l'histoire, et du droit public qu'on enseignerait dans certaines institutions.

Les inspecteurs d'académie rechercheront donc avec prudence, avec sagesse, sous la direction de M. le ministre de l'instruction publique, les doctrines enseignées ; et, s'il y en a qui soient contraires à la morale, et j'ajoute aussi contraires aux lois du royaume, ils en donneront avis au recteur de l'académie, qui s'adressera au tribunal civil.

On a dit, et j'en ai été fort surpris, que de tels procès ne devaient être faits qu'à la suite de scandales publics. Mais, Messieurs, ce n'est pas le scandale qui fait le mal ; le mal gît dans la nature même et dans le danger réel des doctrines enseignées. Et quand même il n'y aurait pas scandale, un honnête inspecteur d'académie s'il rencontre un enseignement contraire aux lois du royaume, contraire à l'autorité de la puissance civile, tout aussi bien que contraire à la morale religieuse, il fera son devoir ;

il n'attendra pas que le mal se soit tellement étendu que le scandale public s'ensuive ; dès qu'il le verra, même à son commencement, sans en attendre les progrès, pour être plus sûr d'avoir raison, il interviendra pour sa part, et avertira M. le procureur du roi et le tribunal. Il en résultera non pas un procès ordinaire, mais un procès spécial, un procès d'école qui portera, non sur l'immoralité personnelle de l'instituteur, mais sur la moralité ou l'immoralité de l'enseignement.

Ainsi, si M. le rapporteur veut bien permettre qu'il y ait une addition à l'article de la commission...

M. LE RAPPORTEUR. Nous pouvons consentir à une addition.

M. COUSIN. A la bonne heure. Mais alors je puis soulager la commission de toute espèce de crainte pour l'exécution ; il n'y a pas plus de difficulté à exécuter l'amendement que l'article même auquel il s'applique.

Par ces diverses raisons, soit que j'aie pour moi la commission, soit que j'aie le malheur de ne pas être entièrement d'accord avec elle, j'appuie l'amendement de M. Franck-Carré. (*L'amendement est adopté.*)

Même séance (20 mai).

Les membres de l'Université qui la quitteraient pour entrer dans la carrière de l'enseignement libre, n'ont plus d'autres droits que ceux de tous les autres citoyens.

M. COUSIN. J'estime assurément tous les fonctionnaires

de l'Université, et en particulier nos proviseurs et nos principaux ; mais nous faisons ici une loi de droit commun. Je prie M. le comte de Tascher de ne point l'oublier ; et tout en le remerciant de sa confiance dans les membres de l'Université, et en la partageant, l'équité ne me permet pas de réclamer ni d'admettre pour eux aucune faveur spéciale, aucune exception. Quand un proviseur, un principal, un professeur, nous quittera pour se livrer à la très-honorable carrière de l'instruction privée, ses grades lui demeureront sans aucun doute, car il ne peut jamais les perdre ; mais il ne faut le dispenser d'aucune des autres conditions qui sont prescrites par la loi. On n'a pas songé à ne pas lui demander le certificat de moralité ; il faut lui demander même le brevet de capacité. Cela a été ainsi établi dans la loi sur l'instruction primaire. Quiconque, eût-il été même proviseur, voudrait tenir une simple école primaire, s'il n'a pas le brevet de capacité délivré par une des commissions instituées par la loi, présentera vainement ses autres titres, car ils ne sont pas ceux que la loi exige.

En un mot, il ne faut pas mieux traiter les universitaires que les autres citoyens. Les grades qu'ils ont, qu'ils les gardent ; mais d'ailleurs entière égalité entre eux et les autres candidats.

Un mot suffira pour montrer à M. de Tascher l'importance de mon observation.

Permettez-moi de faire une hypothèse, hypothèse invraisemblable, qui se réalisera bien rarement, mais qui enfin n'est pas impossible, c'est l'hypothèse où des membres de l'Université nous quitteraient par des raisons de bien des genres, sans toutefois avoir contre eux un jugement du Conseil, par une démission légalement volontaire, mais sagement ménagée, ou bien par des raisons politiques, le refus de serment, par exemple, et ce cas a pu et pourrait encore se présenter ; est-ce que dans ce cas, vous les exempterez de toutes les autres conditions que vous aurez établies vous-mêmes ? Non, Messieurs ; les membres de l'Université, quand ils ne font plus partie de l'Université, redeviennent de simples citoyens : il faut les renvoyer devant toutes les juridictions que vous aurez établies et les astreindre à toutes les conditions que vous aurez faites.

Par conséquent, je rejette l'amendement de M. le comte de Tascher ; je ne puis même me contenter de l'observation de M. le ministre de l'instruction publique. Ce n'est pas un très-bon signe de quitter l'Université ; quand on le fait, on retombe dans le droit commun, et il faut satisfaire à toutes les conditions exigées de tous les citoyens. (*Marques générales d'approbation.*)

SÉANCE DU 22 MAI 1844.

Question des petits séminaires.

M. Cousin. Je ne viens point répondre aux discours que vous avez entendus hier. M. de Montalembert se retire du combat, et il y aurait bien mauvaise grâce à poursuivre un si noble et si vaillant adversaire dans le silence auquel il a cru devoir se condamner. M. le ministre des affaires étrangères est occupé à l'autre chambre ; et fût-il présent, je serais embarrassé, je l'avoue, non pour admirer son talent accoutumé, mais pour trouver dans ses paroles, et à la hauteur où il a d'abord emporté la discussion, une opinion nette et précise qu'il me soit permis d'appuyer ou de combattre. L'éloquent orateur a appelé de tous ses vœux le rétablissement d'un banc des évêques à cette chambre : voilà qui m'a été parfaitement clair. Mais quelle doit être la condition des petits séminaires, ou celle qu'ils ont eue jusqu'ici ou celle que leur fait le projet actuel ? C'est sur quoi je l'ai moins compris, par ma faute, peut-être, et c'est ce que je me propose de rechercher, en mettant de côté toutes les considérations générales qui ne seraient d'aucune application pratique et en me renfermant sévèrement dans l'article sur lequel nous délibérons. Je veux examiner en lui-même le principe de cet article ; mais pour mettre en une pleine lumière et ce principe et la métamorphose qu'il fait subir aux petits séminaires, il est indispensable de jeter un coup d'œil, même après M. de Barante, sur les divers régimes que ces établissements ont traversés. Il faut aussi les comparer, dans leur nouvelle condition, aux colléges de l'État et aux institutions particulières. Enfin, après avoir mis à nu le principe de l'article 17, et fidèlement exposé l'esprit et le caractère du projet ministériel, il faudra bien en faire voir les effets certains sur la liberté d'enseignement que vous voulez fonder, sur l'avenir de la société et sur l'Église elle-même. Je marcherai le plus rapidement qu'il me sera possible dans la carrière qui est devant moi ; mais je supplie la chambre de ne point oublier qu'à mes yeux l'article que nous agitons est presque en réalité toute la loi.

Quand on s'élève au-dessus des passions du jour, il n'y a pas de question plus simple en elle-même que celle des petits séminaires. Je n'en connais pas où les principes du sens commun le plus vulgaire soient plus d'accord avec toutes les traditions du droit ancien et avec les maximes les plus certaines du droit nouveau.

La raison et la loi partagent toutes les écoles en deux classes : les écoles qui ont un caractère général et préparent à toutes les carrières civiles sans regard à aucune en particulier, et les écoles qui ont un caractère spécial et préparent à telle ou telle carrière déterminée. Les premières relèvent de l'administration générale de l'instruction publique; les autres relèvent de l'administration particulière à laquelle elles se rapportent. L'armée, la marine, les travaux publics ont leurs écoles militaires, les écoles de marine, l'école polytechnique, l'école des mines, etc. Les différents cultes ont aussi ou peuvent avoir leurs différentes écoles spéciales. Le clergé catholique est depuis longtemps en possession d'écoles spéciales appelées des séminaires, dans lesquelles il forme la pieuse milice destinée à recruter l'Église. Charlemagne, comme je l'ai fait voir dans la discussion générale, a posé le fondement des séminaires. Le concile de Trente les trouva abattus et les releva; Richelieu les organisa. Ce sont les séminaires fondés au commencement du dix-septième siècle qui ont donné à la France cette grande église gallicane qui couvre de sa gloire la dernière moitié du siècle de Louis XIV, se soutient longtemps encore après avoir perdu ses lumières les plus éclatantes, et, un moment énervée dans la mollesse universelle de la fin du dix-huitième siècle, se retrempe sur l'échafaud et dans le martyre, et reparaît si belle encore dans les premiers jours du siècle présent. La même main qui releva le culte catholique lui devait et lui rendit les écoles spéciales où repose son avenir.

Un article du concordat (1) attribua un séminaire à chaque diocèse. Il ne suffisait pas de les créer, il fallait les soutenir. Une loi de 1804 fondée sur le concordat, mit à la charge de l'État l'entretien et les frais des séminaires, et en fixa les bases principales. Plus tard un décret impérial (2) affecta à chacun de ces séminaires un certain nombre de bourses et de demi-bourses. Voilà pour le matériel. Quant au spirituel, si la loi de 1804 attribuait à la puissance civile la nomination des directeurs et des professeurs sur la présentation, ou, comme le dit le texte même de la loi, sur les indications des évêques, le décret du 17 mars 1808 plaça le séminaire tout entier dans la main de l'évêque ; et dès lors c'est l'évêque qui nomme et révoque les directeurs et les professeurs, et surveille seul les études et la discipline. Toutefois, comme il importe à l'État qu'il ne soit rien enseigné dans aucune école qui porte atteinte à ses droits inaliénables, sans s'immiscer dans le dogme et dans la discipline, un décret impérial (3) exigea qu'il ne fût rien enseigné dans les séminaires de contraire à la doctrine constitutive de

---

(1) Article 11.
(2) Décret du 30 novembre 1807.
(3) Décret du 25 février 1810.

l'Église gallicane et à la déclaration du clergé de France de 1682, sur l'étendue et sur les limites de la puissance ecclésiastique. Je veux croire que cette prescription est aujourd'hui fidèlement observée. Mais en voici une autre que je recommande à toute votre attention. Le gouvernement qui avait assuré le recrutement du clergé à l'aide de séminaires constitués et soutenus par toutes les fortes mesures que je viens de rappeler, pour que l'esprit gallican régnât certainement dans les séminaires, prescrivit qu'on n'y pût entrer qu'après avoir quelque temps respiré l'air de la commune patrie, achevé un cours complet d'études dans les écoles ordinaires, publiques ou privées, laïques ou ecclésiastiques, et obtenu le grade de bachelier ès lettres. « Pour être admis dans les sémi-
» naires maintenus par l'article 3 de notre décret du
» 17 mars 1808, comme écoles spéciales de théologie,
» les élèves devront justifier qu'ils ont reçu le grade de
» bachelier ès lettres dans la Faculté des lettres. » Ainsi parle l'article 1er du décret impérial du 9 avril 1809. Il atteste la haute prudence du gouvernement de cette époque; il est aussi favorable à la religion qu'à la patrie, et il promettait à l'avenir un clergé instruit, pénétré de l'esprit du pays, le comprenant, pouvant en être compris et exercer une salutaire influence. Demandez à M. le ministre des cultes quelle ordonnance a rapporté ce décret de 1809, ou si, quoiqu'il subsiste encore, il est observé. Non, il est tombé en désuétude ainsi que tant d'autres prescriptions excellentes.

Voilà, Messieurs, la constitution et l'objet des séminaires : ce sont les écoles spéciales du clergé. Elles lui appartiennent exclusivement sous les réserves indiquées. Les séminaires ne dépendent pas plus de cette administration générale de l'instruction publique appelée l'Université, que toute autre école spéciale, militaire ou civile. De même ils ne portent aucune des charges, soit financière, soit scolastiques, auxquelles sont soumises toutes les autres écoles qui ont un caractère général. Leur spécialité est leur titre à cette immunité fondée en raison.

Qu'est-ce maintenant qu'un petit séminaire? Est-ce une école spéciale ou une école générale? J'accepte la réponse qu'on voudra me faire ; mais il faut bien que ce soit l'un ou l'autre. La législation impériale répond que c'est une école d'un caractère général, et non une école spéciale. Le concordat, qui est une loi, et la loi de 1804 ne reconnaissent comme écoles spéciales que les séminaires diocésains : donc, toute autre école d'un caractère général est une école de droit commun et soumise aux conditions communes.

Ai-je besoin de dire que le droit commun ne repousse pas les ecclésiastiques? Loin de là, il les admet, il les appelle, il les protége; mais à quel titre? Est-ce à titre personnel, et parce que telle personne, considérée en elle-même, présente les garanties requises de moralité et d'instruction ? Prenez-y bien garde : cette question, si simple en apparence, renferme dans son enceinte, avec deux solutions différentes, deux mondes opposés, deux sociétés mille fois plus contraires entre elles que l'ancienne société et la nouvelle, l'ordre social antérieur à la révolution française, et celui qu'ont introduit la révolution et l'empire. Qu'on me montre dans l'ancienne société une ordonnance de roi, un arrêt de parlement qui prouve que sur cette terre de France un ecclésiastique, en tant qu'ecclésiastique, possédât jamais le pouvoir d'enseigner. Je défie tous les canonistes à la mode de me trouver un pareil texte ; il n'y en a point. Il serait donc par trop extraordinaire que la société née de la révolution française eût admis le droit divin des ecclésiastiques à l'enseignement. L'ecclésiastique, comme tel, a un droit divin, je le reconnais, et un droit divin d'enseigner, mais d'enseigner quoi? La religion, et encore sous les auspices de l'autorité religieuse compétente. Hors de là, il n'y a de droit ni divin ni naturel ; il y a, comme je l'ai démontré dans la discussion générale, un pouvoir, un office, une fonction que l'État confère sous certaines conditions dont il est juge. Que si, sous le prétexte d'enseigner la religion, et parce que la religion touche à toutes choses, on prétend usurper l'enseignement général, soit par dol et par ruse, soit à découvert, l'État résiste ; il discerne le domaine spécial du domaine commun, garantit à l'ecclésiastique son domaine spécial, et il lui ôte le domaine général et public, ou plutôt il le lui ouvre aux conditions communes, et pourvu que, sans exciper de son caractère spécial, qui pourtant lui est toujours une recommandation, il présente les garanties exigées par la loi.

Telle était la vieille législation française, telle fut la législation impériale. Sous les auspices de cette législation, un grand nombre d'ecclésiastiques, encouragés par leurs supérieurs, et remplissant toutes les conditions demandées, formèrent des institutions ou des pensions, des écoles secondaires. Parmi les écoles secondaires dirigées par des ecclésiastiques, plusieurs, sans perdre leur caractère d'écoles générales, prirent peu à peu un caractère religieux très-prononcé. Naturellement les évêques s'y intéressèrent; ils les couvrirent de leur protection, et insensiblement ces écoles furent appelées écoles secondaires ecclésiastiques. C'étaient des écoles tout comme les autres; seulement il en sortait plus de jeunes gens disposés à entrer dans les séminaires. Et comme le recrutement du clergé est une affaire de la plus haute importance, et qu'il est juste d'encourager toute école qui peut y servir même indirectement, le décret du 9 avril 1809, qui rappelle la juridiction de l'Université sur toute autre école que les séminaires, recommande à l'intérêt particulier du grand maître et du conseil les écoles secondaires dont les élèves manifesteraient quelque vocation pour l'état ecclésiastique. Ce même décret fondait, dans les lycées de l'empire, des bourses et des demi-bourses pour les élèves qui se destineraient à l'Église. Tant alors on mettait de prix à entourer d'une protection éclairée le meilleur recrutement du clergé!

Malheureusement le décret de 1811, en ce qui concerne les écoles secondaires ecclésiastiques, est bien loin de la sagesse du décret de 1809. Déjà la date de ce décret annonce que l'empire tendait les ressorts du gouvernement jusqu'à les mettre en péril, et s'écartait de cette modération magnanime qui avait rallié tous les membres de la famille française et entouré le consulat et les premières années de l'empire d'un concert de bénédictions et d'espérances. Divers articles du décret de 1811 contraignaient toutes les écoles secondaires ecclésiastiques, comme toutes les autres écoles privées, à envoyer leurs élèves aux lycées, ce qui rompait leurs habitudes intérieures et troublait leur régime particulier. L'Université tempéra de tout son pouvoir les rigueurs de ces articles nouveaux que ne renfermait pas le décret de 1808; mais par une défiance, qui est un titre d'honneur pour l'Université, leur exécution avait été confiée aux préfets et aux procureurs généraux; et quand la fortune cessa d'obéir aux commandements de l'empereur, une sévérité souvent impuissante envenima et accrut les réclamations.

En cet état de choses, que fallait-il faire, Messieurs? Maintenir ce qui était juste, supprimer ce qui ne l'était pas; maintenir pour toutes les écoles privées, laïques ou ecclésiastiques, les garanties nécessaires, supprimer pour toutes la dure et vexatoire obligation d'envoyer leurs élèves aux lycées, et, bien entendu, faire jouir de cette sage liberté les écoles ecclésiastiques. Si la restauration eût fait cela, elle eût été bénie et par l'Université et par les familles et par le clergé. Loin de là, voici ce qu'elle fit : elle conserva très-soigneusement pour les écoles privées séculières toutes les prescriptions du décret de 1811 ; et, pour en exempter les écoles secondaires ecclésiastiques, elle les enleva au droit commun.

En 1814, le ministre de l'intérieur était M. l'abbé de Montesquiou. Il surprit à l'autorité royale la célèbre ordonnance du 5 octobre 1814, qui déclara les écoles secondaires ecclésiastiques écoles spéciales, les arracha à l'administration générale de l'instruction publique, et les donna au clergé. Cette ordonnance était illégale ; car c'étaient des lois, celle de 1802 et celle de 1804, qui avaient déterminé le domaine commun et le domaine spécial du clergé, et on ne pouvait rapporter ces lois que par une loi. M. l'abbé de Montesquiou n'y regarda pas de si près. Il fit décider par une ordonnance, non-seulement que les écoles dites ecclésiastiques seraient dispensées de fréquenter les leçons des colléges et exemptes de la rétribution imposée à tous les élèves des institutions et des pensions, et en cela il fit bien, mais aussi que ces écoles appartiendraient aux évêques au même droit que les séminaires, que les évêques pourraient en nommer les directeurs et les maîtres sans l'intervention d'aucune autorité civile : nulle condition, même de grade, n'était posée.

Mais M. l'abbé de Montesquiou lui-même n'avait pas eu l'idée de conférer à la fois aux écoles secondaires ecclésiastiques les avantages du droit commun et ceux de la spécialité. Il avait voulu que ces écoles fussent tout aussi spéciales que celles auxquelles elles préparaient et dont elles formaient le premier degré. L'ordonnance prenait plus d'une précaution pour que ce caractère de spécialité fût maintenu. Elle déterminait le nombre des petits séminaires. Leurs élèves devaient porter de bonne heure l'habit ecclésiastique. S'ils étaient admis au baccalauréat ès lettres, et même gratuitement, c'était pour satisfaire à la condition du décret de 1809, qui exigeait qu'on ne pût entrer dans les séminaires qu'avec le titre de bachelier. Ainsi, après tout, l'ordonnance de 1814 ne faisait autre chose que de déclarer un certain nombre d'écoles secondaires ecclésiastiques établissements spéciaux, et de les soustraire en cette qualité à la juridiction générale de l'État, mais à la charge nettement exprimée qu'ils prépareraient exclusivement aux grands séminaires. Même alors, personne ne songea à donner au clergé le droit d'enseigner : seulement le domaine de la spécialité fut étendu, et les écoles spéciales de théologie, les séminaires, furent en quelque sorte dédoublés.

On sait à combien d'abus l'ordonnance de 1814 donna naissance. Peu à peu, et particulièrement dans la seconde réaction de 1821 à 1827, toutes les mesures qui avaient pour objet de resserrer dans les limites d'une préparation nécessaire aux grands séminaires l'instruction qui se donnait dans les petits, furent éludées. On garda la spécialité pour ainsi dire sur le front de ces établissements, afin de retenir les immunités qu'elle conférait, et dans l'intérieur ils devinrent de véritables écoles de droit commun, recrutant la magistrature, la marine et l'armée tout aussi bien que l'Eglise. Du moins, à cette époque, avait-on la pudeur de couvrir les apparences ; on éludait les lois et même l'ordonnance de 1814 sans oser les fouler aux pieds, et le mensonge était un dernier hommage rendu à une légalité impuissante. Aussitôt que parut le ministère réparateur de M. de Martignac en 1828, des ordonnances célèbres s'appliquèrent à faire cesser des abus manifestes. Le ministère de M. de Martignac pouvait faire de deux choses l'une : ou revenir à la législation impériale et faire rentrer les écoles secondaires ecclésiastiques dans le droit général, en leur imposant les charges communes abondamment compensées par les avantages communs, ou, en acceptant le système établi par l'ordonnance de M. l'abbé de Montesquiou, procurer loyalement l'exécution de cette ordonnance et ramener les petits séminaires dans les limites de la spécialité. Ce dernier parti fut préféré, et les ordonnances de 1828, monument respectable des derniers beaux jours de la restauration, prescrivirent diverses mesures fermes et modérées qui, conformément à l'esprit et même à la lettre de l'ordonnance de 1814, ne créèrent point, comme on l'a trop souvent répété, mais maintinrent le caractère spécial des petits séminaires. Le régime établi ou plutôt renouvelé en 1828 se compose d'avantages immenses auxquels sont attachées des restrictions déterminées.

C'est le régime qui, plus ou moins fidèlement pratiqué, a duré et subsiste aujourd'hui. Il protége le recrutement des grands séminaires, et sert par là le clergé et la religion, sans porter atteinte aux droits de l'État et au caractère laïque et séculier de l'instruction publique en France.

Qui vaut le mieux, Messieurs, de la législation impériale ou de celle de la restauration qui est encore la nôtre? Ici j'ai vu hésiter les plus fermes esprits. Le choix dépend des circonstances, et relève plutôt de la prudence que de la justice. Pour moi, j'ai toujours déploré l'ordonnance de 1814. Non-seulement elle est illégale, mais elle est funeste. En principe, le droit commun est la vérité, et je pense que, quand il était établi, il était aisé de le maintenir par une exécution forte et modérée. Supprimez pour toutes les institutions et pensions, l'obligation superflue et vexatoire d'envoyer leurs élèves dans les établissements de l'État; accordez aux ecclésiastiques comme aux laïques les mêmes droits pourvu qu'ils donnent des garanties égales, et soyez sûrs qu'il se formera une foule de maisons d'éducation tenues par des ecclésiastiques, favorisées et protégées par les évêques, qui fleuriront et se développeront sous ce libre régime, au grand profit de la société et du clergé. Rien n'empêche que ces écoles ne s'accroissent indéfiniment et ne fassent une concurrence redoutable à tous les établissements privés et à tous les établissements publics. Quel mal peut-il y avoir à cela, je vous prie, quand le brevet de capacité et la surveillance donnent à l'État des garanties convenables ? Oui ces écoles pourront même, dans l'opinion de beaucoup de familles, l'emporter sur les autres et attirer à elles une grande partie de l'instruction publique. C'est là leur but, et il est très-légitime. C'est aux autres établissements privés et aux établissements publics de soutenir cette concurrence. Dès que l'État n'a rien à craindre et que la société est couverte, la liberté c'est la justice. En se soumettant aux conditions communes, le clergé pouvait se faire une juste et bonne part dans l'instruction publique, sous les auspices de la liberté et de l'ordre, comme la pieuse congrégation des frères de la doctrine chrétienne l'a fait dans l'instruction primaire, depuis la loi de 1833. Demandez à ces modestes et sages religieux si la liberté commune leur a été contraire. Le clergé se trompe donc, selon moi, en repoussant le droit commun ; mais enfin ses vœux sont bien connus. En le servant malgré lui, vous auriez l'air de l'opprimer. D'ailleurs, effacer d'un trait de plume une législation qui a trente années, abolir des habitudes contractées, bouleverser des établissements existants, leur imposer un caractère tout nouveau, ce n'est pas une entreprise d'une médiocre difficulté. Le système de la spécialité a l'avantage de ne point soulever de tempêtes et de n'imposer à l'État d'autre tâche que celle de maintenir et de perfectionner ce qui est, au lieu de remonter à un passé dont le retour semblerait une révolution.

En tout cas, la spécialité et le droit commun sont les deux seuls systèmes dignes d'être pris en considération.

Que vous dirai-je de ce troisième système, qui consiste à abandonner à la fois et à retenir les deux premiers, qui ne s'appuie sur aucun principe certain, ou plutôt qui confond tous les principes, admet le droit commun et la spécialité, pour dépouiller tout ensemble et l'État et les particuliers, et va plus loin dans cette route déplorable que n'avait fait l'ordonnance de 1814 ? Oui, l'œuvre de M. l'abbé de Montesquiou est un bienfait pour les établissements privés et pour ceux de l'Université, en comparaison de celle à laquelle le ministère actuel a cru pouvoir attacher son nom.

Le projet de loi maintient la limite du nombre de vingt mille élèves posée par les ordonnances de 1828. Grâce à Dieu, on a respecté cette sage disposition ; mais celle qui l'achevait, celle qui à elle seule tenait la place de toutes les autres, a disparu : désormais les petits séminaires pourront présenter leurs élèves au baccalauréat. C'était là précisément ce qu'avaient voulu empêcher et rendre absolument impossible les ordonnances de 1828. L'article 17 du projet ministériel recule de l'esprit libéral du ministère de M. de Martignac bien au delà de l'esprit contraire de la première restauration et du ministère de M. l'abbé de Montesquiou. Voilà les admirables progrès que nous avons faits. Après cela, traitons avec un dédain superbe le gouvernement de la restauration ! Avec la loi nouvelle, les petits séminaires auront les immunités de la spécialité sans en subir les gênes ; ils jouiront des avantages du droit commun sans en porter les charges. Sous le titre d'écoles spéciales, ils ne payeront aucune taxe, ils n'auront à justifier d'aucun brevet de capacité, ils ne seront soumis à aucune surveillance, ils n'auront à redouter aucune répression. Puis, sous certaines réserves mensongères, impuissantes, inexécutables, ils auront le droit de tous les établissements généraux, publics et privés, taxés, brevetés, surveillés, réprimés : ils prépareront au baccalauréat, c'est-à-dire à toutes les carrières civiles. Établissements ecclésiastiques, et comme tels chargés d'immunités, ils posséderont en outre les droits des établissements laïques et séculiers qui succombent sous le poids des conditions les plus onéreuses !

L'article 17 du projet ministériel divisait les petits séminaires en deux classes. Les uns, au moyen de trois gradués, préparent tous leurs élèves au baccalauréat; tel est le premier paragraphe de l'article 17. Les autres, qui n'auraient pas de gradués, vous croyez peut-être qu'ils n'auront pas le droit de présenter au baccalauréat leurs élèves? Si en effet c'est cet avantage de trois gradués qui confère à la première classe des séminaires le droit de préparer au baccalauréa ès lettres, il s'ensuit, à ce qu'il semble, d'après la logique ordinaire, que cet avantage manquant tout entier aux séminaires de la seconde classe, le droit attaché à cet avantage doit aussi leur manquer entièrement. Il n'en va point ainsi : selon le second paragraphe de l'article 17, les petits séminaires qui n'auront pu trouver trois gradués présenteront aussi leurs élèves au baccalauréat. Mais en quel nombre? Sera-ce la totalité de leurs élèves? Non, ce serait trop; le ministère a eu la fermeté de ne pas admettre cela. (*On rit.*) Donc, allez-vous dire, ils ne présenteront aucun élève. Non, ce serait une extrémité dans un autre sens; la modération du ministère n'est pas tombée dans cet excès. (*Nouveaux rires.*) Les séminaires qui ont trois gradués présenteront tous leurs élèves; ceux qui n'auraient pas encore ces trois précieux gradués présenteront la moitié de leurs élèves. Concevez-vous cet admirable tempérament? C'est là le côté original du projet ministériel. Mais pourquoi, de grâce, une moitié de ces jeunes gens sera-t-elle exclue du baccalauréat ès lettres? Parce qu'elle n'a pas eu trois gradués pour professeurs. Fort bien ; mais l'autre moitié de ces jeunes gens, qui est admise au baccalauréat, a donc eu trois professeurs gradués? Pas davantage; et pourtant elle est admise à l'exclusion de l'autre! Mais qui fera le choix entre eux? Sera-ce le sort, sera-ce la faveur? C'est, en vérité, à n'y rien comprendre. (*Rire général.*)

Je n'admire guère, comme on le voit, le second paragraphe de l'article 17. Eh bien, je le préfère encore au premier. Le second paragraphe, aujourd'hui abandonné, était, il est vrai, fort singulier, mais il se recommandait au moins par une certaine franchise. Il disait clairement: même sans aucun professeur gradué, les petits séminaires pourront présenter la moitié de leurs élèves au baccalauréat. Le premier paragraphe n'a pas cette sincérité;

il accorde beaucoup plus, et malgré cette trompeuse apparence, il n'exige presque pas davantage. Il porte que tout petit séminaire qui aura trois gradués, deux licenciés ès lettres pour la rhétorique et la philosophie, et un bachelier ès sciences pour les mathématiques, pourra présenter, non plus la moitié, mais la totalité de ses élèves au baccalauréat. Les grades sont en général peu de chose; la chambre l'a déclaré elle-même en votant le brevet de capacité; voilà donc, à l'ombre de cette condition presque vaine, des établissements ecclésiastiques qui pourront préparer tous leurs élèves indistinctement à toutes les carrières civiles.

Sous le voile dont elle s'enveloppe, la pensée du projet ministériel est ici manifeste. Oui, l'article 17 introduit enfin pour la première fois depuis la révolution française le clergé comme clergé, les établissements ecclésiastiques comme établissements ecclésiastiques, dans l'instruction publique. Il donne à ces établissements un droit d'enseigner égal à celui des colléges royaux et communaux et de toutes les institutions particulières de plein exercice, et cela, chose admirable, en les affranchissant des charges qui pèsent sur les colléges de l'État et sur les institutions privées. D'un même coup il blesse tous les intérêts, et je suis forcé de le combattre tour à tour au nom des établissements de l'État, particulièrement confiés à la sollicitude de M. le ministre, et au nom de ces institutions que votre commission semblait vouloir élever et développer par la liberté.

Avec l'article 17, la plus complète égalité est établie entre un petit séminaire qui aura trois gradués et le plus grand collége de l'empire. L'un et l'autre prépareront également au baccalauréat et à toutes les carrières. Mêmes droits : cela est bien clair. Reste à savoir si en retour il y a aussi les mêmes garanties. Jugez-en par ce rapide exposé.

Des grades ne sont pas des garanties suffisantes ; tout le monde en convient : sans quoi, l'examen de capacité, si fortement constitué par votre commission, serait un grand luxe d'injustice. Mais enfin, puisqu'on parle de grades, comparons ceux qui sont exigés dans un petit séminaire et dans un collége royal. Le petit séminaire a un professeur de rhétorique licencié ès lettres ; le professeur de rhétorique du collége royal l'est aussi. Le professeur de philosophie du petit séminaire est licencié ; le professeur de philosophie du collége royal l'est pareillement, et de plus il est bachelier ès sciences physiques ou mathématiques. Le professeur de mathématiques du petit séminaire est bachelier ès sciences soit physiques, soit mathématiques; le collége royal doit avoir deux professeurs de mathématiques, tous deux, non pas simples bacheliers en mathématiques ou en physique, mais licenciés à la fois dans les sciences mathématiques et dans les sciences physiques. Le petit séminaire peut faire enseigner la physique et la chimie, nécessaires pour le baccalauréat ès lettres, par un professeur non gradué ; le collége royal doit avoir un professeur de physique et de chimie licencié dans les sciences mathématiques et dans les sciences physiques. Tous les professeurs d'humanités et de grammaire et tous les maîtres d'études du petit séminaire peuvent n'avoir aucun grade. Au contraire, les professeurs d'humanités du collége royal doivent être licenciés ès lettres ; les professeurs de grammaire doivent être bacheliers, et tous les maîtres d'études pareillement. Que dites-vous de la différence, je vous prie ?

Et le directeur du petit séminaire, sera-t-il gradué, et quel sera son grade ? La loi n'en dit rien, et la commission se tait comme la loi. Entendez-vous ce silence, Messieurs ? Il parle assez haut, je pense. C'est à la fois la plus étrange inconséquence, puisque le supérieur, le directeur de professeurs gradués ne serait pas gradué lui-même ; et c'est une injustice inouïe, quand tout proviseur et quand tout censeur de collége royal ne peut pas ne pas être au moins licencié ès lettres ou licencié ès sciences.

Voilà pour les grades ; mais les grades sont très-peu de chose dans un collége royal. Ce n'est pas même le grade qui donne l'aptitude pour y professer. Il faut, outre le grade, le titre d'agrégé, c'est-à-dire qu'il faut avoir été parmi de rares vainqueurs dans de grands concours publics institués, non devant un jury ou une faculté de province, mais à Paris, au centre du royaume, et composés de trois épreuves différentes devant lesquelles, je ne dis pas seulement les grades, mais les examens de capacité littéraire et scientifique, placés par votre commission au-dessus des grades, ne sont, à vrai dire, que des jeux d'enfant. Trouvez-vous quelque ombre de pareilles garanties dans les professeurs du petit séminaire, dont le plus grand nombre n'a pas même obtenu le grade de bachelier ès lettres ? Et pourtant, ce séminaire aurait le même droit que le collége royal !

Le titre d'agrégé n'inspire pas même à l'État une sécurité entière dans la capacité des professeurs d'un collége royal : une inspection, organisée par des décrets qui ont force de loi, exercée par des fonctionnaires en possession d'une existence et d'une autorité légale, veille sans cesse sur la discipline et les études des colléges royaux, sur les maîtres d'études, sur les professeurs, sur les censeurs et les proviseurs eux-mêmes. Les décrets établissent même deux sortes d'inspection, l'une annuelle et générale, l'autre locale et constante. Sur un mot du ministre, les inspecteurs d'académie et les inspecteurs généraux sont mis en mouvement et lui rapportent les informations les plus précises, indépendamment des rapports presque hebdomadaires des proviseurs, contrôlés par les recteurs. Le ministre, c'est-à-dire l'État, connaît tout, apprécie tout, peut rendre compte de tout avec une parfaite connaissance de cause. Il est informé à l'instant même du mal qui survient, et il a le pouvoir d'y porter remède. Car si, grâce à Dieu, le ministre est impuissant contre les garanties légales qui protègent les membres du corps enseignant comme ceux de la magistrature, il est armé de toute l'autorité nécessaire pour que ces garanties ne tournent point au préjudice de l'État, dont nous ne sommes tous que des serviteurs. Je demande à M. le ministre des cultes s'il peut répondre ainsi des professeurs et des directeurs des petits séminaires. Les nomme-t-il ? Peut-il les déplacer ? Peut-il les suspendre ? A-t-il sous lui un conseil de discipline qui au besoin puisse les juger ? A-t-il des inspecteurs généraux et provinciaux, nommés par lui, relevant de lui, comme les procureurs du roi et leurs substituts, des inspecteurs qui puissent pénétrer dans les petits séminaires à toute heure de jour et de nuit, interroger les maîtres et les élèves ? Les évêques, qui gouvernent les petits séminaires, sont-ils dans la main de M. le ministre des cultes, comme nos recteurs dans la main du ministre de l'instruction publique ? Non assurément, cela n'est pas, cela ne peut pas être. Mais où manquent les mêmes garanties, comment se peut-il qu'on ait osé mettre les mêmes droits ?

Laissons là des habiletés de langage indignes de cette sérieuse assemblée. Dites-moi nettement quelles sont les garanties effectives que vous exigez en retour d'un droit aussi considérable que celui d'enseigner, et quelle action garde l'État sur l'Université épiscopale qu'il va créer ? Il lui donne tout ; elle ne lui donne rien. Je me trompe : elle lui donne trois gradués. (*On rit.*)

Mais, me dira-t-on, il ne s'agit pas de comparer les petits séminaires aux colléges royaux. On ne veut pas créer une Université ecclésiastique : on se propose seulement de remplir la promesse de la Charte, d'émanciper les établissements particuliers, et parmi eux, et comme eux, les petits séminaires; on fait une loi de liberté pour le clergé, comme pour tout le monde. Vain subterfuge qu'il est aisé de confondre par cette réponse si simple : Si on ne veut que donner aux petits séminaires le droit du plein exercice, comme à d'autres institutions privées, qu'on leur confère ce droit aux mêmes conditions. Ces conditions sont nettement exprimées dans le projet de loi ; il ne reste qu'à les appliquer aux petits séminaires. Or, la loi le fait-elle? Pas le moins du monde. Ce n'est doncpas une loi de liberté, encore bien moins une loi d'égalité. C'est une loi qui a deux poids et deux mesures, une loi sévère pour les uns et complaisante pour les autres.

Il était un peu trop difficile d'accorder d'emblée le plein exercice aux petits séminaires, sans leur imposer quelqu'une des conditions du plein exercice. On a donc savamment recherché si, parmi ces conditions, il n'y en aurait pas quelqu'une qui pût exercer quelque prestige sur des esprits inattentifs et suffire à l'opinion abusée sans gêner ceux qu'on veut favoriser. Les grades étaient merveilleusement propres à un tel dessein. On se trouva trop heureux de les avoir sous sa main, et on les présenta comme une admirable garantie capable de donner le change sur les priviléges qu'on voulait attribuer aux petits séminaires. De là la condition de trois gradués, bien faible en elle-même, et qui devient dérisoire en face des conditions de toute espèce qui pèsent sur ces institutions de plein exercice que la loi prétend émanciper.

Rappelez-vous, je vous prie, ces conditions :

1° Charges financières : le droit annuel et l'impôt spécial qui n'est pas encore aboli.

2° Certificat de moralité dans la forme nouvelle établie par la commission.

3° Grades : le chef d'institution doit être à la fois bachelier ès lettres et bachelier ès sciences, ou bien licencié ès lettres. Non-seulement il doit avoir pour professeurs de rhétorique et de philosophie deux licenciés ès lettres, et pour professeur de mathématiques un bachelier ès sciences, mais tous ses autres maîtres, tous ses surveillants même doivent être bacheliers ès lettres.

4° Le grade ne suffit pas au chef d'institution; il faut encore qu'il obtienne un brevet spécial de capacité, à la suite d'un examen public très-rigoureux, où la défaite ne porte pas seulement atteinte à ses intérêts, mais à sa réputation.

5° Chaque année, le règlement intérieur de l'établissement et le programme des études doivent être déposés entre les mains du recteur.

6° Le chef d'institution contrevient-il à quelqu'une de ces conditions, il est passible d'une amende dont le maximum peut être de 2,000 fr.

7° L'établissement tout entier, les choses et les personnes, les cours et les livres, tombent sous une surveillance perpétuelle exercée par le ministère de l'instruction publique et par ses agents.

8° La surveillance exercée par des inspecteurs expérimentés, éclairés par la connaissance préalable du règlement intérieur et du programme des études, cette sérieuse surveillance signale-t-elle sur quelque point des abus, des désordres? Le chef d'institution peut être averti par le recteur. Si l'avertissement reste sans effet, il est cité, non plus devant le conseil paternel de l'Académie, mais devant un tribunal civil, qui peut prononcer la peine de la réprimande. En cas d'inconduite, le chef, les professeurs et les maîtres d'étude peuvent être traduits, à plus forte raison, devant ce même tribunal civil, interdits à temps ou à toujours.

Tel est le code de liberté que le gouvernement et votre commission substituent au régime établi par la loi consulaire de 1802 et par les décrets de 1808 et de 1811. Ce code est juste peut-être, mais il est bien sévère. Voulait-on appliquer aux petits séminaires la loi commune? Il fallait leur appliquer toutes les conditions que nous venons de rappeler. Je comprends qu'on eût dispensé le directeur, les professeurs et les maîtres d'étude du certificat de moralité, bien remplacé, à mon sens, par le témoignage des supérieurs ecclésiastiques. On pouvait aussi mettre de côté toutes les charges financières, bien que la vérité de la libre concurrence fût par là quelque peu affaiblie. Mais, je le demande à tout homme impartial, n'y a-t-il pas ici deux conditions en quelque sorte substantielles, deux garanties qui, sous aucun prétexte, ne peuvent être abolies, ni vis-à-vis d'aucun établissement privé, ni même vis-à-vis d'aucun établissement public, soit les colléges royaux, soit les institutions libres, à savoir le certificat de capacité et la surveillance? Otez ces deux garanties, tout le reste est vain. Retenez ces deux garanties, et vous pouvez, sans trop de péril, supprimer toutes les autres. Je n'hésite point à le dire : tout établissement qui refuse à l'État la garantie du brevet de capacité et celle d'une surveillance effective, se met lui-même en dehors de notre droit public, et ne peut plus invoquer, à défaut de la raison et de la justice, que l'inviolabilité et l'irresponsabilité attachées au droit divin. Voilà, certes, une prétention inouie; mais ce qu'il y a de plus inouï, c'est qu'on l'élève et qu'on l'accueille au nom de la liberté; et cela encore, quand un régime absolument contraire est imposé à tous les autres établissements particuliers qu'on veut rendre libres ! Les plus bizarres injustices ne sont-elles pas ici rassemblées ! En vérité, je me demande dans quel pays, dans quel siècle tout à coup je me réveille, et si je suis bien dans la France de la révolution et de l'empire ! Mais poursuivons le cours régulier de cette pénible discussion.

Qu'importe après tout que les petits séminaires jouissent de priviléges plus ou moins étendus, puisque leurs élèves ne pourront devenir bacheliers ès lettres qu'après un sérieux examen ? L'Université, au baccalauréat, juge tous les candidats, rejette les incapables, admet les capables; qu'a-t-elle à s'occuper de leur origine et de la nature des établissements où ils se forment? Voilà, Messieurs, l'argument sur lequel on compte, l'argument partout répété, et qui doit entraîner la chambre. Écoutez la réponse, je vous prie. Qu'importe l'origine des candidats, dites-vous? A merveille; mais soyez conséquents. Si l'origine des uns est indifférente, fermez les yeux sur l'origine des autres. Déclarez que de toute espèce d'établissements surveillés ou non surveillés, avec des maîtres gradués ou non gradués, avec des directeurs ayant ou n'ayant pas le brevet de capacité, de toutes parts enfin on pourra se présenter au baccalauréat. Ce système est très-simple : il dispense en effet de toute recherche sur l'origine des candidats. Mais loin de là, dès qu'il ne s'agit pas des élèves des petits séminaires, on exige que nul ne puisse se présenter au baccalauréat sans avoir justifié d'un certificat d'études, c'est-à-dire d'études accomplies, soit dans sa propre famille, soit dans un collége de l'État, soit dans des institutions de plein exercice, taxées, brévetées, inspectées, pourvues de directeurs, de maîtres et même de simples surveillants qui aient donné toute espèce de garanties morales, scolastiques et civiles. Oh! alors l'origine importe très-fort. Rappelez-vous la discussion sur les certificats d'études. On y soutenait, et avec raison, que le baccalauréat vérifie à peine l'instruction, et ne répond nullement de l'esprit civil dont les candidats ont pu être longtemps imbus. Et maintenant qu'il est question de candidats sortant des petits séminaires, on proclame le plus magnifique dédain pour la recherche de l'origine, et on s'arme d'un libéralisme inattendu. Ou appliquez ce libéralisme à tout le monde, ou ce n'est qu'un voile sous lequel perce aisément le dessein arrêté de conférer un privilége aux petits séminaires.

Autre argument au service du même dessein. Comment n'êtes-vous pas touchés du sort de ces jeunes gens qui, étant entrés de très-bonne foi dans un petit séminaire, en se destinant à la carrière ecclésiastique, après avoir achevé leurs études, perdent leur vocation, et qui alors, après avoir étudié dans un petit séminaire, se trouvent rejetés de toutes les carrières ? Je l'avoue, Messieurs, je ne suis pas plus touché du sort de ces jeunes gens que ne l'ont été avant moi les honorables et pieux auteurs des ordonnances de 1828 ; et par une raison très-simple, c'est qu'avec eux je crois très-peu à la subite défaillance de ces vocations jusque-là si fermes, et qui succombent à point nommé le lendemain du jour où les deux dernières années d'études sont terminées. (*On rit.*) Ces prétendues vocations n'étaient pas même des illusions, c'étaient de pures fictions, un jeu joué et même à découvert. J'ai tenu entre mes mains bien des prospectus de petits séminaires où l'éducation était plus mondaine que dans nos collèges, où de bonne heure la danse et l'escrime étaient cultivées (*Dénégations*) ; exercices d'une médiocre utilité pour préparer aux grands séminaires.

PLUSIEURS MEMBRES. C'est exagéré !

M. Cousin. C'étaient des prospectus imprimés. Je sais lire ; je les ai lus. (*Non! Non!*) Eh bien, je vous dis qu'ils ont été lus en Conseil royal. (*Sensation*.)

Combien n'ai-je pas connu de familles qui, pour être du bel air, mettaient leurs enfants aux petits séminaires, par exemple au petit séminaire de Paris, et les y mettaient avec l'intention bien arrêtée d'en faire des diplomates ou des militaires ! Combien n'ai-je pas vu de ces jeunes gens qui en sortant du petit séminaire entraient dans un régiment ! (*Mouvement*.) Il est clair, pour qui ne se veut pas aveugler soi-même, que l'article 17 n'a pas seulement pour objet de venir au secours de quelques vocations tout à coup ébranlées. Non, ce n'est pas pour quelques-uns que cet article a été inventé, c'est pour la plupart, c'est pour tous ; car le droit qu'il confère est général. Les ordonnances de 1828, et même celle de 1814, avertissaient sérieusement les élèves des petits séminaires et prescrivaient de sages précautions. Sans doute il est possible que, malgré ces précautions, il se présente encore des cas assez rares de vocations ardentes à quinze ans et très-refroidies à dix-sept. C'est un malheur qu'il est impossible, avec la meilleure volonté du monde, de convertir en un avantage, comme il y a des jeunes gens qui tombent malades à quinze ans, et se trouvent à dix-sept obligés de recommencer deux années d'études. Les lois ne sont point faites pour des exceptions, mais pour le grand nombre. En général l'État doit exiger que nul n'entre dans les carrières civiles sans être bachelier, et que nul ne puisse le devenir sans avoir été élevé ou dans la maison paternelle ou dans les établissements publics ou privés, soumis à une surveillance sérieuse et dont les maîtres aient donné toutes les garanties convenables, non-seulement littéraires et scientifiques, mais morales et civiles. Tel est le principe, jusqu'ici incontesté, établi par l'empire, reconnu, respecté, défendu par la restauration.

Le projet ministériel inaugure le principe contraire : il confère à des établissements ecclésiastiques le droit d'enseigner, sans autres conditions que des grades littéraires, que je ne méprise assurément pas, mais qui ont été convaincus d'insuffisance, et il les affranchit de toutes les autres conditions sérieuses et nécessaires. Et pourquoi, je vous prie, sinon parce que le pouvoir d'enseigner leur appartient de droit, en tant qu'établissements ecclésiastiques? Je le disais donc dans la discussion générale, sans aucune exagération, et je le répète ici hautement, c'est là toute une contre-révolution dans l'instruction publique en France.

Qui le peut nier? Il y a quelques jours, vous avez entendu à cette tribune M. le ministre des affaires étrangères vous retraçant avec force la différence de l'ancien et du nouveau régime dans l'enseignement public, avant et depuis la révolution française : « Qu'est-ce que le régime actuel? La puissance publique appliquée à l'enseignement et à côté de la puissance publique les libertés individuelles appliquées aussi à l'enseignement. Plus de petits pouvoirs collectifs existant par privilége, plus de corporations laïques ou ecclésiastiques. D'une part, la puissance publique, de l'autre, des libertés individuelles... Un grand ensemble d'établissements publics s'est élevé, avec un certain nombre d'établissements privés, individuels, semés cà et là dans l'État.» Voilà bien notre système d'instruction publique. Quelle place y peuvent avoir les petits séminaires? Ils n'entendent point relever de la puissance publique, car la puissance publique appliquée à l'enseignement s'appelle l'Université, et ils peuvent encore bien moins rentrer dans le domaine privé et individuel, puisqu'ils sont tout chargés de priviléges : établissements vraiment indéfinissables, et de l'élasticité la plus commode, invoquant la liberté dès qu'on leur parle de surveillance, échappant à toutes les conditions des institutions libres par une sorte de caractère public; établissements mixtes et ambigus, usurpant tous les droits, se dérobant à toutes les charges, et ressuscitant dans la France du 19ᵉ siècle ces petits pouvoirs collectifs et privilégiés qui, selon M. Guizot, avaient disparu devant la révolution française.

Et ces établissements pourront contenir vingt mille élèves! Il y aura chaque année en France vingt mille jeunes gens, vingt mille futurs ecclésiastiques, avocats, médecins, magistrats, qui seront livrés à une direction inconnue dans des maisons où l'œil de l'État ne pénètre point, et où la puissance publique ne saura ce qui se passe que sous le bon plaisir d'intermédiaires envers lesquels elle n'a point de commandement à exercer! Est-il un homme d'État qui puisse accepter la seule idée d'un tel ordre de choses?

Maintenant, combien y a-t-il d'élèves dans tous les colléges royaux ensemble? Après tant d'années de paix et d'une administration vigilante, nous sommes arrivés à grand'peine à dix-huit mille. Quand donc je disais que l'article 17 constituait une Université épiscopale tout aussi nombreuse, tout aussi forte que l'Université de l'État, je vous demande si je me trompais. Et c'est l'État qui, de sa main, établirait, contre lui-même et contre les particuliers, un pareil pouvoir, un pouvoir indépendant et inviolable!

Je m'arrête, Messieurs. Je crois avoir détruit en lui-même le principe de l'article 17. J'ai voulu démontrer que cet article, de quelque côté qu'on l'envisage, contient une injustice évidente, un monopole doublement insupportable, contre lequel s'élèvent tous les intérêts et tous les droits, ceux des établissements publics et ceux des établissements privés, le sentiment du pouvoir et celui de la liberté, les traditions de l'ancienne monarchie, l'esprit de la révolution française et le génie séculier de notre temps. Mais que n'aurais-je pas à vous dire si je voulais développer devant vous les conséquences certaines et funestes qu'entraînerait de toutes parts l'article 17? Je me contenterai d'en marquer quelques-unes en très-peu de mots.

Votre dessein, conforme aux promesses de la charte et à l'esprit de notre gouvernement, a été de placer en face de notre grand système d'établissements publics des établissements privés auxquels vous avez voulu donner l'âme et la vie par la liberté. Vous les avez émancipés, il est vrai, de l'Université, qui certes ne les avait jamais opprimés et qui leur avait toujours été une mère indulgente. Mais la liberté que vous leur donnez, c'est la liberté de mourir, et ils pourront dire, en recevant cette loi : *Morituri te salutant;* car vous attaquez le principe même de leur existence, lorsque vous élevez contre eux des établissements privilégiés, qui, préparant comme eux au baccalauréat et n'ayant presque aucun des fardeaux anciens et nouveaux que vous leur avez imposés, pouvant donner par conséquent l'instruction à bien meilleur marché et presque pour rien, attireront infailliblement à eux une grande partie de la jeunesse. Premier effet de cette loi qui croit fonder la liberté et la concurrence : la décadence de la plupart des institutions libres.

J'en prédis autant à la moitié de nos colléges communaux. Quelle ville, possédant un petit séminaire qui prépare au baccalauréat ès lettres, voudra faire des sacrifices considérables pour soutenir un collége communal qui n'aura plus de droit particulier en compensation de ses charges? Qu'importe que l'éducation et l'instruction puissent y être préférables aux yeux de juges désintéressés? Les villes, comme les familles, iront au meilleur marché. Ce que les unes et les autres veulent, c'est la préparation au baccalauréat au meilleur compte possible. La vraie concurrence suppose l'égalité des charges et des droits. Dans ce combat à armes inégales, les institutions privées et la plupart des colléges communaux succomberont peu à peu. C'est l'espoir de ce résultat, je le sais, qui attache en secret beaucoup de personnes à l'article 17. Mais est-ce bien là ce qu'a voulu votre commission? Est-ce là l'objet que se proposent et M. le rapporteur, ami si vrai de la liberté, et M. Passy, qui s'est déclaré hautement et avec raison pour une vaste concurrence? Pour moi, qui, du plus sincère de mon cœur, crois parfaitement compatibles et même réciproquement nécessaires la plus grande force de l'Université et la plus grande liberté des institutions particulières, je déplore ce résultat infaillible, et j'y résiste de toutes mes forces.

Autre conséquence plus grave encore. Messieurs, vous croyez, par ces priviléges accumulés sur les petits séminaires, servir le clergé ; vous lui nuisez. Voyons les faits tels qu'ils sont. Le clergé remplit dans l'État un service de la plus haute importance. Il faut assurer ce service, et pour cela il faut assurer le recrutement régulier et le meilleur possible du clergé. La restauration a pensé que les grands séminaires ne suffisaient point dans l'état actuel de la société. Elle a pensé que la carrière ecclésiastique n'offrant plus les mêmes avantages qu'autrefois, il était nécessaire de redoubler de précautions ; et comme on n'en saurait trop prendre sur un point aussi essentiel, elle a conféré aux petits séminaires de grandes immunités, afin qu'ils pussent accorder l'instruction presque gratuite, et par là attirer un grand nombre d'enfants auxquels on donne de très-bonne heure une éducation assez générale pour cultiver leur esprit, et assez spécialement religieuse pour faire naître, entretenir, développer des vocations ecclésiastiques, et ménager des élèves aux grands séminaires. Aujourd'hui les temps sont meilleurs, et la carrière ecclésiastique est plus recherchée. Cependant, je tiendrais comme un acte de la plus insigne imprudence de supprimer les petits séminaires ou d'en diminuer le nombre, ou, ce qui serait la même chose, d'en dénaturer le caractère, car ce serait en changer la fin. Pensez-y bien, je vous supplie. Je suppose que la loi soit loyalement exécutée, et que le nombre de vingt mille élèves ne soit point dépassé dans les petits séminaires : le nombre de leurs élèves restera donc le même qu'aujourd'hui ; mais ce nombre restant le même, et l'appât du baccalauréat ès lettres, c'est-à-dire de carrières civiles variées et lucratives, étant offert à tous, n'est-il pas à craindre que plus d'une vocation ne chancelle devant les prestiges de la liberté et de la fortune, et que le recrutement des grands séminaires ne diminue ou ne s'abaisse par les facilités mêmes que vous aurez accordées aux meilleurs élèves des petits séminaires pour entrer dans le siècle et dans toutes ses carrières? L'art. 17 est une satisfaction funeste donnée au clergé, au profit de ses prétentions, au détriment de ses intérêts.

J'ajoute que l'Église de France entre par là dans une

entreprise entièrement nouvelle, et dont elle a été et sera toujours incapable. (*Mouvement d'attention.*)

Au dix-septième siècle le clergé avait des richesses immenses. Grâce à la forte et mâle éducation des séminaires fondés par Richelieu, il était arrivé peu à peu à posséder un personnel excellent, grave, éclairé, savant même, sans parler des génies qui brillaient à sa tête. Mais ce personnel n'était pas très-nombreux, et même alors il n'eût pu suffire à disputer aux Universités l'enseignement public. Aussi le clergé ne donnait que l'enseignement religieux, bien entendu avec toute l'instruction qui s'y rattache. Il enseignait dans les séminaires, au catéchisme, dans la chaire. Par-dessus tous les séminaires était la Sorbonne, comme maison des hautes études ecclésiastiques. Beaucoup d'ecclésiastiques faisaient partie des universités; mais, comme de notre temps, ce n'était pas à titre d'ecclésiastiques, mais en vertu de leur capacité personnelle et en remplissant toutes les conditions universitaires. Le clergé donc, il faut qu'on le sache, ne mettait presque pas la main directement dans l'instruction séculière. Peut-être même y participait-il moins qu'aujourd'hui. Mais à côté du clergé étaient les ordres religieux. C'était par eux que l'Église partageait avec l'État l'éducation publique. Or, où sont de nos jours les ordres religieux, et les ordres religieux capables d'enseigner? L'Oratoire n'est plus; l'Université a recueilli les derniers services et en quelque sorte les derniers soupirs de cette noble congrégation. J'ai vu la Doctrine s'éteindre avec mon vénéré maître, M. la Romiguière. J'ai pu serrer la main défaillante des deux derniers bénédictins de France, dom Brial et M. Fourrier. On a cru qu'on pouvait ressusciter l'ordre de Saint-Benoît. A Dieu ne plaise que je veuille décourager des efforts honorables ! Mais demandez à notre savant collègue M. le comte de Beugnot, que je regrette ne pas voir aujourd'hui parmi nous...

M. LE COMTE DE BEUGNOT. Je vous écoute.

M. COUSIN. Pardon ! que j'aperçois avec la plus grande satisfaction (*On rit*), si l'esprit de l'ordre de Saint-Benoît revit à Solème. Grâce à Dieu cet esprit est immortel ; mais il est aujourd'hui parmi les érudits protestants de l'Allemagne et parmi les confrères laïques de M. le comte de Beugnot à l'Académie des inscriptions et belles-lettres. Qui continue, en les perfectionnant, le grand recueil des *Historiens des Gaules et* l'*Histoire littéraire de la France?* Des membres de l'Académie des inscriptions, empruntés la plupart à l'Université. Un homme d'esprit, d'une imagination ardente, d'une âme noble mais inquiète, après avoir erré quelque temps sur les pas d'une illustre novateur, rentré dans le giron de l'orthodoxie, mais sans avoir changé de nature, a fini par inventer pour toute nouveauté, dans ce siècle de présomption et d'impuissance, le rétablissement de l'ordre de Saint-Dominique en France. Les dominicains au dix-neuvième siècle ! J'aimerais autant, en vérité, que M. le maréchal Soult évoquât les ombres de Duguesclin, de Turenne et de Condé, pour commander nos armées. (*On rit.*) Tout le talent du monde ne ranimera point un ordre qui a disparu à jamais parmi nous, et qui déjà n'existait que de nom au milieu du dix-septième siècle. Disons la vérité, Messieurs : il n'y a parmi nous qu'une seule congrégation religieuse à laquelle le clergé puisse déléguer le droit d'enseigner qu'il réclame.

Les jésuites ne sont pas morts de leur belle mort comme les franciscains et les dominicains. Ils ont été frappés violemment, et voilà pourquoi ils n'ont pas été tués. (*Mouvements divers.*) Ils sont tout-puissants en Italie. Sachez-le bien, législateurs français, c'est un homme bien informé qui vous le dit : ils règnent à Naples et en Piémont ; et, à Rome, Tamburini lui-même n'a jamais eu plus d'influence que leur général actuel. (*Rires et rumeurs diverses.*) En France, eux-mêmes qui savent à propos se faire petits pour devenir grands, ils avouent qu'ils sont 205 profès (1), c'est-à-dire tous hommes qui ont au moins trente ou quarante ans, dans toute la force et dans toute l'ardeur de l'âge ; mais ils ne disent pas combien ils ont de novices. A ne mettre que trois novices pour un père profès, voilà certes de quoi remplir une trentaine de colléges. Leur noviciat ou leur maison professe (2) a un matériel tout aussi riche et plus riche peut-être que l'école polytechnique et l'école normale. Les jésuites

---

(1) Voyez la brochure de M. de Ravignan.
(2) Rue des Postes.

sont donc tout prêts à entreprendre l'enseignement public. Aussi voyez avec quel art, quelle énergie, quelle persévérance ils agitent le clergé et poussent les évêques à les demander sous l'humble nom de *prêtres auxiliaires*. Mais la France ne veut des jésuites sous aucun titre. Tout ce qu'elle peut faire, c'est d'admettre la distinction fameuse qui, sous la restauration, avait été vivement repoussée dans cette chambre par un illustre orateur (1), la distinction entre tolérer et autoriser. Pour moi, qui ai connu jadis la persécution, je lui dois la résolution inébranlable de ne l'invoquer de ma vie contre personne. Mais, je vous le demande, la tolérance pratiquée par M. le garde des sceaux envers les jésuites n'est-elle pas assez grande ? Que veulent-ils de plus ? Ils veulent s'établir parmi nous comme en Belgique et en Suisse. Telle est leur prétention ; elle ne sera point satisfaite. M. le garde des sceaux, en parlant l'autre jour sur les certificats d'études avec une habileté à laquelle on n'a pas rendu justice, déclarait qu'après tout, s'il doit y avoir des maisons d'éducation tenues par ces jésuites, il vaudrait encore mieux que ces maisons fussent en France qu'à Fribourg

---

(1) M. le Chancelier (séance du 18 Janvier 1827) : « M. le ministre des Cultes n'a pas craint d'établir une distinction que mon esprit a beaucoup de peine à saisir, et que ma raison se refuse à adopter : il vous a assuré que tolérer n'était pas autoriser..... Où est la différence entre tolérer et autoriser ?..... Est-il donc vrai que le gouvernement peut tolérer ce qui est reconnu ne pouvoir exister sans l'autorité d'une loi ? »

et à Brugelette, afin, disait-il énergiquement (*On rit*), que les jeunes Français n'aillent point recevoir à l'étranger des doctrines contraires à l'esprit du pays et aux lois du royaume.

M. LE GARDE DES SCEAUX. Je demande la parole.

M. COUSIN. Nous, Monsieur le ministre, nous croyons que ce qui constitue des doctrines contraires à l'esprit du pays et aux lois du royaume, ce n'est pas le sol où elles sont enseignées, c'est la nature même de ces doctrines et le génie de ceux qui les répandent; et M. le comte de Saint-Priest vous a immédiatement répondu que la France ne veut pas confier ses fils aux jésuites, pas plus ici qu'à l'étranger. Il n'y a ni habileté, ni flexibilité, ni constance qui puissent prévaloir contre ces sentiments partout manifestés. Nous ne sommes pas au début du dix-septième siècle. La révolution de Juillet a élevé sur le trône un prince dont la prudence bien connue s'éclaire encore de la fatale expérience tentée par Henri IV, et aujourd'hui Sully serait soutenu par un parlement dont la voix serait un peu plus puissante que celle du parlement de 1603. Le sentiment national, c'est-à-dire l'intérêt de l'État sous sa forme instinctive et populaire, repousse les jésuites; et pourtant, ils sont les seuls ecclésiastiques qui puissent être appliqués à l'enseignement séculier. Le clergé ne les aime point autant qu'on pourrait le croire; il les redoute même, mais il les préfère à l'Université (*On rit*), et il leur livrerait très-volontiers les petits séminaires transformés en maisons générales d'instruction; car ce serait autant de pris sur l'ennemi, c'est-à-dire sur l'Université. (*On rit de nouveau.*) Voilà le fond de l'affaire ; tout le reste, par exemple la liberté d'enseignement, n'est qu'un jeu, un simulacre, une fantasmagorie inventée par la fameuse société. Le clergé sait parfaitement qu'il n'est point assez nombreux, qu'il n'a point assez de loisir pour entreprendre, indépendamment du service difficile auquel il suffit à peine, un service qu'il n'a jamais rempli en France, qu'il pourrait remplir aujourd'hui moins que jamais, celui de l'instruction publique. Mais il serait charmé de voir les jésuites, ces modestes prêtres auxiliaires, se charger de cette entreprise. Encore une fois, ériger les petits séminaires en colléges, c'est y appeler les jésuites. Telle est la vérité : osez la regarder en face, et décidez.

Mais vous vous proposez un grand but politique : vous désirez réconcilier l'Université et l'Église ; vous croyez que l'immense concession contenue dans l'article 17, cette concession qui vous répugne, aura du moins l'avantage de calmer les esprits et d'amener la paix. Telle est l'espérance qui sans doute a touché la commission et son illustre rapporteur, et dont notre savant collègue, M. Rossi, a été l'habile interprète dans la discussion générale. Mais cette espérance n'est à mes yeux qu'une illusion. Bien loin d'acquérir la paix, en lui payant la dure rançon de l'injustice, vous constituez la guerre, non pas cette guerre naturelle et légitime qui résulte de la vraie concurrence, mais une guerre déplorable, la guerre de la liberté et du privilége, du droit commun et du monopole, du droit vrai et du droit faux, la guerre du génie national et d'un génie étranger. Et ce n'est rien que la guerre entre les maîtres ; ce qui m'effraye bien plus, c'est la division profonde que vous allez semer dans les générations qui feront l'avenir de la France. Nous ne serons pas remplacés par des générations pénétrées d'un esprit commun, formées dans les écoles publiques de l'État ou dans des institutions privées qui donnent à l'État de solides et patriotiques garanties. Non, les établissements individuels auront été dévorés par des établissements collectifs, à la fois spéciaux et généraux, à la fois priviligiés et libres, unis entre eux par les liens les plus étroits, aujourd'hui au nombre de plus de cent, pouvant s'accroître à l'aide d'une simple ordonnance, avec la limite plus fictive que réelle de vingt mille élèves, établissements gouvernés par un corps dont l'unité est la plus forte unité connue, sur lequel l'État ne peut rien, pour lequel la résistance à l'État est un martyre héroïque, et l'esprit de domination une vertu sublime qui peut s'allier avec l'humilité personnelle la plus sincère. Ajoutez que ce corps qui demande l'enseignement public au nom du droit divin, est incapable de l'exercer lui-même, et qu'il est condamné, le sachant et le voulant, à s'appuyer sur un autre corps mystérieux qui enseignera dans l'ombre, tandis que l'autre se présentera seul au public et à l'État, couvrant tout ce qui se fera de son altière inviolabilité. De là, à la longue, non plus comme aujourd'hui des éducations diverses et mélangées, entre lesquelles l'esprit du pays et du siècle finit aisément par établir un niveau commun, mais deux éducations essentiellement contraires, l'une cléricale et au fond jésuitique, l'autre laïque et séculière. De là deux générations séparées l'une de l'autre dès l'enfance, imprégnées de bonne heure de principes opposés, et un jour peut-être ennemies. Tout est possible en ce pays, prenez-y garde. Nos pères ont vu des guerres civiles politiques ; qui sait si l'avenir, préparé par une législation téméraire, ne réserverait pas à nos enfants des guerres civiles de religion ? (*Mouvement.*)

Je me résume, Messieurs :

I. Si l'équité vous touche, défendez-vous de l'injustice manifeste d'attribuer à la fois aux petits séminaires les avantages du droit commun et ceux de la spécialité. Ayez sans cesse devant les yeux, je vous prie, le dilemme irréfutable où j'ai d'abord renfermé toute la question : les petits séminaires sont des écoles générales ou des écoles spéciales ; si générales, qu'elles satisfassent à toutes les conditions imposées à ces sortes d'écoles ; si spéciales, qu'elles se renferment dans leur spécialité. Dans le premier cas, les conditions communes, avec tous les droits communs qui y correspondent ; dans le second, une fin limitée, mais dans ces limites, toutes les immunités. Vouloir toutes les immunités et tous les droits, c'est trop de l'un des deux ; il faut choisir.

II. Si vous voulez fonder en France un régime de liberté et de concurrence, si vous voulez donner de la force et de la vie aux entreprises individuelles, susciter toutes les méthodes, encourager toutes les innovations qui ne seraient pas contraires à la morale et aux lois, ne commencez pas par étouffer toute libre concurrence, par arrêter tout essor individuel, en créant d'un seul coup cent treize établissements de monopole, exempts du brevet de capacité et de la surveillance de l'autorité publique, où l'enseignement appartiendra non pas à des individus, non pas même à de petites associations privilégiées comme celles que M. Guizot renvoyait à l'ancien régime, mais à un grand corps vigoureusement constitué, et dans son sein à une société secrète qui nourrira de doctrines inconnues et élèvera sans contrôle plus d'enfants que tous les colléges royaux ensemble.

III. Gardez-vous de porter atteinte sans le vouloir au recrutement régulier du clergé, en transformant imprudemment les petits séminaires, institués pour cette fin, en établissements généraux d'instruction publique. Ne lancez pas le clergé de notre pays dans la carrière de l'éducation séculière qui n'est pas la sienne, qu'il n'a jamais tentée et qui maintenant lui convient moins que jamais ; ne le détournez pas de la sainte mission que seul il peut remplir ; ne lui demandez pas un autre service que celui de la religion ; ne lui donnez pas, pour lui complaire, un fardeau qu'il ne peut porter et qu'il sera forcé de remettre, comme toujours, en d'autres mains.

Par tous ces motifs, je vous dirai : si vous osez

appliquer le droit commun aux petits séminaires, appliquez-le du moins dans sa sincérité, c'est-à-dire tout entier. Si vous ne l'osez, si votre prudence recule devant le retour à la législation impériale, qui serait aujourd'hui une très-grave innovation, n'assumez point une responsabilité périlleuse; n'improvisez point sur un tel sujet; ne brisez pas en un jour l'œuvre du ministère respecté de M. de Martignac; maintenez les ordonnances de 1828 ; laissez les petits séminaires au clergé pour son recrutement particulier, avec tous leurs priviléges et avec leurs charges ; faites ce qu'avait fait M. Guizot, du moins en 1836 ; ne prenez aucun parti sur cette matière qui, à proprement parler, n'est pas du domaine de l'instruction publique ; supprimez purement et simplement l'article 17, et tout ce qui dans cette loi se rapporte aux petits séminaires. Tel est mon dernier mot, et l'amendement que j'ai eu l'honneur de faire distribuer. (*Marques d'approbation.*)

SEANCE DU 23 MAI 1844.

M. le chancelier. On demande à aller aux voix. Je crois qu'il serait bon de relire l'amendement...

M. Cousin. Je demande la parole sur la position de la question.

Je ne veux pas rentrer dans le débat, quoique tout à l'heure j'aie entendu des paroles auxquelles je pourrais faire une réponse sérieuse. Mais hier j'ai suffisamment exposé ce que je crois juste et vrai ; aujourd'hui il serait superflu de venir de nouveau défendre les ordonnances de 1828 contre ceux qui, après les avoir faites, les abandonnent. Il s'agit seulement de mon amendement et même de la forme sous laquelle cet amendement doit être présenté pour être valable et pour pouvoir être soumis au vote de la chambre.

On élève contre sa première forme cette objection qu'on ne met pas aux voix une suppression pure et simple, que cela aurait l'air de voter un principe, ce qui ne se peut. Voici donc comment je propose de rédiger mon amendement :

« Les écoles secondaires ecclésiastiques, établies conformément à l'ordonnance du 16 juin 1828, ne pourront présenter leurs élèves à l'examen du baccalauréat ès lettres qu'autant qu'elles auront satisfait aux conditions exigées des institutions de plein exercice. »

Je n'ai pas besoin de développer cet amendement, mon discours d'hier y suffit. L'objet qu'il se propose est évident : c'est de maintenir les petits séminaires dans la situation spéciale qu'ils doivent garder pour être utiles à l'Église sans nuire aux droits de tous. On viole les plus simples notions de la justice si on donne aux uns ce qu'on n'accorde pas aux autres, si on impose aux institutions de plein exercice des conditions dont on affranchit les petits séminaires, en même temps qu'on leur confère le plein exercice. D'un autre côté, maintenir le régime actuel des petits séminaires n'est point une oppression, car ce régime, comme l'a dit M. le comte Portalis, conséquent cette fois avec l'auteur des ordonnances de 1828, étant fait pour un but déterminé, emporte nécessairement des conditions spéciales et *sui generis*. Non, Messieurs, ce qui fait la bonté des ordonnances de 1828, ce n'est pas qu'elles appartiennent à un autre temps, comme on vient de le dire; car quelle critique amère vous en feriez! Quoi! des ordonnances justes à cette époque ne le sont plus aujourd'hui? Étrange notion de la justice, contre laquelle je proteste de toutes mes forces.

On a dit encore que les ordonnances avaient été entourées d'une foule d'avantages qui ne sont plus, et on a rappelé qu'elles accordaient 4,000 bourses aux petits séminaires. Eh bien, je ferai à M. le comte Portalis, mais bien plus doucement, la réponse qu'il faisait lui-même à M. le comte de Montalembert : Pense-t-il donc que ce sont ces 4,000 bourses, ces 15,000,000 de francs qui faisaient la bonté des ordonnances? Et sont-elles devenues mauvaises depuis qu'elles n'ont plus ce cortége? En vérité, quel triste changement de langage à quelques jours de distance !

D'ailleurs je ne combattrai pas le ministère s'il veut venir, en maintenant l'excellent régime spécial de 1828, redemander les bourses détruites dans un autre temps déjà loin de nous. M. le duc de Broglie avait cédé à la nécessité des temps. Qu'on revienne sur la faute qui a été commise, si faute il y a ; que l'on restitue aux petits séminaires ce qui leur avait été donné en 1828 et ce qui leur a été ôté en 1830. Je ne suis pas de ceux qui s'y opposeront. Il y a bien d'autres moyens légitimes de servir le clergé, et les vrais besoins de la religion, sans se laisser entraîner à une mesure injuste en elle-même, et qui tournera contre son but; car s'il y a quelque chose de démontré, c'est que cette transformation des petits séminaires en maisons générales d'éducation séculière portera atteinte au meilleur recrutement du clergé.

L'honorable préopinant m'a adressé un reproche qui m'a bien étonné, je l'avoue : c'est celui d'exagération. Quelles sont donc ces propositions nouvelles, outrées, excessives que j'ai inventées ? Que vous a donc demandé ce novateur, ce téméraire ? J'ai demandé le droit commun ou le droit spécial. Quelle énormité ! Je n'ai pas dissimulé que je préférais le droit spécial, ainsi que le témoigne mon amendement. Voilà mes paradoxes, Messieurs. En vérité, je puis les mettre sous la protection d'autorités que vous ne récuserez pas. A ceux qui maltraitent si fort le droit commun, je dirai : Est-ce que la proposition du droit commun n'était pas dans le projet de loi de 1841 ? Relisez l'habile exposé des motifs de ce projet. Si cette proposition est téméraire dans ma bouche, comment ne l'est-elle pas dans le projet de loi de 1841 ?

Quant au droit spécial, non-seulement c'est celui des ordonnances de 1828, mais, puisque ce n'est point là une autorité suffisante à l'honorable préopinant, je lui dirai que cette opinion est celle de la loi de 1836. M. le ministre des affaires étrangères a éloquemment plaidé, à cette époque, la cause que je plaide bien faiblement aujourd'hui. Ou il avait tort de soutenir en 1836 que la spécialité des petits séminaires était nécessaire au recrutement du clergé, ou j'ai raison de le soutenir en 1844. Si je me trompe, je me trompe du moins avec M. le ministre des affaires étrangères.

Je terminerai en invoquant une dernière et puissante autorité. En 1815 et 1816, les attaques contre l'Université furent à peu près aussi vives qu'elles le sont aujourd'hui. (*Rumeurs.*) Oui ! en 1815 et 1816, les attaques ne furent pas plus vives. Elles ne venaient pas surtout d'un côté d'où je ne les aurais pas attendues. Alors, comme aujourd'hui, on accusait l'Université de monopole : on appelait ainsi la centralisation de l'instruction publique. L'unité et la nationalité de l'éducation étaient traitées d'usurpation et de tyrannie. Le clergé se présentait pour recueillir une partie de l'héritage de l'Université.

M. le ministre de l'intérieur, un homme aussi éminent par son caractère que par ses lumières, M. Lainé, demanda à la commission royale de l'instruction publique un mémoire qui exposât les principes de l'Université, et il adressa au conseil d'État un certain nombre de questions relatives à divers points essentiels de l'organisation de l'instruction publique, et entre autres aux petits séminaires.

A la tête de la commission d'instruction publique était M. Royer-Collard, qui couvrit l'Université de sa haute influence auprès du gouvernement, et de l'autorité de son caractère et de sa parole dans le public et dans la chambre. A côté de M. Royer-Collard était M. Cuvier, membre de la commission d'instruction publique et membre du conseil d'État. Avant que la discussion s'ouvrît dans ce dernier conseil sur les questions particulières, M. Cuvier fit distribuer aux membres du conseil d'État un mémoire où il répandait sur toute la matière de l'enseignement public cette lumière vaste et sûre qui jaillissait naturellement de cette grande intelligence. Ce mémoire n'a jamais été publié. Une copie en est tout récemment tombée entre mes mains. Il est digne de M. Cuvier. On y sent à chaque ligne le plus grand homme d'école qu'ait eu incontestablement la France. Permettez-moi de faire connaître le fragment de ce mémoire qui se rapporte à la question des petits séminaires.

Savez-vous quelle opinion y défend M. Cuvier, en 1816, au milieu des passions ardentes de cette époque? Précisément celle que j'ai défendue devant vous, le droit commun, et, parmi les diverses conditions du droit commun, celle qui représente toutes les autres, la surveillance de l'État confiée à l'Université; ou bien, en désespoir de cause, la spécialité.

Je n'ai pas avancé une seule proposition, une de ces propositions que M. le comte Portalis a taxées d'exagération, qui ne se rencontre dans le mémoire même.

M. LE CHANCELIER. Vous ne pouvez pas lire ici un mémoire.

M. LE DUC DE COIGNY. Il n'y a pas une opinion qui puisse plus compter ici que celle de M. Cuvier.

M. COUSIN. M. Portalis a fait un discours assez étendu pour que j'eusse bien le droit de lui répondre; je m'en suis abstenu, pour ne pas fatiguer la Chambre, mais je crois l'éclairer, et même lui faire plaisir en lui citant l'opinion d'un homme tel que M. Cuvier. (*Oui! oui! lisez!*)

« La question des petits séminaires se lie intimement

à celle des congrégations, car c'est par le moyen des petits séminaires qu'une congrégation bien connue paraît déjà, de fait, s'être introduite en France, quoique aucune loi ne l'ait autorisée. »

Songez que c'est M. Cuvier qui parle et non pas moi.

« Pour éclaircir complétement cette matière, il est nécessaire de faire au Conseil l'histoire des petits séminaires, institution qui, dans la généralité où elle existe aujourd'hui, n'était nullement connue avant la révolution.

» Lorsque l'exercice du culte fut rétabli en 1801, on s'aperçut qu'une longue interruption et des persécutions cruelles avaient fort diminué le nombre des ecclésiastiques, et le premier soin des évêques dut être de former des sujets pour le saint ministère. Mais les opinions qui dominaient encore dans beaucoup de familles, et l'esprit militaire qui régnait dans le pays, leur firent éprouver des difficultés presque insurmontables. Ils se virent obligés de recueillir des enfants pauvres qu'ils firent élever ensemble, et à qui ils s'efforcèrent d'inspirer une vocation que les circonstances avaient rendue si rare, et comme les maisons où ils les rassemblèrent avaient pour objet de les préparer à entrer au séminaire, ils furent conduits à leur donner le nom de petits séminaires. Mais la régularité de ces pieuses écoles inspira bientôt la confiance à des personnes religieuses qui y placèrent leurs enfants, quoiqu'elles n'eussent aucun projet de les vouer à l'Église. Ainsi, les petits séminaires devinrent petit à petit des pensionnats ordinaires où l'on reçut des jeunes gens destinés à toutes sortes d'états. Lorsque l'Université fut créée et que sa surveillance s'étendit sur toutes les écoles publiques et particulières, elle dut comprendre dans ses attributions les petits séminaires aussi bien que tous les autres pensionnats ; mais le décret d'institution avait laissé, comme il le devait, sous la direction immédiate et exclusive des évêques, les séminaires proprement dits, et les évêques profitèrent des termes vagues dans lesquels il était rédigé, et de ce nom de petits séminaires donné à leurs pensionnats, pour retenir autant qu'ils le purent sur ceux-ci la même autorité exclusive que sur les autres.

» Il existe donc depuis lors deux sortes d'écoles pour l'instruction secondaire : les unes, dirigées par l'Université, sous l'autorité du gouvernement, assujetties à des inspections, à des taxes ; les autres échappant plus ou moins à cette subordination.

» On comprend que ces deux sortes d'écoles n'avaient ni ne pouvaient avoir le même esprit, et que cette différence était déjà pour les unes une grande source de faveur auprès de certaines familles. L'exemption des taxes était un appât pour les parents qui ne mettaient dans leur choix aucun motif politique. *Enfin, je ne crois pas trahir la vérité en disant que les écoles ecclésiastiques ont profité de toutes les circonstances pour décrier leurs rivales, en insinuant que les mœurs et la religion y étaient moins surveillées que chez elles.* C'est ainsi que dans quelques villes elles ont attiré un grand nombre de jeunes gens qui ne se destinent point à l'Église, bien que les personnes mêmes qui les leur confient avouent et puissent à chaque instant se convaincre que leur enseignement est beaucoup plus faible que celui des colléges royaux ; et c'est ainsi que, dans quelques diocèses, la jeunesse laïque et ecclésiastique paraît avoir été confiée à des congrégations dépourvues d'autorisations légales et dont rien ne garantit les principes.

» Il serait bien difficile de justifier la continuation d'un semblable ordre de choses. *Si le système de l'unité d'éducation pour les laïques est une fois admis, on ne permettra point qu'il suffise, pour y échapper, de prétexter une vocation dérisoire.* »

Je vous le demande, Messieurs, n'est-ce pas là une de ces propositions qui ont tant déplu à M. le comte Portalis ?

« Peut-être même ne trouvera-t-on pas avantageux que les futurs ecclésiastiques soient, dès l'enfance, séquestrés du reste de la jeunesse : qu'ils deviennent étrangers à leurs frères, à leurs camarades, *pour être dressés en quelque sorte avant l'âge de raison à un certain ordre d'idées dont le gouvernement civil ne prendrait point connaissance.* Il n'en était pas ainsi autrefois, et ces prélats illustres qui ont honoré l'Église de France, ces curés dont les mœurs et la charité sont encore en si grande vénération, avaient étudié les lettres avec les guerriers, avec les magistrats, avec les jurisconsultes et les négociants qu'ils devaient retrouver dans le monde. C'est ainsi que l'Église gallicane a toujours été liée à l'État, qu'elle a défendu dans tous les temps la dignité de la couronne et qu'elle a acquis le caractère de noblesse et de lumières qui en faisait l'ornement de l'Église universelle. Les conséquences du système contraire sont si faciles à prévoir que je ne m'arrêterai point à les détailler. *Il est impossible d'imaginer une raison pour laquelle l'Université n'inspecterait pas des écoles qui ne diffèrent absolument des autres que parce qu'une petite partie des enfants qu'on y élève prétendent avoir le désir de devenir un jour ecclésiastiques.* »

Voilà bien le droit commun parfaitement décrit et nettement défini par M. Cuvier. Il l'applique aux petits séminaires et il voulait qu'ils fussent inspectés par l'Université. S'il eût parlé ainsi dans cette enceinte, de quelle exagération, de quelle témérité ce grand homme ne serait-il pas accusé ! Il ne se résignait qu'avec peine au régime spécial, mais il le voulait sérieusement garanti.

« Mais si l'on ne croyait pas possible, dit-il, de ramener les petits séminaires sous la règle commune, *il deviendrait indispensable de les assujettir à des règlements particuliers qui les empêchassent d'envahir l'éducation des laïques, car celle-ci retomberait en grande partie dans les mains des sociétés que l'on a le plus de raison de craindre*, et toute la loi actuelle deviendrait à peu près inutile. »

N'est-ce pas là le langage même que j'ai tenu ? Je vous laisse sous l'impression de ces paroles décisives.

Méditez-les avant de prendre une dernière résolution.

J'ai assez montré hier que je préférais la spécialité au droit commun. Si quelques petits séminaires veulent essayer du droit commun, ils le pourront en se conformant aux conditions communes ; autrement ils resteront ce qu'ils sont ; ils ne seront ni opprimés ni injustement favorisés. Sans doute vous n'aurez pas satisfait les passions contraires qui se disputent le public. Il est vrai, vous n'aurez pas introduit le clergé dans l'instruction séculière, et il ne vous votera point de remerciements, j'en conviens ; mais, d'un autre côté, vous n'aurez point aggravé sa situation, vous la laisserez telle que la restauration l'avait faite, et telle qu'il l'avait portée sans murmure jusqu'à ces derniers temps.

Tel est l'esprit conciliateur et modéré, quoi qu'on en dise, de l'amendement que j'ai proposé à la Chambre, et que je renouvelle.

APPENDICE.

(Nous reproduisons ici la déclaration faite par M. Cousin l'année dernière, et qui est rappelée p. 61.)

Séance du lundi 15 mai 1843.

M. Cousin. Monsieur le Chancelier, j'ai plusieurs fois demandé la parole, et toujours en vain ; et je le regrette peu, M. le ministre de l'instruction publique ayant dignement défendu l'Université. Il ne me reste qu'à soumettre à la Chambre de courtes observations sur l'état précis de la question.

Sur quoi la Chambre va-t-elle voter? Est-ce, comme l'a pensé mon honorable ami, M. le baron Dupin, non pas seulement sur la demande d'une loi nouvelle qui règle et organise la liberté d'enseignement dans l'instruction secondaire, mais aussi sur la demande nouvelle de rétablir des corporations religieuses auxquelles serait confié l'enseignement? Ce sont là deux questions bien distinctes.

Si la dernière de ces deux questions est directement ou indirectement engagée dans celle qui est soumise à la Chambre, je suis bien décidé à me joindre à mon honorable ami pour réclamer l'ordre du jour.

Je ne reviendrai pas sur les raisons puissantes qu'il a données. Si parmi les corporations religieuses enseignantes dont on invoque le retour, est cachée une société fameuse, supprimée au milieu du dernier siècle ; si tel est le but mystérieux des pétitionnaires, je suis prêt à le combattre avec énergie, et, si j'y suis forcé, à exposer et à défendre les graves motifs qui ont décidé nos pères à ce grand acte, ratifié d'ailleurs par l'assemblée constituante, et qui est comme le fondement de la législation actuelle.

Mais je n'ai pas compris que les pétitionnaires eussent osé porter devant vous une demande aussi hardie; j'avais cru seulement que, parmi toutes les raisons bonnes ou mauvaises qu'ils avaient exposées pour autoriser leur demande unique, la demande d'une loi nouvelle, fondée sur le principe de la liberté, se rencontrait aussi celle de la prétendue aptitude des corporations religieuses à l'enseignement. Cette raison est très-mauvaise, et M. le rapporteur l'a très-justement combattue. Mais comme nous ne votons pas, ce me semble, sur les motifs allégués par les pétitionnaires, mais bien sur le fond même de ces pétitions, il m'a paru que tous les motifs, quels qu'ils soient, étant écartés et négligés, nous n'avions à voter que sur ce point : faut-il, oui ou non, renvoyer au ministre de l'instruction publique toutes les pétitions qui réclament la réalisation de la promesse de la Charte relativement à la liberté d'enseignement?

La question sur laquelle nous avons à voter étant ainsi dégagée, M. le ministre ne s'est pas opposé au renvoi proposé par votre comité des pétitions, bien entendu sous le bénéfice des observations fermes et judicieuses présentées par l'honorable rapporteur; et moi-même alors, je ne m'opposerai pas plus au renvoi que M. le ministre de l'instruction publique.

Maintenant, Messieurs, puisque j'ai la parole, permettez-moi de répondre quelques mots presque personnels à une accusation que M. le marquis de Barthelemy a jetée dans ce débat. J'ai été surpris de voir mon noble collègue prononcer devant cette chambre des noms de systèmes métaphysiques qui lui sont peu familiers, je suppose, mettre ces systèmes en opposition avec la religion catholique, et transformer ainsi la chambre en une sorte d'Académie des sciences morales et politiques. Non, Messieurs, vous n'êtes point une académie où s'agitent des questions de philosophie; vous êtes des hommes d'État qui renvoyez tous les systèmes à d'autres discussions et ne demandez qu'une chose, mais la demandez fortement; à savoir que tout enseignement, quel qu'il soit, philosophique ou non, donne à la société des garanties sérieuses; vous demandez qu'il serve et qu'il ne nuise pas, que, loin d'être contraire, il soit hautement favorable à la cause générale de l'ordre. C'est sur ce point, mais sur ce point seul, que je dois à la chambre une explication simple et catégorique.

Oui, l'enseignement général de l'Université a pour base la religion catholique; voilà bien ce que dit l'article 38 du décret de 1808 (1); mais j'ignore où M. le marquis de Barthélemy a pris que la religion catholique devait être le fondement de l'enseignement de cette science particulière qu'on appelle la philosophie. Une telle prescription n'existe pas et ne peut pas exister. La philosophie enseigne ces grandes vérités que, grâce à Dieu, la raison nous découvre, et sur lesquelles reposent partout et la famille, et la morale publique et privée, et la dignité de la vie humaine et la sûreté des États. Ces grandes vérités composent un corps de doctrine ferme et solide, qui n'est pas et qui ne peut pas être l'enseignement religieux lui-même, mais qui s'y lie heureusement. Encore une fois, Messieurs, vous êtes des hommes d'État qui ne devez pas entrer dans des détails d'école; mais j'ai besoin de répondre à la conscience de cette assemblée, en vous déclarant ici, avec la connaissance intime des faits, qu'à l'heure où nous parlons, il ne s'enseigne dans aucune classe de philosophie d'aucun collége du royaume, aucune proposition qui directement ou indirectement puisse porter atteinte à la religion catholique. (*Vive sensation.*) J'ajoute, et je désire que mes paroles soient entendues hors de cette enceinte, j'ajoute que si un seul professeur de philosophie de l'Université s'écartait un seul instant du respect profond et sincère qu'il doit à la religion catholique, il y serait énergiquement rappelé. Mais, grâce à Dieu, ni M. le ministre, ni moi, qui suis chargé au conseil royal de la surveillance de l'enseignement philosophique, nous n'avons besoin de tant d'énergie; nous trouvons partout un concours intelligent. L'Université est accoutumée à puiser la philosophie qu'elle enseigne aux sources les plus pures auxquelles la religion vient souvent puiser elle-même. Descartes, Leibnitz, Malebranche, Fénelon, Bossuet, voilà les maîtres vénérés qui président à l'enseignement de nos écoles. Inspirée par de tels maîtres, fidèle à l'esprit du dix-septième siècle, tout en suivant les progrès de notre temps, la philosophie de l'Université a droit à quelque reconnaissance; elle était loin de s'attendre à d'outrageantes calomnies.

Sans entrer dans aucun détail qui serait ici déplacé, voulez-vous me permettre de vous présenter une preuve démonstrative de l'entière sécurité que doit vous inspirer l'enseignement phi-

---

(1) Le sens vrai de cet article a été donné p. 152.

losophique donné par l'Université? Cet enseignement repose sur deux fondements : 1° le programme détaillé des questions dans lesquelles doit se renfermer cet enseignement ; 2° la liste des auteurs qui seuls doivent être mis entre les mains des élèves. Or, Messieurs, dès mon entrée au conseil royal, il y a plus de douze ans, j'ai dressé moi-même comme conseiller le programme de l'enseignement philosophique, et il y a trois ans, je l'ai perfectionné encore quand j'étais ministre de l'instruction publique. Eh bien, ce programme officiel, universellement suivi et qui dirige partout l'enseignement, ce programme n'a été attaqué dans aucune de ses parties. Enfin, lorsqu'il y a deux ans, je rentrai au conseil, mon premier acte a été de proposer au conseil et à M. le ministre, qui a bien voulu l'approuver, une liste d'auteurs philosophiques à mettre entre les mains des élèves, liste tellement irréprochable et remplie de noms si purs et si grands que beaucoup d'évêques ont applaudi à un pareil choix.

Ainsi, que la chambre se repose sur la vigilance de M. le ministre de l'instruction publique et, j'ose le dire aussi, sur la mienne : pas une parole ne sera prononcée dans un cours de philosophie qui puisse donner la plus légère inquiétude à des pères de famille et à des hommes d'État. L'Université connaît son devoir, et elle le remplit : elle le remplit aujourd'hui au milieu des mêmes difficultés qu'elle a traversées en 1815, et je me flatte qu'elle sortira de cette nouvelle épreuve plus forte et plus glorieuse. (*Adhésion.*)

Après ces brèves explications, que me commandaient les paroles de M. le marquis de Barthélemy, disons un mot sur le fond même de la question soulevée par les pétitionnaires De quoi s'agit-il ? De la demande d'une loi nouvelle qui donnerait la liberté d'enseignement promise par la Charte. Dans mon opinion, la vraie liberté d'enseignement n'est pas aussi méconnue qu'on veut bien le dire par la législation existante, cette législation fondée par Napoléon, et que la Restauration a respectée. On pourrait fort bien défendre, au point de vue le plus libéral, la nécessité et la légitimité de l'autorisation préalable de l'État pour fonder un établissement d'instruction publique. Mais la Charte a parlé, et je pense, Messieurs, je l'ai même déclaré à cette tribune, il y a trois ans, quand je tenais le portefeuille de l'instruction publique, que l'autorisation préalable pouvait sans danger être remplacée par des conditions nouvelles : je l'ai pensé et je le pense encore Oui, mais pourvu que, sous ces conditions nouvelles, comme sous l'autorisation préalable, demeure intact le droit de l'État d'intervenir dans l'éducation des jeunes générations. Ce droit de l'État, c'est le droit même de l'Université ; car l'État parmi nous, en matière d'éducation, s'appelle l'Université. Je ne m'oppose donc point à ce que, conformément à la demande des pétitionnaires, M. le ministre vous apporte une loi qui substitue à l'autorisation préalable d'autres conditions. Nous examinerons ces conditions ; mais pour moi, je déclare d'avance que l'année prochaine, comme cette année et comme toujours, je maintiendrai le principe à mes yeux sacré de l'intervention de l'État.

Mais me répondra-t-on, personne ne conteste à l'État le droit de réprimer les abus que la liberté ferait naître. J'avertis que ce droit de répression ne me suffit point, parce qu'il n'est pas assez efficace. Comment! dans une discussion récente et mémorable vous avez soumis la liberté en matière de culte non pas seulement à la répression, mais à un pouvoir préventif ; et quand il s'agit d'éducation, là où la prédication religieuse peut se retrouver et s'exercer avec le plus de péril, vous ôteriez à l'État tout pouvoir préventif ; vous lui enlèveriez toute intervention dans les conditions nouvelles qu'il s'agit de substituer à l'autorisation préalable ! Une telle contradiction serait trop choquante. D'ailleurs, vous n'avez pas agi ainsi dans la belle loi de 1833 sur l'instruction primaire : vous avez ôté l'autorisation préalable pour tenir une école privée, mais à cette autorisation préalable vous avez substitué un brevet de capacité, lequel est conféré par une commission nommée par le ministre de l'instruction publique ; de sorte que sous une autre forme subsiste dans une juste mesure le droit de l'État.

Et remarquez que, dans l'instruction secondaire, désarmer l'État, lui ôter toute intervention préventive, serait tout autrement grave que dans l'instruction primaire ; là en effet, passez-moi ce détail un peu technique, les écoles privées ne reçoivent que des externes, tandis que dans l'instruction secondaire, les écoles privées seront presque partout des pensionnats qui pourront contenir cent ou deux cents élèves élevés dans l'ombre, loin de la famille et de l'État. Et pour de tels établissements, vous vous contentez de la répression ! Souvent elle viendra trop tard, quelquefois elle vengera le mal, bien rarement elle l'empêchera. Prenez-y garde, Messieurs, ne méprisez pas les leçons de l'expérience Je soutiens et j'établirai, quand il le faudra (1), que sous l'ancienne monarchie, le droit préventif de l'État en matière d'éducation n'a été abandonné dans aucun temps, et qu'il a souvent été exercé avec la plus grande force par les rois et par les parlements qui conféraient ou ôtaient, même à des corporations religieuses, la faculté d'enseigner. Les exemples surabondent. Depuis le commencement du dix-neuvième siècle, la monarchie constitutionnelle a retenu de l'ancienne monarchie ce pouvoir nécessaire et bienfaisant.

Il y a trente-cinq ans que l'Université est fondée : voyez ce qu'elle a fait de l'instruction publique et de l'instruction privée. Le droit d'autorisation préalable, qui lui avait été conféré par le génie même de l'organisation, ce droit, tel qu'il a été exercé, a-t-il arrêté l'essor de l'instruction privée, et par là, faute d'une concurrence utile et même nécessaire, laissé tomber les établissements publics dans une langueur déplorable ? Rien de tout cela n'est arrivé.

Messieurs, j'ai étudié les systèmes d'instruction de toutes les nations civilisées de l'Europe ; j'ai visité, j'ai examiné à fond les établissements d'instruction secondaire des deux pays où l'instruction publique est le plus florissante, la Hollande et l'Allemagne. Eh bien, moi qui aime trop mon pays pour le flatter, je déclare que je n'ai rencontré nulle part, ni en Hollande ni en Allemagne, aucun gymnase qui, par sa constitution, soit supérieur à un collége royal, et qui, tout compensé, donne de meilleur résultats. Aussi, en France, les colléges royaux jouissent-ils d'une popularité toujours croissante. Tous les départements veulent en avoir, et il y a quelques années, la chambre des députés a posé le principe qu'il y aurait, avec le temps, un collége royal par département. Ces établissements, vraiment nationaux, s'accroissent chaque année depuis la révolution de

---

(1) Cette démonstration historique est dans le premier discours qui a ouvert la discussion de cette année.

Juillet ; ils comptent aujourd'hui un plus grand nombre d'élèves qu'ils n'en ont jamais eu sous la restauration et même sous l'empire. Nos 46 colléges royaux comptent aujourd'hui 18,000 élèves. Le système des études, quelque temps embarrassé de trop d'enseignements différents, a repris depuis 1840 une marche plus simple et plus vraie. Il n'y a pas de collége qui ne compte un ou même plusieurs aumôniers chargés de donner aux élèves une instruction religieuse, de jour en jour plus appréciée. La chambre ne voudrait pas, par respect même pour la liberté de conscience, pour la sainteté de la religion, que j'entrasse ici dans aucun détail ; mais il faut qu'elle sache que jamais, pas même sous la restauration, les pratiques religieuses n'ont été plus en honneur et plus répandues, avec cette différence qu'aujourd'hui l'accomplissement des devoirs religieux est d'autant plus noble qu'il est plus libre.

Quant aux établissements privés d'instruction secondaire, les institutions et les pensions, ont-ils dépéri, je vous prie, entre les mains de l'Université ? Il y a aujourd'hui 102 institutions qui comptent 9,000 élèves. Pour les pensions, il y en a 914, nombre, ce semble, assez considérable, et tandis qu'à leur époque la plus florissante, elles n'avaient jamais eu que 18,000 ou 19,000 élèves, elles en ont aujourd'hui, sous l'empire de ce prétendu monopole, 23,000 auxquels il faut joindre 11,000 élèves, qui y reçoivent une éducation convenable sans latinité et qui sont exempts de la rétribution.

Ces chiffres, Messieurs, démontrent aux plus aveugles quel usage l'Université fait de cette autorisation préalable si critiquée. Est-il vrai que nous repoussions le concours des ecclésiastiques ? Loin de là, nous avons mis nous-mêmes à la tête de nos colléges royaux et communaux un assez grand nombre de prêtres éclairés et vertueux ; de plus 120 pensions ont des chefs ecclésiastiques. Peut-on se plaindre, avec une ombre de justice, que nous ayons refusé l'autorisation à quelque personne qui la méritât ? Je le demande aux adversaires de l'Université : connaissent-ils un prêtre, un digne ecclésiastique, remplissant d'ailleurs les conditions de grade, qui n'ait été agréé à l'instant même et avec le plus juste empressement ? Y a-t-il un seul exemple d'un pareil refus ? S'il en est un, qu'on le cite... (*Sensation*). Il n'en est pas un seul. Qu'avons-nous donc repoussé ? Je le déclare, depuis douze ans que j'ai l'honneur de faire partie du conseil de l'instruction publique, si l'on peut nous adresser un reproche, ce n'est pas celui d'une sévérité excessive; nous avons été, nous sommes encore fort indulgents. Nous connaissons notre temps et quels ménagements exige, après tant de révolutions, la diversité naturelle des opinions dans les hommes les plus respectables; et, sans déserter nos devoirs envers le gouvernement que nous servons, partout où nous rencontrons avec un savoir suffisant attesté par les grades exigés, des mœurs irréprochables et un zèle éprouvé, nous accordons aisément l'autorisation demandée..... Mais notre indulgence s'arrête devant cette ordonnance célèbre que vous a rappelée tout à l'heure M. le ministre de l'instruction publique, cette ordonnance qui impose à quiconque veut tenir un établissement privé de déclarer qu'il n'appartient à aucune association non autorisée, ordonnance que nous avons reçue des mains de la restauration, et qui a été fortifiée par la loi de 1835 sur les associations. Voilà la limite devant laquelle nous nous sommes arrêtés et nous nous arrêterons toujours. Oui, nous repousserons quiconque appartient à une société secrète, communiste ou jésuite, peu nous importe. Et que dirait la chambre si nous tenions une autre conduite? Ne serait-elle pas fondée à nous accuser de trahir nos devoirs envers le pays et envers le roi?

Ainsi, rien ne presse, comme on le voit; il n'y a point de péril à attendre, et vous pouvez laisser agir l'Université sous la législation existante.

Toutefois, nous sommes loin de repousser une loi nouvelle qui, par respect pour la Charte, essayerait de substituer à l'autorisation préalable des conditions nouvelles. Nous examinerons sérieusement les combinaisons qui nous seront présentées, et notre adhésion leur est d'avance assurée, pourvu que sous les conditions nouvelles subsiste le droit imprescriptible de l'État, non pas seulement de réprimer et de punir, mais de faire en quelque sorte qu'il y ait à punir le moins possible. Je me fais de la mission du gouvernement une idée un peu plus haute. On ne me persuadera jamais que le gouvernement soit institué pour laisser faire et laisser passer, sauf à intervenir quand le mal est fait et à punir celui qui l'a fait. Non, sa tâche est plus laborieuse et plus élevée, et la gloire est pour lui à plus haut prix.

Un vrai gouvernement doit avoir un avis sur toutes les choses im portantes, conduire les nations au lieu de se traîner à leur suite, accepter sa part de responsabilité dans tout ce qui se fait de considérable. Et quoi de plus considérable, je vous prie, quoi de plus grave et de plus délicat que de remettre entre les mains d'un homme le sort de ce qu'il y a de plus faible et de plus sacré, l'enfance et le peuple ?

En résumé, je ne m'oppose pas au renvoi de la pétition à M. le ministre avec les réserves que je viens d'exprimer. Je ne m'y oppose pas, si les pétitionnaires ne réclament qu'une loi nouvelle qui organise la liberté d'enseignement conformément aux promesses de la Charte ; mais si, sous cette demande, est contenue, même implicitement, celle du rétablissement de congrégations religieuses auxquelles serait confié l'enseignement secondaire, je m'oppose de toutes mes forces au renvoi, ainsi que mon honorable ami, M. Charles Dupin, et je demande à M. le rapporteur de vouloir bien marquer avec précision le point sur lequel nous allons délibérer.

PIÈCES

RELATIVES A L'ENSEIGNEMENT DE LA PHILOSOPHIE.

LOI FONDAMENTALE DE 1802.

L'article 10 du titre IV met la *logique* et la *morale* parmi les objets nécessaires de l'instruction secondaire.

UNIVERSITÉ IMPÉRIALE.

Le décret de 1808, article 5, met la *logique* parmi les matières nécessairement enseignées dans les lycées.

Règlement du 19 septembre 1809, qui organise l'enseignement et détermine, plus particulièrement que n'avait dû le faire le décret, les matières enseignées dans les lycées. Ce règlement est parfaitement légal ; car, aux termes mêmes du décret de 1808, le conseil avait le droit de discuter, sur la proposition du grand-maître, et d'arrêter les projets de règlement et de statut pour les écoles des divers degrés (art. 76). Or le règlement du 19 septembre 1809 rétablit l'ancien nom de philosophie au lieu de la logique.

Art. 5. « Il y aura une année de philosophie dans les lycées chefs-lieux d'Académies. »

L'art. 17 détermine avec précision la matière de cet enseignement : « Dans l'année de philosophie, les élèves seront
» instruits, soit en latin, soit en français, sur les principes de
» la logique, de la métaphysique, de la morale, et sur l'histoire
» des opinions des philosophes (1). »

Un arrêté du 10 février 1810 décide « qu'il sera établi des
» chaires de philosophie dans tous les lycées qui ne sont pas
» placés dans les chefs-lieux d'Académies. »

RESTAURATION.

Règlement du 28 septembre 1814, art. 145 : « Dans la classe

---

(1) Voyez plus bas la liste des auteurs classiques arrêtée par le même règlement.

» de philosophie, le professeur traitera de la logique, de la
» métaphysique et de la morale, et terminera son cours par un
» abrégé de l'histoire de la philosophie. »

ADMINISTRATION DE M. ROYER-COLLARD.

CONCOURS GÉNÉRAL DES COLLÉGES.
Année 1817.

Question :

De l'existence de Dieu.

PROGRAMME.

Après avoir indiqué très-sommairement les principales preuves de l'existence de Dieu, les élèves feront voir qu'elles reposent sur un seul et même principe, qui est le principe de *causalité*. Ils énonceront avec toute la rigueur et toute la précision possible ce principe dans lequel réside toute la force de la démonstration. Ils examineront ensuite quelle est son origine, s'il a été donné à l'homme comme un élément primitif de sa raison, ou si, n'étant qu'une acquisition de l'expérience, il emprunte d'elle seule toute son autorité. En traitant cette question, les élèves ne perdront pas de vue que Dieu étant l'être nécessaire, il ne peut être légitimement déduit que d'un principe dont les conséquences soient des vérités nécessaires. Si donc ils cherchaient le principe dont il s'agit dans l'expérience, ils auraient à prouver que l'expérience conduit à des vérités de cette nature.

Le prix fut remporté par M. Ampère, aujourd'hui membre de l'Institut, professeur au collége de France.

CONCOURS GÉNÉRAL DE 1818.
De la loi morale.

PROGRAMME.

Les élèves commenceront par déterminer avec précision le caractère que doit avoir la loi morale pour être une loi.

Le caractère de la loi morale étant déterminé, ils examineront si une telle loi peut sortir de la sensibilité.

Comparant le caractère général de la sensibilité avec celui de la loi morale, ils établiront leur conformité ou leur dissemblance.

Les élèves qui penseraient que le caractère de la sensibilité s'accorde avec celui de la loi morale, feront voir comment l'idée de la loi peut être fondée sur celle de plaisir et de peine.

Ils passeront en revue toutes les parties de la sensibilité, c'est-à-d're tous les genres de plaisir et de peine ;

« 1° Sensibilité physique, peines et plaisirs des sens ;

» 2° Sensibilité morale, plaisirs et peines de la pitié, de la sympathie, etc. ;

» 3° Imagination, ou plaisirs et peines conçus dans l'avenir ;

» Résumant ensuite le système de la sensibilité, les élèves y ramèneront la loi morale, ou ils la fixeront hors de son enceinte. »

Le prix fut remporté par M. Paravey, aujourd'hui maître des requêtes au conseil d'État.

CONCOURS GÉNÉRAL DE 1819.

De l'origine des notions de substance et de cause, et en général des notions nécessaires.

PROGRAMME.

Nous ne pouvons éprouver actuellement une modification quelconque, sentir ou percevoir un phénomène au dedans ou au dehors de nous, sans attribuer le mode senti ou perçu à un sujet permanent, identique, appelé *substance*, et sans le reporter en même temps à une cause qui le produit, ou le fait commencer.

De là ces axiomes métaphysiques, qu'il ne peut y avoir de qualité sans un sujet d'inhérence, et que rien ne peut arriver sans une cause.

Ces caractères de nécessité et d'universalité de certaines notions, telles que celle de substance et de cause, ont frappé un grand nombre de philosophes, qui les ont distinguées sous le nom d'*idées innées*, ou sous des dénominations équivalentes, des produits artificiels et arbitraires de l'esprit humain, telles que les idées générales, collectives et abstraites, de classes, de genres, d'espèces.

D'autres philosophes ont nié cette distinction ; ils ont soutenu qu'il n'y a dans notre esprit aucune notion qui n'y soit venue par les sens externes, et qui ne puisse se résoudre en sensation ou en pur signe, vide d'idée.

Les élèves seront libres d'adopter, sur cette question, l'opinion qui leur paraîtra conforme à la vérité.

S'ils préfèrent la première, ils détermineront les caractères invariables qui séparent les notions nécessaires et universelles, des idées générales adventices, collectives et artificielles.

Ces caractères déterminés, ils examineront s'il s'ensuit que les notions nécessaires et universelles soient innées, au sens où Leibnitz dit que l'entendement est inné à lui-même ; ou bien, s'il ne faut pas reconnaître un antécédent psychologique, un fait primitif d'expérience immédiate interne.

Et dans ce cas, en quoi cette sorte d'expérience diffère de celle qui est acquise par le moyen des sens externes ; si elle a besoin de se répéter, etc.

Si les élèves préfèrent la seconde opinion, ils feront voir comment la sensation abstraite, généralisée, peut engendrer dans ses développements ce qu'elle ne paraît pas contenir dans sa nature, savoir : quelque chose de nécessaire et d'universel.

Et dans le cas où ils rejetteraient les caractères de nécessité et d'universalité attribués à certaines vérités, ils prouveront, ou bien que le genre humain n'admet pas ces caractères, ou bien qu'une saine philosophie peut se mettre en contradiction avec les croyances du genre humain.

Ils auront de plus à rechercher quelle a pu être l'origine de l'idée de nécessité.

Le prix fut remporté par M. Frank-Carré, aujourd'hui président de la cour royale de Rouen, et pair de France.

MINISTÈRE DE M. LE DUC DE RICHELIEU.

ADMINISTRATION DE M. CUVIER.

Institution d'un Prix d'honneur de Philosophie.

Arrêté du 31 octobre 1820, sur les cours de philosophie et de rhétorique des colléges royaux de Paris.

Art. 1. « Les élèves de rhétorique ne pourront suivre en même temps aucune partie du cours de philosophie.

» Les vétérans de rhétorique sont exceptés de cette disposition, pour la présente année scolaire. »

Art. 2. « Tous les élèves sont astreints à suivre les dix leçons données chaque semaine, dans chaque classe. »

Art. 3. « Ils sont également obligés de suivre les diverses parties d'enseignement dont chaque cours est composé.

» Ceux qui, dans la classe de rhétorique et de philosophie, n'auront point suivi toutes les parties de l'enseignement, seront exclus des concours généraux et particuliers de la fin de l'année; de plus ils ne pourront être admis aux examens pour les grades, conformément à l'ordonnance du 5 juillet de la présente année. »

Art. 4. « Les leçons des sciences mathématiques et physiques seront données le matin, celles de philosophie le soir : ces deux classes seront faites aux mêmes heures que les classes d'humanités. »

Art. 5. « Les professeurs des sciences mathématiques donneront cinq leçons par semaine, ainsi que le professeur de philosophie. »

Art. 6. « Le cours de philosophie dans les colléges, sera regardé comme le complément de la rhétorique : en conséquence, les professeurs s'abstiendront d'occuper leurs élèves de théories qui doivent être réservées pour les cours de facultés. Ils les exerceront surtout à argumenter et à écrire sur les questions les plus importantes et les plus utiles de la logique, de la métaphysique et de la morale. Pour encourager puissamment des études si nécessaires, il sera établi un prix d'honneur de philosophie semblable au prix d'honneur de rhétorique. Ce prix sera accordé à celui des élèves qui, dans les compositions du concours général, aura le plus solidement et le plus disertement traité en latin une des principales questions de la philosophie. Un second prix sera donné à une dissertation du même genre, écrite en français. Les prix décernés pour les sciences, tant philosophiques que mathématiques et physiques, seront distribués les premiers.

» Les professeurs de philosophie sont invités à remettre aux proviseurs, dans le délai d'un mois, le programme des leçons qu'ils doivent donner pendant la présente année scolaire. »

L'art. 7 et dernier est relatif à l'enseignement de l'histoire.

ADMINISTRATION DE M. CORBIÈRE,

Nommé en 1821 président du conseil de l'instruction publique.

Statut du 4 septembre 1821, qui confirme et développe l'arrêté précédent. L'enseignement des sciences est mis à sa véritable place : il comprend avec la philosophie, les deux dernières années du collège, après la rhétorique. La philosophie est répartie, dans ces deux années, avec les mathématiques et la physique.

La première année comprend, d'après l'art. 184 du statut, les deux premières parties de la philosophie, savoir la logique et la métaphysique.

Art. 190. « L'enseignement de la seconde année comprend la dernière partie de la philosophie, savoir le cours de morale et du droit de la nature et des gens. » — On voit que M. Corbière était moins timide que beaucoup de ministres de juillet.

Art. 187. « La leçon de philosophie est donnée en latin. Elle est divisée en 3 parties : la première est remplie par la lecture des dissertations de la veille; la seconde par l'explication de la nouvelle leçon; la troisième par l'argumentation des élèves. Le temps d'étude qui suit la leçon est consacré à des compositions relatives à l'objet de cette leçon. »

Art. 213. « Il y a pour la première année de philosophie des prix de dissertation philosophique en latin, des prix de dissertation philosophique en français. La même chose pour la seconde année. »

Art. 214. « Le premier prix de dissertation philosophique en latin, dans la seconde année de philosophie, s'appelle le prix d'honneur de philosophie. » Le prix d'honneur de philosophie jouit des mêmes priviléges attachés au prix d'honneur de rhétorique, à savoir l'exemption de la conscription, tous les examens et tous les grades de facultés gratuits.

Ce statut du conseil sous M. Corbière est excellent, sauf l'emploi de la langue latine dans l'enseignement de la philosophie, et dans la partie de l'examen du baccalauréat ès lettres relative à la philosophie. Au reste cette prescription ne fut pas suivie, du moins à Paris.

Un arrêté du 10 novembre 1821 détruisit la répartition de la philosophie en deux années. Une seule année comprit « la » logique, la métaphysique et la morale. » C'est l'état actuel.

MINISTÈRE DE M. L'ÉVÊQUE D'HERMOPOLIS.

Questions de philosophie pour l'examen du baccalauréat ès lettres, 1823.

Logique.

1. Quid sit philosophia? — An definiri possit: an debeat? — Quomodo sit dividenda? — Quonam vinculo cæteris disciplinis adhæreat? — Quo tendat et cujus sit utilitatis?
2. Quid sit logica? — Quid cogitare? — Quid loqui? — An cogitare detur si non loqueris? — An ita dividi possit logica: *de ideis, de judicio, de ratiocinio, de methodo?*
3. Quænam idæarum origo? — An omnes unam et communem habeant?
4. An discrimen ponas necesse sit inter idæarum naturam, causam et originem? — Quænam idæarum causa? — An omnes unam et communem habeant?
5. Quænam variæ idæarum species? — Quibus in primis intersit ut studeamus?
6. De conjunctione idæarum. — Quomodo per eam ingenium et mores hominis informentur?
7. Quid sit judicium? — Quænam ideæ et judicii mutua relatio? — Quænam sint objecta judiciorum?
8. Quænam sint judiciorum motiva? — An cuncta ad unum possint reduci?

9. Quid sit credere? — Quid certitudo, evidentia, veritas? — An in certitudine gradus? — Quid de scepticismo cogitandum?
10. De auctoritate sensus intimi et rationali evidentia.
11. Quid valeat testimonium sensuum?
12. Quid valeat testimonium hominum?
13. Quid valeat ad judicandum memoria? — Quid analogia?
14. Quid sit ratiocinium? — Quid ideæ mediæ? — Undenam petendæ sint? — Quibus ratiocinium fundetur principiis?
15. Quid philosophicè significet ea vox, *sermo*? — Quid sermo bene compositus proficiat? — Quid pravè compositus noceat?
16. In quo constent sermo per gestus, et sermo per sonos articulatos? — In quo differant? — Quænam necessaria sermonis articulati elementa?
17. Quid sint idæarum respectu signa quibus constat sermo? — Quid cogitandum de realistarum et nominalium dissidio?
18. Quid sit propositio? — Quid in propositione comprehensio, et extensio terminorum? — Quænam variæ propositionum species? — Quasnam propositio mutationes admittat?
19. De definitione et divisione, earumque regulis.
20. Quid sit argumentatio? — Quid propositio deducta? — Quænam variæ argumentandi formæ? — An omnes solus syllogismus complectatur? — Quænam præcipuæ syllogismi regulæ?
21. Quid sit methodus? — Quot numeres methodos? — In quo differant? — An quæ oratoris est et poëtæ, eadem philosopho usurpanda?
22. Quibus ex causis errores nostris profluant? — Quomodo vitandus error, vel corrigendus?

Métaphysique.

23. De metaphysices definitione, divisione et utilitate.
24. De existentia et possibilitate. — De substantia et modo. — Quænam sit harum idæarum origo?
25 De causa et effectu. — De necessario et contingenti. — Quænam sit harum idæarum origo?
26. Quidnam sit corpus, quidnam spiritus? — Undenam oriantur et corporum et spirituum ideæ?

27. Quid sit homo? — Mens humana est prorsus à corpore diversa. — Objecta solventur.
28. Quodnam commercium mentem inter et corpus existit? — Quænam sunt varia circa illud commercium systemata? — Quid de his systematibus sentiendum?
29. Quid sit libertas? — Homo est liber. — Solventur objecta.
30. Probabitur mentis immortalitas. — Objecta solventur.
31. Homo cum belluis comparabitur. — Quid de variis philosophorum opinionibus sentiendum?
32. Quænam omnibus hominibus affulget Dei idæa? — Undenam proficiscitur? — An varia argumenta existentiæ Dei in sola causalitate principium habeant?
33. Existentiæ Dei argumenta physica. — Objecta solventur.
34. Existentiæ Dei argumenta metaphysica et moralia. — Objecta solventur.
35. Expositis commodis quæ hominibus privatis et societati affert theismus, expositis etiam atheismi horrendis consectariis, quæritur utrum societas atheorum stare et florere possit?
36. Exponentur præcipua Dei attributa, eorumque inter se relationes, Deumque esse summè perfectum probabitur.
37. Unicum deum existere demonstratibur. — Solventur objecta.
38. De scientia divina. — An libertati hominis et divinæ bonitati repugnet?
39. Utrum origo boni et mali explicari possit admisso unico principio, nempe Deo? — Solventur omnes difficultates quæ contra justitiam, bonitatem, sapientiam, sanctitatemque divinam proponi solent.

Morale.

40. De scientiæ moralis definitione, divisione, utilitate et necessitate.
41. De actu morali. — Quænam sint actuum moralium motiva? — An omnia ad unum referri possint?
42. Est-ne quædam actuum humanorum regula aut lex? — Quænam sit? — Habet-ne fundamentum in discrimine essentiali quod bonum inter et malum morale existit?
43. Quid lex et quotuplex? — Quid lex naturalis? — Quodnam sit obligationis principium?

44. Quinam sint legislatoris characteres ? — An in Deo sint ? — Quænam sint dotes legem accipientis ? — An iis homo præditus sit ?
45. De conscientia morali et de sanctione legis naturalis.
46. Quænam sint officia erga Deum adimplenda, et quodnam eorum officiorum fundamentum ? — De definitione et necessitate religionis.
47. Quænam sint officia hominis erga semetipsum ? — Quodnam eorum officiorum fundamentum ?
48. Suicidium et duellum vetita sunt. — Solventur objecta.
49. Quid sit societas ? — An homo ad societatem sit natus ? — Officia hominis erga cæteros homines.
50. Quænam sint officia hominis in societate domestica adimplenda ? — Quodnam eorum fundamentum ?

INSTITUTION D'UN CONCOURS SPÉCIAL D'AGRÉGATION POUR LA PHILOSOPHIE.

Arrêté du 12 juillet 1825.

Art. 1ᵉʳ. « Il sera ouvert un concours spécial pour les aspirants à l'agrégation qui, en se faisant inscrire, déclareront se vouer uniquement à l'enseignement de la philosophie.

» Les candidats subiront les trois épreuves déterminées dans les articles suivants. »

Art. 2. « La première épreuve consiste dans une dissertation latine et dans une dissertation française sur un sujet de logique, de métaphysique ou de morale. »

Art. 3. « La deuxième épreuve est une thèse en latin sur les mêmes sujets, où les concurrents sont tenus d'argumenter suivant le rang qui leur a été assigné par les juges du concours. »

Art. 4. « La troisième épreuve est une leçon en latin sur un point de logique, de métaphysique ou de morale. »

Art. 5. « La durée des épreuves est fixée, pour le concours de philosophie, comme elle l'a été pour les trois autres ordres d'agrégés par le statut du 6 février 1821. »

Art. 6. « Les jeunes gens qui ont passé trois ans dans un séminaire diocésain peuvent, comme ceux qui ont les années de service exigées par le statut précité, se présenter au concours de philosophie. »

Un arrêté du même ministre du 1ᵉʳ décembre 1827, modifie les règles d'admissibilité aux concours de l'agrégation. Les élèves des grands séminaires ne figurent plus sur la liste des admissibles.

MINISTÈRE DE M. DE VATIMESNIL.

Nouveau statut du 27 décembre 1828, sur les concours d'agrégation. Parmi les admissibles ne figurent pas non plus les séminaristes. En ce qui regarde la philosophie, les matières arrêtées par M. d'Hermopolis sont maintenues : logique, métaphysique et morale. On institue une épreuve nouvelle : il faut *traduire en français un morceau tiré d'un philosophe grec.* Tout est tellement favorable à la philosophie, qu'on exige à l'agrégation pour les classes supérieures des lettres une dissertation sur un sujet de philosophie. Nous n'avons supprimé que l'emploi de la langue lati

Ordonnance du 26 mars 1829, modifiant diverses parties de l'instruction publique. Au titre III, art. 17, il est dit que la philosophie doit être désormais enseignée en français.

Arrêté du 8 septembre 1829, concernant l'enseignement de la philosophie dans les colléges royaux. L'enseignement de la philosophie en français est maintenu ; mais on maintient aussi l'usage des compositions en latin.

RÉVOLUTION DE JUILLET.

MINISTÈRE DE M. LE DUC DE BROGLIE.

Suppression officielle de la langue latine dans l'enseignement et dans le concours d'agrégation et au baccalauréat ès lettres. Translation du prix d'honneur de philosophie, de la dissertation latine à la dissertation française. Institution d'une épreuve spéciale de l'histoire de la philosophie dans l'agrégation.

Du 11 septembre 1830.

Le conseil royal de l'instruction publique,

Vu l'article 17 de l'ordonnance du 27 février 1821;

Vu l'article 17 de l'ordonnance du 26 mars 1829 (§ 3);

Considérant que l'emploi de la langue latine, dans l'enseignement de la philosophie, est également défavorable à la philosophie, puisque la langue latine ne peut rendre qu'obscurément et imparfaitement beaucoup d'idées et d'expressions de la philosophie moderne, et à l'étude de la bonne latinité, que corrompait l'invention nécessaire de termes nouveaux;

Considérant que l'argumentation en latin a les mêmes inconvénients;

Considérant en outre qu'il importe à tous égards de maintenir la prééminence de la langue nationale et populaire dans les matières philosophiques;

Voulant assurer l'entière exécution de la disposition précitée de l'ordonnance du 26 mars 1829;

Sur le rapport de M. le conseiller chargé de tout ce qui concerne les études philosophiques;

Arrête ce qui suit:

Art. 1er Les leçons de philosophie se donneront exclusivement en français.

Cependant les élèves feront de temps en temps des compositions en latin sur des questions de morale.

2. L'argumentation en latin est supprimée.

3. Le prix d'honneur de philosophie, avec les avantages qui y sont attachés, est transféré de la dissertation latine à la dissertation française.

4. L'article 214 du statut du 4 septembre 1821, qui décerne le prix d'honneur de philosophie à la dissertation latine, et l'arrêté du 8 septembre 1829, qui recommande l'argumentation en latin et les compositions latines sur des sujet de logique, de métaphysique et de morale, sont et demeurent rapportés.

Le ministre de l'instruction publique et des cultes, grand maître de l'Université,

Signé Duc de Broglie.

Le conseiller remplissant les fonctions de secrétaire du conseil royal,

Signé V. Cousin.

Du 11 septembre 1830.

Le conseil royal de l'instruction publique arrête ce qui suit :

Art. 1er L'article 4 de l'arrêté du 13 mars 1821, qui prescrit que l'examen de philosophie du baccalauréat ès lettres se fera en latin, est supprimé.

2. L'examen de philosophie pour le baccalauréat ès lettres sera fait en français.

3. Il sera fait une révision des questions sur lesquelles doit rouler cet examen.

4. Il sera nommé à cet égard une commission qui fera son rapport dans le plus court délai possible, de manière que la série des questions en français dont se composera l'examen de philosophie pour le baccalauréat ès lettres, puisse être imprimée pour la rentrée de la faculté des lettres.

Le ministre de l'instruction publique et des cultes, grand maître de l'Université,

Signé Duc de Broglie.

Le conseiller remplissant les fonctions de secrétaire du conseil royal,

Signé V. Cousin.

Du 11 septembre 1830.

Le conseil royal de l'instruction publique,

Considérant que les épreuves pour le concours de l'agrégation de philosophie doivent se rapporter exclusivement à la philosophie, et que tous ceux qui se préparent à ce concours donnent des garanties suffisantes d'instruction, tant en latin et en grec, que dans les sciences mathématiques et physiques, par la double condition qui leur est imposée d'être bachelier ès sciences et licencié ès lettres, et qu'ainsi nulle épreuve nouvelle à cet égard n'est nécessaire ;

Considérant en outre que l'histoire de la philosophie, si utile à la philosophie elle-même, n'occupe pas une place suffisante dans les épreuves de ce concours ;

Arrête ce qui suit :

L'arrêté du conseil royal du 27 décembre 1828 est modifié, quant aux épreuves, en ce que la dissertation latine, la traduction d'un morceau tiré d'un philosophe grec et l'argumentation en latin sont supprimées, et les épreuves fixées de la manière suivante :

1re *Épreuve* (composition). Les concurrents composeront deux dissertations en français, l'une sur un point de philosophie, l'autre sur un point de l'histoire de la philosophie.

2e *Épreuve* (argumentation). Les concurrents soutiendront tour à tour des thèses en français sur un point de philosophie ou d'histoire de la philosophie.

3e *Épreuve* (leçon). Le sujet de la leçon est un point de philosophie. La leçon et l'argumentation qui la suit sont faites en français.

Toutes les autres dispositions de l'arrêté du 27 décembre 1828, qui ne sont point ici formellement rapportées, sont et demeurent maintenues.

Le ministre de l'instruction publique et des cultes, grand maître de l'Université,

Signé Duc de Broglie.

Le conseiller remplissant les fonctions de secrétaire du conseil royal,

Signé V. Cousin.

MINISTÈRE DE M. GUIZOT.

Arrêté du 28 septembre 1832, qui détermine les questions de philosophie sur lesquelles seront interrogés les aspirants au grade de bachelier ès lettres.

Art. 1. « Le programme latin des questions de philosophie de l'examen du baccalauréat ès lettres est supprimé. »

Art. 2. « Il est remplacé par le programme suivant :

Introduction.

1. Objet de la philosophie.—Utilité et importance de la philosophie. — Ses rapports avec les autres sciences.

2. Des méthodes différentes qui ont été suivies jusqu'ici dans les recherches philosophiques. — De la vraie méthode philosophique.

3. Division de la philosophie. — Ordre dans lequel il faut en disposer les parties.

Psychologie.

4. Objet de la psychologie. — Nécessité de commencer l'étude de la philosophie par la psychologie. — De la conscience et de la certitude qui lui est propre.

5. Des phénomènes de conscience, et de nos idées en général. — De leurs différents caractères et de leurs diverses espèces. — Donner des exemples.

6. De l'origine et de la formation des idées. — Prendre pour exemples quelques-unes des plus importantes de nos idées.

7 Donner une théorie des facultés de l'âme. — Qu'est-ce que déterminer l'existence d'une faculté?

8. Sensibilité. — Son caractère. — Distinguer la sensibilité de toutes les autres facultés, et marquer sa place dans l'ordre de leur développement.

9. De la faculté de connaître, ou de la raison. — Caractère propre de cette faculté.

Des facultés qui se rapportent à la faculté générale de connaître :

        De la conscience.
        De l'attention.
        De la perception extérieure.
        Du jugement.
        Du raisonnement.
        De la mémoire.
        De l'abstraction.
        De la généralisation.
        De l'association des idées.

10. De l'activité et de ses divers caractères. — De l'activité volontaire et libre. — Décrire le phénomène de la volonté et toutes ses circonstances. — Démonstration de la liberté.

11. Du moi ; de son identité ; de son unité. — De la distinction de l'âme et du corps.

Logique.

12. De la méthode. — De l'analyse et de la synthèse.
13. De la définition ; de la division et des classifications.
14. De la certitude en général et des différentes sortes de certitude.
15. De l'analogie. — De l'induction. — De la déduction.
16. Autorité du témoignage des hommes.
17. Du raisonnement et de ses différentes formes.
18. Des sophismes et des moyens de les résoudre.
19. Des signes et du langage dans leur rapports avec la pensée.
20. Caractères d'une langue bien faite.
21. Des causes de nos erreurs et des moyens d'y remédier.

Morale.

22. Objet de la morale.
23. Des divers motifs de nos actions. — Est-il possible de les ramener à un seul ? — Quelle est leur importance relative ?
24. Décrire les phénomènes moraux sur lesquels repose ce qu'on appelle conscience morale, sentiment ou notion du devoir, distinction du bien et du mal, obligation morale, etc.
25. Du mérite et du démérite. — Des peines et des récompenses. — De la sanction de la morale.
26. Division des devoirs. — Morale individuelle, ou devoirs de l'homme envers lui-même.
27. Morale sociale, ou devoirs de l'homme envers ses semblables :
    1° Devoirs envers l'homme en général ;
    2° Devoirs envers l'État.
28. Énumération et appréciation des différentes preuves de l'existence de Dieu.
29. Des principaux attributs de Dieu ; de la divine Providence, et du plan de l'univers.
30. Examen des objections tirées du mal physique et du mal moral.

31. Destinée de l'homme. — Preuves de l'immortalité de l'âme.

32. Morale religieuse, ou devoirs envers Dieu.

Histoire de la Philosophie.

33. Quelle méthode faut-il appliquer à l'étude de l'histoire de la philosophie ?

34. En combien d'époques générales peut-on diviser l'histoire de la philosophie ?

35. Faire connaître les principales écoles de la philosophie grecque avant Socrate.

36. Faire connaître Socrate et le caractère de la révolution philosophique dont il est l'auteur.

37. Faire connaître les principales écoles grecques depuis Socrate jusqu'à la fin de l'école d'Alexandrie.

38. Quels sont les principaux philosophes scolastiques?

39. Quelle est la méthode de Bacon ? — Donner une analyse du *Novum organum.*

40. En quoi consiste la méthode de Descartes ? — Donner une analyse du discours *de la Méthode.*

41. Faire connaître les principales écoles modernes depuis Bacon et Descartes.

42. Quels avantages peut-on retirer de l'histoire de la philosophie pour la philosophie elle-même ?

Circulaire du 8 avril 1833, relative aux questions de philosophie sur lesquelles doivent être interrogés les aspirants au grade de bachelier ès lettres.

« Monsieur le Recteur,

» J'ai eu l'honneur de vous envoyer, au commencement de l'année scolaire, l'arrêté du Conseil royal de l'instruction publique, en date du 28 septembre 1832, contenant le programme des questions de philosophie sur lesquelles doivent être interrogés les aspirants au grade de bachelier ès lettres.

» Ce programme n'est que le résumé exact de l'enseignement philosophique, tel qu'il a lieu dans les colléges royaux. Il est la base naturelle et obligée de l'examen du baccalauréat pour cette partie des études classiques. Puisqu'il s'agit d'un diplôme qui doit procurer indistinctement à tous les élèves des colléges royaux et communaux les mêmes avantages, il est juste que tous soient tenus de faire preuve du même degré d'instruction.

» L'adoption de ce programme était d'ailleurs réclamée par les intérêts de l'instruction. Il tend à élever l'enseignement de la philosophie dans les colléges communaux à la même hauteur que dans les colléges royaux. Il introduit dans la marche de l'enseignement une uniformité toujours compatible avec la liberté de discussion, mais indispensable pour que le mérite des professeurs et les succès obtenus par chacun d'eux puissent être appréciés comparativement.

» Je n'ai pas besoin, sans doute, d'insister sur ces considérations, monsieur le recteur, pour vous faire sentir combien il est nécessaire que le programme des questions de philosophie soit fidèlement suivi dans l'examen des aspirants au grade de bachelier ès lettres. On doit s'y conformer non-seulement pour le fond et la forme, mais encore pour l'ordre des questions à poser. Je désire que les intentions de l'autorité à cet égard soient rappelées sans aucun délai, tant à MM. les doyens et professeurs des Facultés des lettres, qu'à MM. les membres des commissions instituées pour en tenir lieu. Vous voudrez bien m'informer de temps en temps de la manière dont ces intentions sont remplies dans votre ressort académique ; vous m'adresserez à cet effet des rapports spéciaux à différentes époques de l'année scolaire, notamment après la clôture des examens qui ont lieu avant les vacances. »

MINISTÈRE DU 1ᵉʳ MARS 1840.

Règlement du baccalauréat ès lettres, du 14 juillet 1840.

QUESTIONS DE PHILOSOPHIE.

Quelques changements de classification ; suppression de deux questions qui sont remplacées par les suivantes :

16. Du syllogisme et de ses règles. — Citer des exemples.
17. De l'utilité de la forme syllogistique.

Circulaire de M. le Ministre de l'Instruction publique, du 17 juillet 1840, relative au nouveau règlement du baccalauréat ès lettres.

. . . .

« Le programme de philosophie reste tel qu'il a été arrêté il y a dix ans. Vous n'y trouverez d'autre changement que l'introduction de quelques questions nouvelles de logique, relatives à cette forme de raisonnement dont on a tant abusé au moyen âge, et que depuis, par une réaction extrême, on a trop négligée, à savoir la forme syllogistique. L'art syllogistique est tout au moins une escrime puissante, qui donne à l'esprit l'habitude de la précision et de la rigueur. C'est à cette mâle école que se sont formés nos pères : il n'y a que de l'avantage à y retenir quelque temps la jeunesse actuelle. »

LES DEUX LISTES DES LIVRES CLASSIQUES DE PHILOSOPHIE DE 1809 ET DE 1842.

Règlement du Conseil impérial, du 19 septembre 1809. — *Liste des livres recommandés pour les classes de philosophie.* (Les ouvrages marqués d'une croix sont ceux qui ne se retrouvent point dans la liste nouvelle.)

Parmi les anciens :

Les Dialogues de Platon ;
Les Analytiques d'Aristote ;
Les Traités philosophiques de Cicéron.

Parmi les modernes :

Le Traité *de Augmentis scientiarum*, et le *Novum organum* de Bacon ;
La Méthode de Descartes ; ses Méditations ;
† Le chapitre de Pascal sur la manière de prouver la vérité et de l'exposer aux hommes ;
La Logique de Port-Royal ;
L'Essai sur l'Entendement humain de Locke ;
Les Nouveaux Essais sur l'Entendement humain, de Leibnitz ; sa Théodicée ;
Recherche de la vérité par Malebranche ; ses Entretiens métaphysiques ;
De l'Existence de Dieu, par Fénelon ;
De l'Existence de Dieu, par Clarke ;

† Bossuet : Traité de la connaissance de Dieu et de soi-même, et Traité du libre-arbitre.

Fénelon : Traité de l'Existence de Dieu, et Lettres sur divers sujets de métaphysique ;

Malebranche : Recherche de la vérité, Méditations chrétiennes, Entretiens métaphysiques ;

† Arnauld : Traité des vraies et des fausses idées ;

† Buffier : Traité des vérités premières ;

Locke : Essai sur l'Entendement humain ;

Leibnitz : Nouveaux Essais sur l'Entendement, et Théodicée ;

Clarke : De l'existence et des attributs de Dieu ;

Lettres d'Euler à une princesse d'Allemagne ;

† Instituts de philosophie morale de Ferguson ;

† OEuvres de Reid.

Arrêté du Conseil Royal, du 12 août 1842. — *Liste de livres classiques pour l'enseignement de la philosophie.* (Les livres marqués d'une croix sont les livres nouvellement désignés.)

Parmi les anciens :

Les Dialogues de Platon ;
Les Analytiques d'Aristote ;
Les Traités philosophiques de Cicéron.

Parmi les modernes :

Bacon : le livre *de Augmentis scientiarum* et le *Novum organum* ;

Descartes : le Discours de la Méthode, les Méditations avec les objections et les réponses ;

La Logique de Port-Royal ;

† La Logique de Wolf ;

† L'Introduction à la philosophie, de S'Gravesande ;

† Principes du droit naturel, par Burlamaqui ;

† Traité des systèmes, l'Art de penser, la Logique de Condillac ;

Lettres d'Euler à une princesse d'Allemagne ;

† Essai analytique sur les facultés de l'âme, par Charles Bonnet.

PIÈCES

RELATIVES AUX PETITS SÉMINAIRES.

Décret impérial concernant les séminaires et les écoles consacrées spécialement aux élèves qui se destinent à l'état ecclésiastique.

Du 9 avril 1809.

NAPOLÉON, empereur des Français, roi d'Italie;
Sur le rapport de notre ministre des finances ;
Notre conseil d'État entendu,
Nous avons décrété et décrétons ce qui suit :

Art. 1.' Pour être admis dans les séminaires maintenus par l'art. 3 de notre décret du 17 mars, comme écoles spéciales de théologie, les élèves devront justifier qu'ils ont reçu le grade de bachelier dans la faculté des lettres.

Art. 2. Les élèves actuellement existants dans lesdits séminaires, pourront y continuer leurs études, quoiqu'ils n'aient pas rempli les conditions ci-dessus.

Art. 3. Aucune autre école, sous quelque dénomination que ce puisse être, ne peut exister en France, si elle n'est régie par des membres de l'Université impériale, et soumise à ses règles.

Art. Le grand maître de notre Université impériale et son conseil accorderont un intérêt spécial aux écoles secondaires que les départements, les villes, les évêques ou les particuliers voudraient établir, pour être consacrées plus spécialement aux élèves qui se destinent à l'état ecclésiastique.

Art. 5. La permission de porter l'habit ecclésiastique pourra être accordée aux élèves desdites écoles, dont le prospectus et les règlements seront approuvés par le grand maître et le conseil de l'Université, toutes les fois qu'ils ne contiendront rien de contraire aux principes généraux de l'instruction.

Art. 6. Le grand maître pourra autoriser dans nos écoles secondaires et lycées, des fondations de bourses, demi-bourses ou toutes autres dotations pour des élèves destinés à l'état ecclésiastique.

Art. 7. Nos ministres des cultes et de l'intérieur sont chargés de l'exécution du présent décret.

Signé : NAPOLÉON.

Par l'empereur, *le secrétaire d'État*,

Signé : H.-B. MARET.

Décret impérial concernant le régime de l'Université.

Du 15 novembre 1811.

Titre IV. — Des écoles secondaires consacrées à l'instruction des élèves qui se destinent à l'état ecclésiastique.

Art. 24. Les écoles plus spécialement consacrées à l'instruction des élèves qui se destinent à l'état ecclésiastique, sont celles où ces élèves sont instruits dans les lettres et dans les sciences conformément à notre décret impérial du 9 avril 1809.

25. Toutes ces écoles seront gouvernées par l'Université; elles ne pourront être organisées que par elle, régies que sous son autorité, et l'enseignement ne pourra y être donné que par des membres de l'Université étant à la disposition du grand maître.

26. Les prospectus et les règlements de ces écoles seront rédigés par le conseil de l'Université, sur la proposition du grand maître.

27. Il ne pourra pas y avoir plus d'une école secondaire ecclésiastique par département. Le grand maître désignera, avant le 15 décembre prochain, celles à conserver; toutes les autres seront fermées à dater du 1er janvier.

28. A dater du 1er juillet 1812, toutes les écoles secondaires ecclésiastiques qui ne seraient point placées dans les villes où se trouve un lycée ou un collége, seront fermées.

29. Aucune école secondaire ecclésiastique ne pourra être placée dans la campagne.

30. Toutes les maisons et meubles des écoles ecclésiastiques qui ne seront pas conservées, seront saisis par l'Université, pour être employés dans les établissements d'instruction publique.

31. Nos préfets et nos procureurs-généraux près nos cours

impériales tiendront la main à ce que l'Université fasse exécuter les dispositions contenues dans les quatre articles précédents.

32. Dans tous les lieux où il y a des écoles ecclésiastiques, les élèves de ces écoles seront conduits au lycée ou au collége pour y suivre leurs classes.

Les élèves des écoles secondaires ecclésiastiques porteront l'habit ecclésiastique; tous les exercices se feront au son de la cloche.

Ordonnance du 5 octobre 1814.

Louis, etc., ayant égard à la nécessité où sont les archevêques et évêques de notre royaume, dans les circonstances difficiles où se trouve l'Église de France, de faire instruire, dès l'enfance, des jeunes gens qui puissent entrer avec fruit dans les grands séminaires; et désirant de leur procurer les moyens de remplir avec facilité cette pieuse intention ; ne voulant pas toutefois que les écoles de ce genre se multiplient sans raison légitime;

Sur le rapport de notre ministre secrétaire d'État de l'intétérieur, nous avons ordonné, etc.

Art. 1er. Les archevêques et évêques de notre royaume pourront avoir, dans chaque département, une école ecclésiastique dont ils nommeront les chefs et les instituteurs, et où ils feront élever et instruire dans les lettres des jeunes gens destinés à entrer dans les grands séminaires.

Art. 2. Ces écoles pourront être placées à la campagne et dans les lieux où il n'y aura ni lycée, ni collége communal.

Art. 3. Lorsqu'elles seront placées dans les villes où il y aura un lycée ou collége communal, les élèves, après deux ans d'études, seront tenus de prendre l'habit ecclésiastique ; ils seront dispensés de fréquenter les leçons desdits lycées et colléges.

Art. 4. Pour diminuer autant qu'il sera possible les dépenses de ces établissements, les élèves seront exempts de la rétribution due à l'Université par les élèves des lycées, colléges, institutions ou pensionnats.

Art. 5. Les élèves qui auront terminé leurs cours d'études pourront se présenter à l'examen de l'Université pour obtenir le grade de bachelier ès lettres. Ce grade leur sera conféré gratuitement.

Art. 6. Il ne pourra être érigé dans un département une seconde école ecclésiastique qu'en vertu de notre autorisation donnée sur le rapport de notre ministre secrétaire d'État de l'inrieur, après qu'il aura entendu l'évêque et le grand maître de l'Université.

Art. 7. Les Écoles ecclésiastiques sont susceptibles de recevoir des legs et des donations en se conformant aux lois sur cette matière.

Art. 8 Il n'est, au surplus, en rien dérogé à notre ordonnance du 22 juin dernier, qui maintient provisoirement les décrets et règlements relatifs à l'Université ; sont seulement rapportés tous les articles desdits décrets et règlements contraires à la présente.

Ordonnances du 16 juin 1828.

Première ordonnance.

Art. 1er. Le nombre des élèves des écoles secondaires ecclésiastiques, instituées par l'ordonnance du 5 octobre 1814, sera limité dans chaque diocèse, conformément au tableau que, dans le délai de trois mois, à dater de ce jour, notre ministre secrétaire d'État des affaires ecclésiastiques soumettra à notre approbation. — Ce tableau sera inséré au Bulletin des lois, ainsi que les changements qui pourraient être ultérieurement réclamés, et que nous nous réservons d'approuver, s'il devenait nécessaire de modifier la première répartition ; toutefois le nombre des élèves placés dans les écoles secondaires ecclésiastiques ne pourra excéder 20,000.

Art. 2. Le nombre de ces écoles et la désignation des communes où elles sont établies seront déterminés par nous, d'après la demande des archevêques et des évêques, et sur la proposition de notre ministre des affaires ecclésiastiques.

Art. 3. Aucun externe ne pourra être reçu dans lesdites écoles; seront considérés comme externes les élèves n'étant pas logés et nourris dans l'établissement même.

Art. 4. Après l'âge de quatorze ans, tous les élèves admis

depuis deux ans dans lesdites écoles seront tenus de porter un habit ecclésiastique.

Art. 5. Les élèves qui se présenteront pour obtenir le grade de bachelier ès lettres ne pourront, avant leur entrée dans les ordres sacrés, recevoir qu'un diplôme spécial, lequel n'aura d'effet que pour parvenir aux grades en théologie; mais il sera susceptible d'être échangé contre un diplôme ordinaire de bachelier ès lettres, après que les élèves seront engagés dans les ordres sacrés.

Art. 6. Les supérieurs ou directeurs des écoles secondaires ecclésiastiques seront nommés par les archevêques et évêques, et agréés par nous.

Les archevêques et évêques adresseront, avant le 1er octobre prochain, les noms des supérieurs ou directeurs actuellement en exercice, à notre ministre des affaires ecclésiastiques, à l'effet d'obtenir notre agrément.

Art. 7. Il est créé dans les écoles secondaires ecclésiastiques 8,000 demi-bourses à 150 fr. chacune. La répartition de ces 8,000 demi-bourses entre les diocèses sera réglée par nous, sur la proposition de notre ministre des affaires ecclésiastiques. Nous déterminerons ultérieurement le mode de présentation et de nomination à ces bourses.

Art. 8. Les écoles secondaires ecclésiastiques dans lesquelles les dispositions de la présente ordonnance et de notre ordonnance de ce jour, ne seraient pas exécutées, cesseront d'être considérées comme telles, et rentreront sous le régime de l'Université.

Deuxième ordonnance.

« CHARLES, etc. Sur le compte qui nous a été rendu,

» 1° Que parmi les établissements connus sous le nom d'*Écoles secondaires ecclésiastiques*, il en existe huit qui se sont écartés du but de leur institution en recevant des élèves dont le plus grand nombre ne se destine pas à l'état ecclésiastique;

» 2° Que ces huit établissements sont dirigés par des personnes appartenant à une congrégation religieuse non légalement établie en France; »

. . . .

Art 1er. A dater du 1er octobre prochain les établissements

connus sous le nom d'*Écoles secondaires ecclésiastiques*, dirigés par des personnes appartenant à une congrégation religieuse non autorisée, et actuellement existant à. . . . . , seront soumis au régime de l'Université.

Art. 2. A dater de la même époque, nul ne pourra être ou demeurer chargé, soit de la direction, soit de l'enseignement, dans une des maisons d'éducation dépendantes de l'Université, ou dans une des écoles secondaires ecclésiastiques, s'il n'a affirmé par écrit qu'il n'appartient à aucune congrégation religieuse non légalement établie en France.

www.ingramcontent.com/pod-product-compliance
Lightning Source LLC
Chambersburg PA
CBHW070734170426
43200CB00007B/521